本书获浙江省重点学科——浙江师范大学汉语言
文字学学科和浙江省社会科学联合会重点课题资助

U0746825

唐善生 著

汉语话语指研究

HANYU HUAYUZHI YANJIU

安徽师范大学出版社

责任编辑：胡志恒　　责任校对：房国贵
装帧设计：丁奕奕　　责任印制：郭行洲

图书在版编目（CIP）数据

汉语话语指研究/唐善生著 . —芜湖：安徽师范大学出版社，2013.12
ISBN 978 - 7 - 5676 - 0302 - 8
Ⅰ.①汉…　Ⅱ.①唐…　Ⅲ.①汉语—语言学—研究　Ⅳ.①H1

中国版本图书馆 CIP 数据核字（2013）第 248953 号

汉语话语指研究

唐善生　著

出版发行：安徽师范大学出版社
　　　　　芜湖市九华南路 189 号安徽师范大学花津校区　邮政编码：241002
网　　址：http：//www. ahnupress. com/
发 行 部：0553 - 3883578 5910327 5910310（传真）E - mail：asdcbsfxb@126. com
经　　销：全国新华书店
印　　刷：安徽芜湖新华印务有限责任公司
版　　次：2013 年 12 月第 1 版
印　　次：2013 年 12 月第 1 次印刷
规　　格：889 × 1194　1/32
印　　张：8. 75
字　　数：219 千
书　　号：ISBN 978 - 7 - 5676 - 0302 - 8
定　　价：17. 00 元

前　言

　　人类之所以需要语言就是要用语言来谈论世界，可是语言一旦产生，语言本身也是客观世界的一种存在，同样要用语言来谈论。目前作为语言学研究对象的主要是外指状态的语言，即研究语言是如何谈论语言之外的世界的。对于日常交际中如何用语言来谈论语言的现象还没有引起语言学界的足够重视。本文以汉语中用来谈论语言的特殊成分——话语指为研究对象，讨论汉语用语言来谈论语言的手段，分析汉语话语指的本质特征及其在篇章中的功能。

　　本书是在自元语言的哲学背景下，主要运用篇章语言学、话语分析、语用学、语义学的基本理论，按照从形式到功能的研究思路进行分析，旨在探讨汉语话语指的基本特征及其篇章功能。

　　全书除总论和附录外，分为上下两篇。第一至四章为上篇，其中第一至三章讨论话语指的三种形式；第四章讨论与话语指关系密切的引语现象。第五、六章为下篇，讨论话语指的功能。附录部分简要讨论话语指与话语标记语的关系。

　　总论。本章简要介绍话语指研究的理论背景及与话语指相关的研究，指明话语指的研究对象以及需要深入研究的内容，说明本文的选题价值、研究思路与框架、研究理论与方法。

　　第一章话语指称。本章根据语言单位包括形式与内容（意义）的特点将话语指称分为三个层次：整体指、形式指、内容指；根据指称特点的不同，对话语指称进行分类，最后分析话语指称语内部以及话语指称语与一般外指状态语言的指称在句法和功能上的差异。

第二章话语指示。本章指出了目前在话语指示的界定上存在的问题，并对话语指示重新进行定义，认为指示性与话语性是话语指示的本质特征。其次，根据话语指示的指示对象及其在篇章内外的表现对话语指示的类型进行了分类。再次，分析话语指示与话语指称的关系以及话语指示与一般指示的差异。认为话语指示语的所指对象可以在篇章中出现，是话语指示与一般指示的最大差异。

第三章话语实示。本章在对实示进行界定的基础上，提出话语实示的层级分类系统。着重讨论口语交际书面实示与篇章话语的书面实示的差异。运用言语行为理论分析不同类型的话语实示的言语行为特征。分析话语实示与话语指称和话语指示的关系。

第四章引语。本章在国内外引语研究的基础上，对汉语的引语类型进行了分类，将引语分为直接引语、间接引语、自由直接引语和自由间接引语四类，并提出了分类的标准。运用意向性理论分析了引语的生成机制，讨论引语的递归结构。最后，分析引语与话语指称、话语指示和话语实示的关系。

第五章话语指的篇章组织功能。本章讨论话语指的照应功能、篇章衔接功能以及文本嵌入功能。分析话语照应类型以及话语照应与一般照应之间的区别；分析话语指衔接的表现形式以及不同性质的话语指衔接功能的差异；分析话语指文本嵌入功能表现形式以及不同性质的话语指文本嵌入功能的差异。

第六章话语指的篇章结构功能。本章节讨论话语指的管界和篇章结构的标记功能。着重分析话语指示语和话语指称语的篇章管界功能、引语的被管界问题，归纳确定话语管界的手段。讨论话语指的篇章宏观结构的标记功能与微观结构的标记功能以及篇章结构功能实现的方式。

附录以话语标记语"别说"为例着重分析其形成过程和语用意义。简要阐述了话语指与话语标记的关系。

目　录

上篇　话语指和引语

1

下篇 话语指的篇章功能

总　论

0.1　话语指研究的理论背景：从语言之外到语言自身

　　人类之所以需要语言，就是要用语言来谈论语言之外的世界——人类所拥有的自然世界和社会世界。人类是如此的依赖于语言，以至于语言不仅作为人类最重要的交际工具而存在，甚至成了人最为基本的存在方式。语言一旦产生，语言本身也成为一种存在，语言就成为世界中的一部分。这样，世界就由两个部分组成：一个是语言之外的部分，一个是语言自身。我们要谈论世界，不仅要谈论语言之外的部分，还有谈论语言自身。这样，语言与世界的关系就有两种：一种是语言与语言之外部分的关系，一种是语言与语言自身的关系。

　　因此，语言研究应该有两个不同但又密切相关的方面，那就是，既要研究语言是如何表述语言之外的世界的，又要研究语言是如何表述语言自身的。

0.1.1　当代语言研究的主要取向：语言是如何表述语言外的世界

　　迄今为止，语言研究基本上在这样的一个不言而喻的预设下进行的，那就是研究语言如何描述语言之外的世界的问题。目前热门的认知功能研究都是指向语言之外的对象，即研究语言与语言之外的对象之间的关系；交际功能的研究主要研究语言与语言

1

使用者之间的关系。

可以说，当代语言研究都是研究语言如何表述语言之外的世界的。即当代语言研究的对象是外指状态的语言。

0.1.2 我们的研究取向：语言是如何谈论语言自身的

语言自身既然也是世界的一部分，人类要谈论世界，就不仅仅是谈论语言外的对象（与语言世界相对照的），还要谈论语言自身。我们是研究语言如何表述语言自身的。即我们关注的是自指状态的语言，即自元语言。在我们的日常语言中，要用自然语言来谈论自然语言就必须用到话语指。

0.2　话语指：语言被谈论的必要条件

0.2.1　话语指的界定

我们要谈论语言自身，唯有借助被我们掌握的自然语言。这样，语言就进入了自元语言的状态，即用自然语言来谈论自然语言。自元语言的形式有两种：

一种是利用隐含的、人工的自元语言。比如当代语言学中的义素分析法、语义特征分析、论元结构分析等，也是用自然语言的成分来描述自然语言。不过，这种描述是对语言的结构系统本身的描述，或者描述语义结构，或者描述句法结构，或者描述词汇系统。用来描述这些系统或结构的语言成分是隐藏在自然语言之中的属性，是人们为了认识和研究自然语言而人为设计的，是人们认识自然语言的一种工具。它是借用自然语言里的词汇系统来表述自然语言的特性的。这种语言一般不能进入日常的语言交际。从理论上讲，自然语言上的所有词汇都有可能成为它描述自然语言的工具，这种自元语言往往在某一专业或学科内部使用。

这样一种自元语言已经在当代语言研究中广泛使用。不过，这种形式的语言不是本文所关心的现象，我们关心的是下面一种形式的自元语言。

还有一种自元语言，它是显现的、自然的元语言。与上一种自元语言不同，不需要有专业知识，只要掌握这种语言的人都会使用它。它所使用的语言成分就是自然语言本身的词汇，人们在日常的语言交际中经常使用它。这种自元语言就是自然语言本身。那么，自然语言是依靠什么东西来谈论它自身，从而实现自元语言的功能呢？

无论是用语言来谈论语言之外的对象，还是用语言来谈论语言自身，我们都要用一种语言形式来谈及它，以使被我们谈论的语言对象从云云万物中识别出来，以表明这个对象被一次言语行为所关注。

用语言来谈论语言之外的对象时，我们谈及语言外对象的语言方式主要有两种，一种是利用指称，另一种就是利用指示。有了这两种方式，处在语言之外的对象才能进入我们的日常交际，才能被我们识别和谈论。

可是，用一种语言来谈论语言自身时，我们谈及语言对象方式是什么呢？那就是话语指。

话语指就是言语交际中谈及话语单位的语言形式。话语指包括话语指称、话语指示和话语实示。

话语指称就是通过语言单位的概念意义对所指话语对象的属性概括来识别所指对象。

话语指示就是通过语言单位与一次言语行为的关系来识别所指对象。

话语实示不是话语单位自然显示，而是通过某种语言手段将某一话语单位在一次语言行为中显示出来。

有了话语指，我们在日常交际中才能对语言自身进行谈论。

因此我们认为，话语指是语言自身被谈论的必要条件。

0.2.2 话语指研究的理论原则

人类谈论世界的工具就是语言符号。话语指也是一种语言符号形式。任何符号都有相互联系的两个方面——能指与所指。能指就是指称某一对象的语言形式，所指就是语言形式所指的对象。我们利用话语指谈及语言对象时，我们是在用语言来谈论语言。而在用语言谈及语言之外的世界时，无论是指称还是指示，它们的所指对象都在语言之外。也就是说，作为符号的能指是语言，但是符号的所指不是语言，而是语言之外的客观对象。比如"桌子"这个符号所指的是客观世界中的"桌子"，而这个"桌子"不在语言系统之中，它在语言的外部。

话语指就不同，比如"话"、"句子"是典型的话语指，作为能指的"话"、"句子"是语言系统中的符号，是属于语言的，它们的所指还是语言，因为作为所指的"话"是言语交际中的一个话语单位，通常表现为句子的形式，而作为所指的"句子"，仍是语言中的单位。可见，话语指的所指不在语言之外，就在语言内部，或说就是语言自身。话语指是用语言来谈及语言的。从这个意义上说，以语言自身为对象的话语指是自指状态的语言，而以语言外的客观世界为对象的语言是外指状态的语言。由此我们可是得出下面一条基本原则：

话语指的能指与所指都是语言。

任何复杂的理论大厦的建构，其出发点是都是简单的命题，越是简单的命题越是蕴含无穷复杂化的可能性。话语指的能指与所指都是同一语言中的话语单位，这是话语指研究的基本原则。从这一基本原则可以派生出一系列的原则，以此展开话语指的研究。话语指称、话语指示和话语实示的研究也都是以这一原则为基石的。

0.2.2.1　话语单位的指称原则与话语指称

我们要对某个对象进行谈论，必须有一种语言形式将它从其他的对象中识别出来，指称就是这样一种方式。

原则 1. 作为所指的话语单位和语言外的客观世界一样具有现实属性的，可以借助能指的概念意义来进行指称，通过指称从而在交际中实现对语言对象的谈及。

话语指称是指一种自然语言中用来指称语言的名词性成分。在日常的语言交际中，当人们要指称某一个话语单位（包括动态的言语单位和静态的语言单位），就要用到话语指称。例如：

（1）"咖啡"是个外来词。

这里"外来词"是一个话语指称词，它的概念意义规定了它指称的对象是语言中的一个词汇单位。汉语中的"字、词、短语、语段、句群、段落、章、节、自然段、句子、话、话语、文章、小说、散文、上下文"等都指称一个话语单位，正是因为有了这些词语，我们才能对汉语中的话语单位实施指称。例如：

（2）有时，一个词汇的不同，也会使他变得心神不宁。（李佩甫《羊的门》）

（3）一句话就把她打发走了。

"词汇"指称语言的静态单位，"话"指称语言的动态单位。

任何话语单位都包含形式和意义两个方面，我们对这个话语单位进行指称时，可以将形式和意义一起整体指称，也可部分指称，即单独指称其形式或内容（语义）。

话语单位的整体可能是一个词语、一个语句或是一个完整的、具有交际功能的言语作品。一旦对它们进行指称就有了词、句子、段落、小说、报道、说明书等话语指称词语（也可以是命令、请求等，它们只能作为一个话语单位存在）。话语单位还有形式和意义，在形式上是语言赖以存在的声音、文字、顺序等，在意义上则是对话语单位的语义内容的概括，如原因、过程等。所以话语单位有三个层次上的指称语：话语整体层次上的指称语、话语形式层次上的指称语、话语语义层次上的指称语。例如：

(4) 他拉我的手的时候，我说了唯一的一句话："快回家吧，你太太在感冒。"（安顿《绝对隐私》）

(5) 她把写着"徐曼丽"三个字的纸片递给一个"仆欧"，就跟到那房门外，心里把想好了的三个对付老赵的计策再温习一遍。（茅盾《子夜》）

(6) 我想先问你一件事，苏巨光送去的图纸你看过了吗？（龙凤伟《月亮代表我的心》）

(4) 中"一句话"将话语的形式与意义一同指称；(5) 中"三个字"是指文字形式，文字是语言的书写符号，所以"三个字"在这里也指称了语言；(6) "一件事"是对"苏巨光送去的图你看过了吗"这个说出的话语的语义内容的概括。

结合原则1，我们探讨话语指称与一般指称的差异，话语指称与一般指称的差异主要表现在以下两方面：

一方面，话语指称的能指和所指都是语言，例(4)—(6)中的话语指称语都是语言，它们的所指还是语言。这是话语指称与一般指称的显著差异。

另一方面，话语指称的所指对象可以在篇章中出现。如(4)—(6)中画线部分就是加点的话语指称语的所指，它们都在篇章中出现。而一般的指称，如"一列灯火通明的列车正缓缓驶进车站。"这句中的"灯火"、"列车"、"车站"的所指只能以客观形式存在于语言外的世界，无论怎样也不可能进入到篇章中。

此外，话语指称与一般的指称在句法和语用功能上也表现出一系列的差异。

0.2.2.2 话语单位的指示原则与话语指示

对话语指示的研究我们遵循下面一条原则：

原则2. 作为所指的话语单位和言语外的客观事物一样可以被

一次言语行为所涉及。

话语指示是指一个词语需要以一次正在进行的言语行为参照才能确定其所指意义的语用现象。例如：

（7）今天写到这儿的时候，它还在我耳畔轰轰作响。

（8）上一章我们讲了关于语言的意义和结构。（引自索振羽，2003）

（9）下一段我将告诉你怎么做。（同上）

（10）我和你打赌没听过这个故事。（同上）

（11）那个是我以往听到过的最有趣的故事。（同上）

（7）中"这儿"就是指"这儿"这个地方，它在这里实现了自指的功能，就是自己指自己，"这儿"就是篇章中写出"这儿"这个地方；（8）"上一章"是以作者写到的那章为参照；（9）是以作者正说到或写到的那一段为参照，这段下面的一段就是它的所指；（10）"这个故事"中"故事"没有指示性，但具有话语性，"这"具有指示性，两者结合在一起就构成了话语指示。（11）中"那"具有指示性，"那"是以作者正进行的言语行为为参照的，后边的"故事"表明"那"指示的是一个言语作品。所以"那"在这里也是话语指示。

话语指示与话语指称之间有联系也有区别。有的话语指示语没有独立的指称性，如例（7）自指状态的"这儿"，（11）中的"那"只具有指示性，也没有独立指称性，不是话语指称词语，是单纯的话语指示语；有的话语指示语如"指示性成分＋话语名词"构成的话语指示语既是话语指示，也是话语指称，如例（10），不含任何指示成分（包括不含零形指示成分）且指称话语的是单纯的话语指称，如（6）中的"一件事"。

结合原则2，我们探讨话语指示与一般的外指状态的指示的差异，主要表现在：

首先，跟话语指称一样，话语指示语的能指和所指都是语言，而一般的指示中，能指是语言，但是所指不是语言，如人称指示中的"我"、"你"的所指是人，"这里"、"那儿"的所指是方位、处所，"今天"、"明天"、"现在"的所指是时间，作为一般指示的"这、那"的所指是客观事物。

其次，与话语指称一样，话语指示的所指可以语言的形式出现篇章中，而一般指示的所指是不可能在篇章中出现。例如"本文是笔者的一篇博士论文"中话语指示语"本文"的所指就是我正在写作的这篇论文。而"我"、"今天"等指示语的所指是无法在篇章出现的。

再次，话语指示的所指依赖一次言语行为而存在，而一般指示的所指不依赖一次言语行为就独立存在。比较：

（12）你的话我不明白。

（13）你怎么在这里。

（12）中"你的话"的所指一定是依赖一次言语行为而存在的。没有一次言语行为，就没有"话"的存在。（13）中的作为一般指示语"你"、"这里"所指并不依赖一次言语行为才存在。

此外，话语指示通常没有专用的指示语，主要是借用一般指示中的指示语构成。话语指示与一般指示在篇章功能上也有较大的差异。

0.2.2.3　话语实示的原则与话语实示

我们要谈论语言自身，还可以采用话语实示的方式来实现。

原则 3. 作为所指的话语单位可被说话人通过言语行为直接或间接呈现现在话语序列中。

在日常的语言交际中，如果要谈及一个语言对象（一个话语单位），既不使用话语指称，又不使用话语指示，那就得依靠话语实示。所谓话语实示是指一个话语单位（语言单位或言语单位）以自我显示的方式在一次言语行为的话语序列中呈现出来。话语实示的可以是静态的语言单位，例如：

（14）"糊涂"用在这里很贴切。

（15）"你知道不知道？"是一个选择问句。

这里"糊涂"加上引号，就是实示，"糊涂"在这里不具有指称一种人的一种精神状态的功能，它只表明在汉语的词汇系统中有这样一个符号的存在。"你知道不知道？"在这里不具有言外之力，它与在具体的言语交际中过程中某个选择问句是不同的，这里它已经失去了询问功能，只是以一个抽象的问句形式，被说话人实示出来。

话语实示的也可以是动态的言语单位，例如：

（16）"得了，祥子！说说，说说你怎么发的财？"

这样的话，祥子天天听到。（老舍《骆驼祥子》）

此例中画线部分实示的是言语交际中的话语。

在日常的口语交际和书面语交际中，人们经常要将他人的话语实示出来，如小说中人物的对话要在作者的语篇中出现就要依靠实示，论证文体中作者要利用别人的话语来引证自己的观点也要用到话语实示。

无论是口语交际还是书面交际中，在谈及语言之外的对象时，这个对象不可能实示在话语序列中，使其成为话语的一部分。例如你向别人要一支钢笔，你可以不说出"钢笔"这个词语，可以拿一钢笔说，"我要……"或说"我要这个。"然后伴以手势，这也是实示，但不是话语实示。因为客观世界中的"钢笔"（一个实物），无论怎样也进入不了你的话语序列当中，除非用代词"这"或用其他的符号形式，如图画等，它才能进入书面的话语序列。而话语实示就不同，作为所指的"话语"，可以直接在话语序列中出现。比较：

（17）他说了一句话："你混蛋！"

（18）我看见了一个苹果。

（17）中"一句话"的所指是一个句子，这句子可以以语言的形式"你混蛋"被实示在话语序列中，（18）中"苹果"的所指

9

（一个实际存在的苹果）无论如何不可能在话语序列中出现。

话语实示与话语指称、话语指示也有联系，日常的语言交际中要谈及语言对象，经常是几种形式综合使用。例如：

（19）"阿芩，你爱阿伟吗？"许久许久，阿曼才问出这样一句话。（百合《这样一种关系》）

这里"这样一句话"是话语指示语，也是话语指称语，其中"这样"是指示词，"话"是话语指称词，话语指示语"这样一句话"的所指"阿芩，你爱阿伟吗？"被实示在话语序列中。

我们在用语言谈论语言外的对象时不会有话语实示，话语实示是自元语言特有的语用现象。外指状态的语言中谈及客观对象的手段主要依靠指称和指示。

话语实示的类型不同，在语言形式或言语行为上就会表现出这样或那样的差异。

0.2.2.4　引语发生的原则

①原则 3 的延伸与直接引语

从话语实示的原则中我们可以延伸出下面一条原则：

原则 4. 另一言语行为中的话语单位可以以实示的方式出现在这一次言语行为之中。

在日常的言语交际或写作中，叙述者常常要将他人或自己的另一次言语行为中的话语单位实示到此次言语行为之中。这样的语用现象就是直接引语。

直接引语都是依靠话语实示形成的，但是话语实示不一定都是引语。

②语义转换的原则与间接引语

我们要将他人的话语引入到自己的言语行为当中，还有一种方法就是用自己的语言对他人的话语进行表述。这涉及下面一条原则：

原则 5. 另一次言语行为中的话语单位可以借助语义转换的手

段引入此刻正在进行的言语行为之中。

所谓语义转换是指在话语单位基本意义不发生改变的前提下，通过调整表述角度和详略程度等手段而形成新的话语单位。

在日常的言语交际或写作中，叙述者常常要将他人或自己的另一次言语行为中的话语单位通过转述的方式纳入到此次言语行为之中。这样的语用现象就是间接引语。间接引语是通过语义转换的形式实现的。

严格说来，引语不是话语指，但是引语与话语指中的话语实示关系十分密切，其中所有的直接引语都是依靠话语实示来实现的。直接引语中的引语部分（与引导句相对）就是话语实示。间接引语不是对他人话语的实示，而是对他人的思维内容的转述。直接引语对他人话语的实示，其实也就实现了对他人的现实话语的述说，间接引语是对他人的思维内容（内部话语）述说，两者有些共同之处，即它们都实现了对他人的话语（一个是外部话语，一个是内部话语）的言说，都属于用语言来谈论语言的现象，这与话语指用语言来谈及语言有相似之处。

在小说中，引语的形式复杂多样，有直接引语、自由直接引语、间接引语与自由间接引语等，不同的引语形式具有不同的语用功能。

引语的形成与意向活动有着密切的联系，引语其实是意向过程的语言表现，因为任何一个言语过程必然伴有一次意向过程，如果着眼于言说过程的物质性，就表现为直接引语，如果着眼于言说过程的意向性，就表现为间接引语。

由于意向内容的纳入方式不同，引语因而具有递归功能。

引语与话语指示和话语指称也有联系，一方面，话语指示和话语指称的所指常常以引语的形式表现出来；另一方面，引语中的引述语和转述语也可以用话语指称或话语指示来进行回指、下指或管界。例如：

（20）他只说了一句话：还没有到时候。

（21）陶侃说：我需要静下心来完成我的计划。说完这句话，她把那幅未完成的写生从画板上取下来，签上英文的姓名，送给船长。（潘军《桃花流水》）

（20）中话语指称语"一句话"的所指就是这个引语中的引述语，"一句话"也对引述语进行了下指；（21）中引述语"我需要静下心来完成我的计划。"被话语指示语"这句话"回指。

我们的话语指研究是建立在话语指研究的基本原则之上的，即用自然语言言说自然语言的现象，这是本文研究的出发点。根据话语指的能指和所指都是语言这一基本原则，我们着重考察话语指称、话语指示、话语实示以及与话语指关系密切的引语这些语用现象。我们通过与外指状态的语言的指称和指示的对比，以此揭示话语指的本质特征，同时考察这些语用现象之间的联系和区别，进一步揭示话语指与一般的指称和指示所不同的语用功能。

0.2.3　话语指篇章功能研究的理论原则

话语指是一种语言符号，任何语言符号都有形式和功能两个方面。那么话语指与谈及语言外对象的指称和指示在功能上有什么不同呢？通过上面的话语指形式的分析可以看出，话语指与外指状态的指称和指示最大差异在于所指可以在篇章中出现。话语指称、话语指示以及话语实示都是这样。一般指示或指称只具有篇章衔接功能，而话语指的功能不是这么单一，话语指之所以具有强大的篇章功能在于——

话语指篇章功能的基本原则：话语指的所指可以直接在篇章中出现，也可以不在篇章中出现。

正是这一基本原则，话语指与一般指示和指称的功能既有相同之处，更有许多独特之处。

0.2.3.1　表述功能与篇章功能的关系

话语指具有表述功能依据的是下面一条原则：

原则 1. 话语指的所指不在篇章中出现时，话语指与一般的指示和指称一样都是对客观对象的表述。

①表述功能与谓词的关系

话语指只能将被我们谈论的话语对象识别出来，但是单独依靠它，我们还不能对自然语言进行谈论，它只是我们谈论语言必不可少的条件。我们要谈论语言，还必须借助谓词，有了谓词，才能真正实现对语言自身的谈论。就像我们要谈论语言外的对象不仅需要指称、指示来识别对象一样，还要借助谓词，才能谈论语言之外的对象，否则语言不能实现对象语言的功能，即不能实现对语言外部的对象的描述。

②表述功能与篇章功能的差异

由于话语指与一般的指称或指示（外指状态语言）一样都是谈及某一对象的符号，语言对象其实也是客观对象中的一种。因此，话语指的所指不在篇章中出现时，它和一般的指称和指示一样，就只具有表述功能。例如：

（22）他只说了<u>一句话</u>就走了。

（23）他只拿了<u>一件衣服</u>就出去了。

这里话语指称"一句话"和一般指称"一件衣服"所起的作用一样，都具有表述作用。这其实是一切语言手段共有的功能。

表述功能是在句子内部实现的，与篇章功能不同，篇章功能研究的是话语单位之间的关系。但是，篇章功能一定要依赖表述功能，否则篇章就不可能形成。

话语指的表述功能与一般的指称和指示的表述功能是一样的，仅仅是表述的对象不同而已，一个是对语言外对象的表述，一个是对语言自身的表述，因此这一功能我们不再在本文中讨论。

0.2.3.2　篇章组织功能

话语指的所指进入篇章中后，指称词、指示语、实示的话语之间就可能发生联系，这就可能形成篇章功能。篇章功能包括篇章组织功能和篇章结构功能。

篇章组织功能是自下而上的，如果有些语言手段能够将篇章中的单位或篇章外的单位关联起来，这些语言手段就具有篇章组织功能。话语指的篇章组织功能表现在：篇章衔接功能、文本嵌入功能和文本的超级链接功能。

①篇章衔接功能

我们研究篇章的衔接功能依据下面一条原则：

原则2. 话语指的所指如果出现在篇章之内，只要不是被自指，话语指就可以直接实现篇章衔接功能；如果所指不在篇章中出现，可以通过照应来实现篇章衔接功能。

A. 照　应

话语指的衔接功能主要是依靠照应和回指来实现的。照应与回指有联系也有区别，照应必须通过回指来实现，但是回指现象不都是照应现象。

照应本是管辖与约束理论使用的术语，指一类名词短语没有独立的指称，只能指称句子中某个其他组构成分（即它的先行语)①。不过管约理论只是分析句内照应现象。韩礼德在他的《英语的衔接与连贯》中也提出了"照应"的概念，并把照应作为话语分析中的一个概念，将照应问题引入篇章。篇章中的照应问题是指语篇中的指示成分与指称或所指对象之间的相互解释关系。

话语指示与一般的指示一样具有照应作用，且只有指示成分才可能形成照应。但是两者照应形式不完全一样。传统的照应理论一般分为内部照应（篇内照应）与外部照应（篇外照应）。所谓外部照应是指指代成分的所指对象不在篇章中出现，而是在篇章外部。外部照应其实就是单纯的指示现象。为了将照应与指示区别，我们认为外指照应不是照应，因为外指照应就是单纯的指示

---

① 戴维克里斯特尔：《现代语言学词典》，商务印书馆2000年版，第19页。

现象。话语指示的外部照应与一般指示的外部照应形式一样，但是篇内照应形式就不一样。一般指示的照应必须通过回指才能实现篇内照应。例如：

（24）我和白求恩同志只见过一面。后来他给我来过许多信。可是因为忙，仅回过他一封信，还不知道他收到没有。（《毛泽东选集》第二卷）

（24）中三个"他"都没有独立的指称，在这里指代上文中的白求恩。三个"他"通过与"白求恩"回指，才能获得指称意义，从而产生照应关系。但是"白求恩"的实际所指并不在篇章中出现，而是在语篇之外的现实世界之中。话语指也有这样照应形式，例如：

（25）《狂人日记》是鲁迅先生的著作，它是我国第一部现代白话小说。

（25）中，指示成分"它"没有独立的指称，通过回指《狂人日记》发生照应关系。《狂人日记》的所指即小说具体内容，并没有在篇章中出现。

此外话语指示的照应还有一般指示所没有的照应形式。即作为先行语的所指对象可以在篇章中出现。

B. 回指与下指

单纯的回指与下指也能产生衔接作用。话语指的回指与一般名词的回指在形式也不完全相同。

a. 话语指的回指中先行成分可以是话语指的所指对象，在句法上，先行成分通常表现为句子或句群的形式。例如：

（26）以上讨论了一般指示的篇内照应。

（27）"文章是自己的好，老婆是别人的好。"这是愚人之论。

（26）回指成分"以上"的先行成分就是它的所指对象。（27）中指示成分"这"的先行成分就是这里的画线部分，也是"这"的所指对象。

15

b. 话语指的回指中，先行成分是一指称词语时，这个先行成分的所指也可以以语言的形式出现在篇章中。比较：

（28）我记得以前在《聊斋志异》中读到一则故事。投水自尽者的灵魂为了来世投胎，必须隐藏在水边，诱惑下一名想自尽的人。这位聪明的院长一定读过这个故事。（《余杰文集》）

（29）正方一开始就对艾滋病下了一个非常完整的定义和解释：是后天免疫症，对人的身体有死亡的影响，这个完整的定义把它带到一个结论。那就是：艾滋病是医学问题。（《'93 国际大专辩论赛辩词精选》）

（30）那地方晶莹剔透，芬芳扑鼻，飘渺如仙境。她相信她从来也没有听说过这样一个地方。她惊愕得几乎喊出声来。（方方《暗示》）

（28）中话语指示语"这个故事"与"一则故事"回指，但是它们的所指即这段中的画线部分在篇章中出现了。（29）和（28）形式上是一样的，而（30）是一般名词的回指现象。"这样一个地方"回指"那地方"，但是它们的所指无论怎样不可能以语言形式出现在篇章中。

c. 不同性质的话语指的篇章衔接功能。照应是指某个成分没有独立的指称，它的意义不能从词语本身获得，需要从语篇内找到它的回指对象，从而获得确切的指称意义。照应其实是说话人的语言表达手段，照应的客观结果就造成了篇章的衔接。无论是话语指还是一般指示，篇外照应（单纯的指示）不可能产生篇章衔接功能，但是篇内照应都具有篇章衔接功能。

回指与下指也是实现篇章衔接的手段。从语言形式上看，一般指称或指示的衔接功能发生在名词性词语与名词性词语之间，而话语指的篇章衔接可以发生在名词性词语与话语指的所指即话语单位之间，所以在话语指的衔接中经常会出现一个话语单位与一个指称词语之间发生衔接的现象。比较：

16

（31）那天豆儿正在看书："教授，您听过这样一个故事吗？当'泰坦尼克号'的锅炉爆炸时，一名船员被气浪掀到了水里。后来有人问他，'你是在什么时候离开船的？'他自豪地回答说：'我从来没有离开过船，是船离开了我。'"（方方《白雾》）

（32）张医生也听说过有这样一位姑奶奶，心直口快，大家不但服她，也有些怕她；自己要在阿巧姐身上打主意，还非得此人的助力不可，因而格外客气，连声答道："好说，好说。七姑奶奶才是天字第一号的热心人。"（高阳《红顶商人胡雪岩》）

（31）"这样一个故事"与它的所指（画线部分）这一话语单位衔接，而（32）则是通过两个名词性词语"这样一位姑奶奶"、"她"产生衔接关系。

话语指称与一般的指称一样，两个具有独立指称的词语之间通过语义上的同指关系，或语义上的上下义关系，或整体与部分的关系，也能实现篇章衔接功能。即不必通过照应而只是通过语义联系进行衔接。例如：

（33）黑板上的题是分析句子成分的，共留下五个句子：一、同学们高兴得跳起来。二、你还记得二十年前发生在吴镇的一桩往事吗？三、土豆的学名是马铃薯。四、金黄色的牵牛花绕着篱笆向上爬。五、唱歌的姑娘不小心将花头巾掉到河水里去了。

陆陆续续有一些同学回到教室，美奴心想，第二个句子的"吴镇"是否是"芜镇"的谐音？如果是，这个句子应该被填到那像标语一样鲜艳的朝霞里去：你还记得二十年前发生在芜镇的一桩往事吗？（迟子建《上的美奴》）

（34）长城是中国古代伟大的军事防御工程……八达岭长城为明代建筑，是明内边城墙的重要隘口之一。（引自徐赳赳，2003）

（33）中话语指称词语"第二句子"与前面的话语指称词语"五个句子"通过整体与局部语义形式衔接起来。而话语指示语"这个句子"通过与"第二个句子"是通过照应回指衔接起来的。

17

（34）中"长城"与"八达岭长城"也是通过整体与局部的语义联系衔接起来的。

话语指用于自指时便没有篇章衔接功能。

以上分析表明话语指与一般的指示或指称都有照应、回指现象，并通过照应与回指产生篇章衔接功能，只是表现形式或语言手段有些差异。

话语指的篇章衔接功能与一般的指称或指示的篇章衔接功能的表现形式也有差异。

回指或照应中，不同性质的话语指的篇章衔接能力也有差异。话语指的篇章衔接能力与话语指的意义有着密切的联系，分析不同形式的话语指的意义特征，可以解释话语指篇章衔接能力的强弱。

②话语指的文本嵌入功能

我们探讨话语指的文本嵌入功能依据下面一条原则：

原则3：话语指必定指向一个话语单位（文本），通过衔接功能能够将这些话语单位嵌入目标语篇，或直接通过实示将话语单位嵌入目标语篇。

一般的指示或指称的所指通常是独立的客体，在语言形式上表现为一个词语，且一般的指示或指称不可能把它们的所指纳入到篇章中。而话语指在语义上通常指向一个话语单位，且话语指能够通过衔接功能将其所指纳入到篇章之中，或者通过话语实示将话语单位（文本）直接嵌入目标语篇。所以，话语指还具有一般指示或指称所不具有的篇章组织功能——文本嵌入功能。

A. 视域与文本

分析话语指在篇章中的文本嵌入功能可以借助视域的概念。视域是一种心理存在，只能被视域的感受主体拥有和感受而无法与他人共享。要让视域与他者分享，唯有借助一次言说而将它转化为一段话语。这次言说本身自然会形成一个文本。可以说，一个视域的语言表现就是一个文本。如果一个篇章只是将言说者个人的视域文本化，那么整个篇章就这就是一个独白式文本。这样的篇章在小说中较为少见，因为只要有人物的对话，就会出现视域的转换，即由叙述者的视域转为小说中人物的视域。在论证性篇章中，论证者往往会引用他人的观点来论证自己的观点或将自己的观点与他人的观点进行分析比较，或将他人的观点与他人的观点进行比较，于是在论证性篇章中也就发生了视域转换，即由论证者视域转换为他人视域。我们将他人视域的文本简称为文本，其实，他人的文本在某种意义上说也是一个小的篇章。

B. 文本嵌入的枢纽——话语指

从原则 3 可以推出，文本嵌入需要三个条件，一个是被嵌入的他视域的文本，一个是目标文本，还有一个就是连接他视域的文本与目标文本的枢纽，这个枢纽就是各种形式的话语指。

利用话语指可以将他视域下的文本嵌入言说者视域下的目标文本中。具体地说，通过一个话语指称词，或者话语指示语，或者利用话语的实示，或者通过一个意向动词或言说动词，都可以将他人视域的文本嵌入到言说者的目标文本中，因此说，话语指具有文本嵌入功能。例如：

(35) 孙悦把头抬起来看他一眼，又低了下去。他又咳了两声。他一激动就咳嗽。他镇静了自己，向我们讲了他在流浪中的一个故事。

流浪的故事那一年，我在长城边上搭上了一个马车运输队。因为我刚刚用血汗钱买了一匹马和一辆车。马是劣性的，所以价钱便宜些。

……（戴厚英《人啊，人！》）

这里一个言说动词"讲"后面接上一个话语指称词语"故事"，就把作者的视域转换到小说中人物"他（何荆夫）"的视域。后面画线部分就是何荆夫视域下的文本。作者通过使用话语指称词，就将小说中人物的视域下的文本嵌入到自己的文本当中。

在实际的篇章中，文本嵌入常常是话语指称、话语指示、言说动词或话语实示配合使用。例如：

（36）寻找小组又找到年迈的寡妇。但老人的话更是深不可测。老人说，<u>来年一定风调雨顺</u>。老人就只讲了这么一句话，然后就专心致志地梳头。（潘军《结束的地方》）

这里画线部分的话语是老人视域下的文本，加点的部分都可以看成是文本嵌入的枢纽。

此外，不同性质的话语指在文本嵌入功能上存在差异。

③话语指的文本超级链接功能

话语指具有文本的超级链接功能是基于这样一个原则：

原则 4. 话语指的所指可以不在篇章中出现，但是话语指必定指向篇外一个话语单位，在阅读中，话语指就将该文本隐性地纳入目标语篇。

话语指的所指可以不出现在篇章中，但话语指仍指向篇外的一个话语单位。在阅读时，话语指具有将某一篇章隐性地嵌入叙述者的目标语篇的功能，形成一个超级链接结构。

可以说，任何一个定指的话语指称词、话语指示语或实示的话语都必然指向一个话语单位。这个话语单位就是一个文本。如果这个文本在篇章内直接出现，话语指就具有篇章嵌入功能；如果话语指所指的话语单位不在篇章中出现时，这个文本就与话语指示语与话语指称语形成一个超级链接结构。例如：

（37）李清照是一位可以代表婉约派的女作家，她的《声声慢》、《醉花阴》等是大家熟悉的名作。（夏承焘《李清照的豪放词〈渔家傲〉》）

这里"《声声慢》"、"《醉花阴》"是专有名词话语指称语，它们的所指是以另一文本的形式存在，但没有在夏承焘的《李清照的豪放词〈渔家傲〉》一文中出现。这些文本是隐性的存在。读者要理解这个句子，必须通过这两个话语指称词语，激活读者头脑中的文本。如果读者根本不知道《声声慢》和《醉花阴》的所指的文本，就不可能激活头脑中关于这首词的有关内容，从而影响对话语的理解。

话语指的超级链接意味着在语篇阅读和理解中，它具有隐性地将文本嵌入篇章的功能。超级链接是思维的非线性的语言表现。超级链接本是电子文本中的术语，其实，以纸页为物质载体的一般书写文本，包括以语音流为物质载体的口语文本或是以文字形式存在的自然文本中也存在超级链接现象。话语指中的所指不出现在篇章中就会形成这样一个超级链接结构。与电子文本不同的是，它链接的文本只是隐性的存在，这些文本存储在读者的大脑中，而电子文本是以另一界面的形式显性存在。如果读者对话语指的所指内容全然不知，文本隐性嵌入的思维过程就不会发生。

0.2.3.3 话语指的篇章结构功能

篇章结构功能是自上而下的，如果有些语言手段能够显示篇章由哪些成分、依照什么关系组成的，这些语言手段就具有篇章结构功能。话语指不仅具有篇章组织功能，还具有篇章结构功能。而外指状态的指称或指示（即一般的指称或指示）只具有篇章组织功能，不具有篇章结构功能。话语指的篇章结构功能表现在篇章结构标记功能上。

话语指之所以具有篇章结构功能是由于：

原则 5. 话语指的所指在篇章中表现为一个语段时，话语指就对整个语段具有语义管界作用，且成为整个语段的结构标记。

①话语指的篇章管界作用

话语指的篇章结构的标记功能主要是因为话语指具有篇章管界作用。

由于话语指的能指与所指之间有语义上的联系，话语指的所指通常表现为一个话语单位，如果指称词语或指示词语的所指对象在篇章中出现，话语指就通过语义对这些话语单位实施了管界作用，所以话语指具有篇章管界作用。例如：

（38）没哭，一直没哭。茫茫的草原可以作证，这个娇小的女人一直没哭。但<u>时至今日仍然流传着这样的故事</u>：<u>每当夜风在蒙古包外徘徊的时候，老人们便会倾听着那呼啸的风声对你说：莎娜又在游荡着寻找丈夫了。听！她又在凄惨地呼唤：布音吉勒格……布音吉勒格……</u>（冯苓植《雪驹》）

（39）孙达得望了望剑波不满意地道："<u>我看昨天没搜庙，又没有连夜在庙外等着堵，可能上半夜跑了。</u>"

其他的几个人已在默默地同意<u>孙达得的说法</u>。（曲波《林海雪原》）

这里画线部分的话语指示语"这样的故事"对下划虚线的话语单位实施了管界作用。"孙达得的说法"管界前面下划虚线的话语单位。

话语指自指时，管界的就是它自身或包含它自身的话语单位。

一般的话语指称和话语指示因为它们的所指不表现为一个话语单位，而是一个客体，在语言形式上通常表现为一个名词性成分，所以一般的指称和指示没有篇章管界作用。廖秋忠（1987）所讨论的管界都是通过句法手段实现的篇章管界，而话语指称和话语指示的管界主要通过语义手段来实现的。

引语与管界问题也有关系，引语的管界有的是通过话语指称和话语指示来实现的，有的是被言说动词或意向动词通过句法手段来实现管界的。如果引语没有引导标记，管界的问题就更复杂，需要找寻其他的手段来确定引语的分布范围。

②篇章结构的标记功能

话语指可以指向任何话语单位，如果所指的话语单位是一个语段。充任话语指的词语就有两种作用，一方面，该词语对整个语段具有语义管界作用；另一方面，该词语成为整个语段的标记。于是，话语指就具有标记篇章结构的能力。我们要分析这样的篇章结构，只要找出其中的指称或指示的管界就可以了。

　　话语指要实现对篇章宏观结构的标记功能需要特定的语言条件。

　　由于话语指示和话语指称具有自指功能，作家在进行小说创作中，可以利用话语指谈论自己正在创作的小说，形成一种新型的小说叙事结构，即：小说的自互文结构。这时，话语指示语或话语指称语就成为自互文篇章结构的形式标记。

　　话语指不仅可以标记篇章的宏观结构，还能标记篇章的局部结构。廖秋忠（1992）也曾指出：研究篇章的管界有助于确定局部的篇章结构。

　　我们对于话语指的篇章功能的研究是建立在一个基本原则上的，即话语指的所指可以在篇章中出现，也可以不在篇章中出现。而这一基本原则又是基于话语指的根本原则话语指是用语言来谈论语言的现象得出的。由话语指的篇章功能的基本原则，我们推导出研究话语的篇章管界功能以及篇章组织功能的一些原则。虽然外指状态的指称和指示也具有照应和回指/下指现象，因此它们也有篇章衔接功能，但是话语指的衔接功能与一般指称或指示的衔接功能存在差异。除了篇章衔接功能外，其他的篇章功能则是自元语言中话语指所独有的功能，不过不同性质的话语指实现篇章功能的能力有差异。

0.3　本文的选题价值及研究目标

　　随着哲学的语言学转向，人们把目光集中到语言的身上，语言自身的问题越来越引起人们的关注。

　　可是，目前作为语言学研究对象的几乎都是外指状态的语言。传统的语法研究主要是研究语言自身的构造规则，它所依赖的仍然是语言与语言外对象的关系。当代语言研究已经从语言描写走向语言解释的阶段。语言学家已经将视野转移到对语言自身上。语法研究中的语义特征分析、词汇学中的义素分析和词汇学中的元语词研究虽然也是研究如何用语言表述语言的,即从自然语言中找寻一套符号系统,对语言自身进行解释和描写,这样的研究都具有元语言的性质。但是,他们的研究即使是建立在元语言的基础上的,也只是为研究外指状态的语言服务的。他们所创立的自然语言描写系统(自元语言),只是认识语言的构造规律的工具,这样的元言语是不能进入日常的言语交际的。

现实的语言生活中,用语言来谈论语言的现象无处不在,例如论文写作和日常交际中,人们要引用、转述别人的话语或自己的话语,在语言教学与语言研究中要提及到语言现象,都离不开自元语言。自元语言就是一种自然语言谈这种语言自身的语言。我们要实现对自然语言的谈论,不依赖话语指是不行的,话语指是自然语言被谈论的条件。因此,我们以话语指作为研究对象,把语言的研究引向语言自身的研究,这与哲学的语言学转向趋势是一致的。

我们研究话语指有助于对语言的本质的认识,有助于探讨语言与人的关系,从而真正揭示语言与世界的关系。

目前有关指称和指示的研究都是研究外指状态的语言,而我们研究的话语指称和话语指示等是以语言自身为指称对象的。这有助于了解两种不同类型的指称和指示的差异。

我们研究话语指,探讨话语指称、话语指示和话语实示以及引语的本质特征,试图揭示不同形式的话语指之间的联系。

我们探讨话语指篇章功能,力求找到篇章功能中的形式标记,试图为语篇分析提供一套可以操作的方法。深入研究话语指的篇章功能,对于语篇的表达和理解有着实际的应用价值。

0.4 已有的相关研究

0.4.1 关于指示的研究

西方的指示语的研究大体可以分为三个阶段:

0.4.1.1　20 世纪 30 年代

奥地利心理语言学家比勒（Bühler）为指示语研究奠定了理论基础，激发了人们对指示语深入研究的兴趣。

比勒 1934 年出版指示语研究的经典之作《指示场与指示语》，提出了指示语研究的基本问题和基础理论。比勒认为，所谓指示场就是言语行为中的"我"、"这里"、"现在"作为主体定位系统。指示场（或指示坐标）是以说话人"我"、说话时刻"现在"及说话地点"这里"为中心（或原点）的，指示语的意义便是在这样一个指示场中获得填充的。比勒把人称指示、空间指示、时间指示看作指示语的三个基本范畴，认为人称、时间和空间是构成言语行为的三个基本参数。比勒对指示语的本质也有非常深刻的认识，他指出，指示与命名是两种不同的活动，指示语与称谓词是两种完全不同的词类。比勒把指示语分为①直观指示：指示说话人视野中存在的东西；②臆想指示：指示不能直接感觉到，但却存在于说话人和听话人经验之中或者存在于说话人所描绘情景之中的东西；③照应指示：指示上下文和话语中的某个成分。比勒认为，直观指示是臆想指示和照应指示的基础。比勒的"我"—"这里"—"现在"主体定位系统使人们对指示语本质的认识前进了一大步，为指示语的深入研究奠定了基础。

0.4.1.2　20 世纪 50—60 年代

巴尔·希勒尔（Bar-Hillel）的文章《指示词语》（1954）产生很大影响，指示和指示语几乎被认作语用学的主要研究对象。到 60 年代，在本维尼斯特和雅各布森的影响下，指示因素研究成为理论语言学的中心议题之一。

0.4.1.3　20 世纪 70—90 年代

莱昂斯（Lyons J.）、菲尔墨（Fillmore）、列文森（Levinson）等人的研究，尤其是他们对指示语各具体类型的功能描写，使指示语研究更加全面、深入和系统。其他领域的学者们也从不同角度对指示现象和指示词语进行了分析和研究，为指示语研究的深入发展打下了坚实的基础。

莱昂斯在 1977 年出版的《语义学》（两卷本）中以整章（第二章）篇幅对指示问题，如人称指示语、指示代词与定冠词、指示语与照应、时间指示语、空间指示语等，作了深入细致卓有成效的研究。他认为，指示（deixis）是人称代词、指示代词、时态和其他一些语法及词汇手段的功能，这些语法及词汇手段将话语与言语行为的时空坐标联系在一起。莱昂斯对指示作了迄今仍被认为较有权威性的定义。他指出，指示的典型语境是以自我为中心的，就是说，说话人给自己安排了 ego（自我）的角色，叙述每一事物都以自己的视角为出发点。说话人处在语境时空坐标的零点位置。莱昂斯认为，一、二人称才是言语行为的实际参与者，是任何语言都不可或缺的，而第三人称代词有时并不是真正的"人称"。莱昂斯还指出了指示投射现象，但在此书中，他对这种指示语的派生用法未作系统阐释。除了在《语义学》中用大量篇幅论述指示语外，莱昂斯还写了多篇专门论述指示语的论文。

第一次提出话语指示的是莱昂斯，他说指示代词和其他指称词语也可以用来指称一句话前后的各种语言实体，如形式、词位、表达式、文本句子等，他把这种功能称为语篇（话语）指示。

在指示语研究上，能与莱昂斯比肩的是菲尔墨。菲尔墨发表了许多专门探讨指示语或其中含有指示语研究的文章，并出版了一部有关指示语的讲稿集。菲尔墨对指示语作了与莱昂斯相近似的定义。两个人定义中所描述的指示语皆是以典型语境，即以说话人为中心的语境为参照的。菲尔墨对四种指示语进行了考察：空间指示语、时间指示语、社交指示语和语篇内部指示语。

英国语用学家列文森在其《语用学》（1983）一书中专章讨论过指示问题。他基本同意莱昂斯的观点，认为指示主要涉及语言与语境的关系。他对人称指示、时间指示、方位指示、话语指示和社交指示分别进行了讨论。列文森的话语指示本意是莱昂斯的语篇指示，但是实际上两者不完全一致。列文森的话语指示涉及运用指称词语来指称话语中某些部分这一现象，例如 I bet you haven't heard this story. 莱昂斯没有明确说过这里的"this"是否属于语篇指示。

列文森的话语指示还包括"but、therefore、in conclusion、to the contrary、still、however"这些表明一句话与前后话语关系的词语的用法。我们认为，这些词语虽然与话语指示可能有些关系，但不是严格意义的话语指示，它们都是语用标记成分，通常把它们叫做话语标记语。话语标记语已成为近年国外会话分析、语用研究中探讨的一个新课题。Schiffrin 可能是 80 年代对话语标记语进行系统研究最有影响的学者，其终极成果集于专著《话语标记语》（2007）一书。她仍然采用了"自下而上"的研究方法，即对某些特殊的语言形式的分布、用法进行观察描述，然后进行归纳、概述。而国内汉语学界，对于话语标记语大多是从语法的角度进行研究。从篇章的角度研究的有廖秋忠的《现代汉语篇章中的连接成分》。

近年来，指示的研究也引起了国内学者的注意，王道英的博士论文《代词"这"、"那"的指示研究》（2003），以"这"、"那"及其组合形式，讨论了汉语指示类型，将指示分为直接指示与间接指示，间接指示分段内间接指示和跨段间接指示，段内跨段又分回指和预指，回指又分显性回指和隐性回指等，并且对"这""那"的指示类型在语料库中分布比例进行了统计分析。

0.4.2　关于回指的研究

指示研究中一个重要内容是关于回指的研究。比勒不仅为指示语研究奠定了理论基础，也对回指现象第一次全面系统进行了理论探索。他从符号学的角度区分了两种不同的符号所指：象征范围和指点范围。（引自王道英，2003）象征范围，也称句法指点，是指语篇上下文语境；指点范围也叫物体指点，是指真实语境中或人们想象中的事物或事物的状态。他的句法指点其实就是回指。物体指点就是直指。在回指中，比勒区分了回指与预指（下指）两种情况，这一观点被后来的许多研究者采纳。

　　回指的研究引起了许多学者的广泛兴趣。Chomsky 从句法的角度研究回指；列文森从句法语用的角度研究回指现象，认为乔的约束理论过于语法化；他用一套语用学规则来部分取代乔的约束原则中的照应问题。黄衍从语用的角度研究回指，认为列文森的提出的回指推导三模式仍不能完善地解释汉语的回指现象；Reinhart（1975，1978，1983）从语义角度研究回指；Halliday 和 Hasan、Danes 从功能的角度研究回指，如主位推进就涉及篇章回指，特别是从话语和篇章的角度进行研究。Van Hoek 从认知—语义的框架中研究回指现象；Langacker（1996）从认知的角度研究回指；li 和 Zubin 从认知的角度研究过汉语的回指现象。

　　大部分的回指研究都是以英语作为研究的主要语料。熊学亮（1999）的《英汉前指现象对比》是国内第一部关于英汉回指对比研究的专著。李樱（C. I. Li，1985）、陈平（1987）、徐赳赳（2003）和许余龙（2004）对汉语回指现象作过较为系统的研究。李樱主要是从结构特点的角度，陈平和徐赳赳从回指使用的角度，许余龙从回指理解的角度对汉语篇章回指进行了研究。但是他们的回指研究，都主要是研究外指状态的回指现象，包括名词回指、代词回指和零形回指，没有专门研究话语指称和话语指示的回指现象。在这些研究中，研究重点又集中在代词和零形回指上，对名词的回指研究较少。

0.4.3　关于篇章功能的研究

　　关于话语指的篇章功能研究，一般仅局限在篇章衔接与连贯上，重要的著作有 Halladay 与 Hasan 合著的 *Cohesion in English*、胡壮麟的《语篇的衔接与连贯》、朱永生等的《英汉语篇衔接手段对比研究》）。

廖秋忠的《篇章中的框—楔关系与所指确定》、《篇章中的管界问题》、《汉语篇章中的连接成分》、《篇章中的论证结构》等系列文章的基本理论与方法可以为话语指研究提供一些思路，如篇章管界理论就可以应用到话语指的篇章功能研究当中。

0.4.4 关于指称的研究

指称的研究一般集中在指称的意义上，孙蕾（2000，2002，2003）讨论了专名的涵义，专名与指示语的意义差异，指示代词的语义特性。何英玉（2002）讨论了名词的指称特性。高彦梅（2002）分析了指称的层次。语法学界，也研究名词的指称，主要分析名词的指称类型。陈平（1987）第一次全面系统地分析了名词的指称问题，提出了有指与无指、定指与不定指、实指与虚指、通指与单指四对概念。范开泰也提出了遍指与非遍指、明指与非明指等几组概念。语法学界讨论指称问题，主要是利用名词的指称特征来解释语法现象，如指称对句法的制约等。无论是指称的意义讨论，还是指称的类型探讨，都是以外指状态的语言为对象的。

第一次提出话语指称的也是莱昂斯，他较早注意到指示代词和其他话语指称词语可以用来指称一句话语前后的各种语言实体。虽然他没有严格地区分话语指称与话语指示，他只是把这类现象统称为语篇指示（textual deixis）。

Halliday 明确提出语段指称（text reference）的概念，他是把语段指称作为特殊指称的一种形式提出的，其目的是为了与一般指称区别。Halliday 认为，通常情况下，被指称项所指的对象是人或事物，多以名词的形式出现，而与之组成衔接纽的指称项则通过代词体现，这就是一般指称。但有时被指称项所指的对象不是人或事物，而是一个事件或事实，因而不得不用小句表达，这种由代词充当指称项，指称部分为话语的语法衔接现象称为语段指称。Winter（1982）还指出，许多名词词组也可以充当指称项，用于语段指称。他将这类名词词组称为标记（label）。不过，两位学者都没有进一步研究具有语段指称功能的名词词组的本质特征及其对话语整体结构的影响。林芳（2003）在 Halliday 和 Winter 的理论基础上，从功能语义角度对具有语段指称功能的名词词组进行分类，然后结合几种常见的语篇模式说明这些词组具有构建语篇整体结构的组篇功能。林芳的研究只是考察指称对象表现为小句的现象，且考察的是语段指称对构建局部语篇的功能。

国内汉语学界，很少有人注意到话语指称这类现象。刘大为（2001）第一次考察了汉语用语言来谈论语言的现象，他把这种现象称为自元语言，对自元语言的特征进行了初步考察，但没有对指称语言的词语的篇章功能进行考察。

0.4.5 关于引语的研究

国内汉语学界通常把引语（引用）作为一种修辞格来看待，国外对引语的研究较为深入。国内对引语的研究集中在外语学界，讨论的重点是小说中表达人物话语的表达方式及其功能。重要的成果有：申丹的《小说中人物话语的不同表达方式》，张荣建的《管领词的引述功能与话语功能》和《书面和会话中的引语分析》，贾中恒的《转述语及其语用功能初探》，王黎云、张文浩的《自由间接引语在小说中的运用》，唐青叶（2004）分析了学术语篇中的转述现象。汉语学界徐赳赳（1996）分析了汉语中叙述文直接引语的特征及其功能。刘大为（2002）从引语中的言说动词和意向动词入手，分析它们在篇章中的作用。到目前为止，汉语学界还没有对汉语的引语进行深入系统的研究。

对于前人的研究，我们觉得以下问题应该值得深入思考：

①指示和指称是人类用语言谈及语言外对象的条件，可是人类要用语言谈及语言对象，是不是就是这两种手段？

②莱昂斯提出话语指示这类语用现象，使我们认识到话语指示是与一般指示不同的一类现象，可是话语指示到底是指什么？

③一般的指称和指示都是指称语言外的对象的，而话语指称指称的是语言自身，这两种类型的指称和指示有什么不同？

④指称、指示之间有什么联系和区别？

⑤引语是与话语指示和话语指称相关的现象，它们之间有什么关系？汉语的引语到底有些哪些类型？引语有哪些功能？

⑥指示、照应、回指之间是个什么关系？

⑦以前指称和指示的功能研究只集中在篇章的照应/回指与衔接功能上，除此之外，指称和指示还有没有其他的语用功能？

基于以上的思考，我们试图在已有研究的基础上，以话语指作为研究对象，从篇章的角度，运用当代篇章语言学、话语分析等基本理论，论讨论话语指示与话语指称的特征及差异，特别是将话语指示、话语指称与一般的指示和指称进行比较，试图揭示话语指示和话语指称的本质特征以及篇章功能上的差异。

0.5　本书的研究理论与方法

0.5.1　研究理论

本书是在自元语言的理论背景下，运用语义学、篇章语言学、功能语法、语用学、语言哲学的基本理论，研究汉语话语指的本质特征和篇章功能。在话语指称中，我们主要运用语义学和语言学中的指称理论研究汉语指称的类型，运用篇章管界的理论研究话语指称的管界。在话语指示中，主要运用语用学的指示理论，揭示话语指示与一般指示的差异，同时运用管界理论研究话语指示语的篇章管界现象。在话语实示中，运用语用学的言语行为理论，揭示不同类型的实示的言语行为特征。在引语中，我们运用意向性理论揭示引语的生成机制。在话语指的篇章功能研究中，运用系统功能语言学派的照应与衔接理论，揭示话语指的照应特点以及与一般照应的差异，并用语义指称理论解释话语指照应与衔接能力的差异。

0.5.2 研究方法

本书对话语指的本质与功能研究力图贯彻描写与解释、动态与静态、分析与比较相结合的研究方法。

本书充分描写话指称、话语指示、话语实示、引语的类型和特征，然后对不同类型的形成机制，进行语义学、语法学、语用学解释，试图解释不同类型之间的差异。

篇章语言学的特点决定我们在总结篇章规律时，总是运用动态的观点观察语言事实，总结语言规律。

我们对话语指称及其篇章功能的研究始终贯彻比较的方法，力图揭示相关现象的差异。例如话语指称与一般外指状态的指称的差异、话语指示与外指状态的指示的差异、口语实示与书面实示的差异、话语照应与外指状态的照应差异、话语指与一般指示或指称的功能差异，如照应功能的差异、衔接功能的差异等。

由于本书的研究是自元语言的研究，以往对此类现象的进行研究的成果并不多，没有现成的理论和分析方法，本书所采用的研究方法也许还很不成熟。

上篇　话语指和引语

要进行语言交际，就要用语言符号来谈及某个客观对象。对象语言（外指状态的语言）主要是依靠指称和指示来谈及客观对象的。只有通过指称或指示，客观对象才能进入我们的语言交际。而语言本身也是客观世界的一种，要对语言自身进行谈论，也需要指称和指示，只不过我们使用的是话语指称和话语指示。与对象语言不同的是，自元语言（自指状态的语言，即自然语言来谈论自然语言的现象）还可以用话语实示的方式来谈及语言对象。直接引语就是话语实示的典型代表，即它没有通过指称或指示，而是将作为谈及对象的话语单位直接纳入到言语交际中。就像话语指称可以整体指也可以语义指一样，直接引语就是以话语单位的整体被谈及的，间接引语其实是以话语单位的语义形式被谈及的。

话语指（即话语指称、话语指示和话语实示）是自然语言被谈论的条件。引语是与实示密切相关的语言现象，话语指和引语都是用语言来谈及语言对象的现象。

第一章　话语指称

1.1　话语指称与话语名词

1.1.1　话语指称的界定

指称是语义学，也是语用学研究的主要内容。在语义学中，指称的含义有广义和狭义之分。语义学上对指称的广义定义：即指"词与词所表示的事物、行为、活动及属性之间的关系"[①]。概括地讲，指称就是指语言与其所代表事物之间的关系。既然指称是一种关系，那么就必然存在两端，一端是语言形式，另一端是它所代表的实体。从这一点出发，语言的所有形式都是指称的存在形式，如各个名词可以指称具体和抽象的现象，动词指称动作、过程、发展、变化，介词指称方位、处所、时间关系等。语义学的指称，其实研究的是指称词语（referring expressions）与其所指的各种事物之间的关系。在多数语言中，都有专门用于指称功能的词语：专有名词、有定描述语、指示词语和代词（包括零代词）等。

由于指称的实体不同，指称词语的类型也不一样。莱昂斯在他的《语义学》第二卷中将客观世界分为三级实体[②]。其中：第一

[①]　杰克·里查兹：《朗曼语言学词典》，刘润清等译，山西教育出版社 1992 年版，第 280 – 281 页。

[②]　Lyons. J. Semantics. Vols. 1，2. Cambridge University Press，1977：444 – 445.

级实体（first-order entities）指存在于一定时间、空间的有形实体，如人、事物、动物等；第二级实体（second-order entities）指事件、过程、状态等很难说其存在但可以说其发生的实体；第三级实体（third-order entities）指命题、说话行为等位于时间和空间之外的抽象实体。语言形式与实体之间的指称关系可以通过两种途径来实现。一种是通过普通名词、专有名词和有定描述语等实义词直接指示，如汽车、楼房、电话等。另一种途径是通过指示词语来表示，如"这、那、这里、那里、我、你、我们、你们"等。指示性指称对指称对象的确认不像名词等实义词那么直接，而是要借助于说话人当时的手势、目光的移动，甚至还有其他辅助姿势。

事实上，在某些情况下，指示词语并不仅仅指示上述三级实体。莱昂斯举过下面的例子：

（1）A：That's a rhinoceros.

B：What? Spell it for me.

这里的 it 所指的上文中的 rhinoceros，但是仅仅指示这个词本身，而不是指示客观世界中的犀牛这个第一级实体。也就是说"it"和"rhinoceros"在这里不同指。即指示词单纯指示语言形式而不指示语言形式之外的三级实体。如果我们将语言形式也看作是一种实体的话，不妨称其为第四级实体，即语言符号实体。所以，上面例子中"it"的所指对象是语篇内部的语言形式，与同为第四级实体的 rhinoceros 构成一种指称关系。

由于客观实体的存在形式不同，因此指称关系的确定也会随之发生变化。同一个指称词语可以指称不同的实体：

（2）This is a rolling stone.

（3）This is a new development.

（4）This is not true.

"This"在（2）中指示的是第一级实体，在（3）中指示的是第二级实体，在（4）中指示的是第三级实体。实义词可以指称任何一级实体，而且不容易引起混淆。但是指示词语因为其本身所具有的多功能性而经常出现指称意义含混的现象，（4）可能指示刚才那句话所包含的命题，也可指那句话或那个判断本身。

不管采用什么样的指称形式，指称词语的类型只有两样。一种是外指状态的指称（一般的指称或指示），即用语言符号来指称语言之外的对象，一级实体指称和二级实体指称就属于这种指称。另一种是用语言符号指称语言自身，上述三级和四级实体的指称就属于这种指称，这也就是我们要讨论的话语指称和话语指示。

狭义的指称是指语义指称，即指通过词语的概念意义而获得的指称。单纯的指示词语、代词（包括零形式）都没有独立的指称性，或者说这些词语没有语义指称，只有语用指称，而语义指称都可以有语用指称。

我们这里要讨论的话语指称主要是狭义的话语指称（语义指称），即通过词语的概念意义而获得的指称语言的词。我们提出这个概念，目的是与后面我们还要讨论的话语指示这类只有语用指称没有语义指称的指称相区别，话语指示属于广义的话语指称。

1.1.2 话语指称的层次

根据话语指的原则1，作为所指的话语单位和语言外的客观世界一样具有现实属性的，可以借助能指的概念意义来进行指称，这样的指称就是狭义的话语指称。

一个话语单位，无论是静态的语言单位还是动态的言语单位，进入语言表达的过程中，我们都可以用话语指称来谈及它。如果要用一个词语来指称它，通常采用三种形式：话语单位的形式和意义都被指称、话语单位的意义被指称和话语单位的形式被指称。分别简称为整体指、形式指和语义指，这就是话语指称的三个层次。

1.1.2.1　整体指

整体指是指话语单位的意义和形式同时被谈及的指称。例如：

(5)"我有什么对不起你？"她冲我喊，"什么没给你？你还想要什么？还想要什么？"

我恨的就是这句话。（王朔《空中小姐》）

例 (5) 中"这句话"指称的不仅仅是上面的画线句子的形式，还包括这几个句子的意义。也就是说词语"这句话"将"她"冲着我喊的话的意义和形式同时指称了。

自然语言中，有些词语的词义规定了它们指称的对象必须是语言或言语中的各种单位。刘大为（2001）将这些指称各种语言单位的词语称为元语词。任何语言中都有大量的元语词，如汉语里的"话"、"句子"、"词"、"短语"、"语言"、"新词"、"外来词"等，还有指称到书面语的"篇章"、"段落"、"上下文"，还有指称言语作品的"小说"、"散文"、"诗"等。一般说来，话语整体指都要依赖元语词语，只有利用元语词语，话语单位的意义和形式才能同时被指称。

1.1.2.2　形式指

形式指是指一个话语单位的形式被谈及的指称。话语单位的形式包括语言单位或言语单位的语音、语形等形式。语音包括声调、语气、口气等；语形包括字体、字形，笔画、笔顺等。例如：

(6)"东尼！不要出去！"瑟勒丝娣的语调改变了，换成了一副命令的口吻。（朱邦复《东尼！东尼！》）

(7)"我在这儿休息一天，行不行？"说话的口气，好像小学生向老师请假。（李英儒《野火春风斗古城》）

这里的"瑟勒丝娣的语调"也谈及（指称）了"东尼！不要出去！"这个句子，但是它指称的不是这句话的意义，只是这句话的语音形式中的语调被指称了。(7) 中通过"口气"这个词语实现了对画线部分谈论，但它并没有指称这句话的意义。

1.1.2.3 语义指

语义指是指一个话语单位的意义被谈及的指称，也可称为内容指或意义指。例如：

（8）不论黄帽子一帮有怎样的意见，小镇的日子该怎样过还怎样过。在为经济开发苦恼了一些年之后，小镇突然得到了一个机遇：有一条国道要穿过李八碗，李八碗因此得到很大一笔征地费。对这笔钱，一部分人主张照别处的样按人头分掉，让各家各户拿去做本钱自己发展，八仙过海，各显其能。一部分人认为集体经济不能瓦解，分光用光搞单干是死路一条。地是国家的，征地款是集体的，要集中使用。殷道严是后面这种观点的代表。（陈世旭《将军镇》）

（9）爱等于被爱，它的意思是说，人类只有在被爱的时候才会爱……（葛红兵《心灵的课堂》）

"后面这种观点"指称的不是"一部分人认为集体经济不能瓦解，分光用光搞单干是死路一条。"这两个句子，而是这句子所代表的命题意义。（9）"它的意思"指称的"爱等于被爱"这句话的意义。

话语指称中，整体指和形式指比较好判断，较复杂的是语义层次上的指称。因为对话语单位整体上和形式上的指称，靠了形式上的特征可以必然地指向一个话语单位，而语义上的概括可以是针对语言单位的（这时就会形成对话语单位的指称），但在很多的情形下是针对语言外的世界的（这时的指称就不是话语指称了），所以需要找到一定的形式标记将这两种情况区分开来。例如：

（10）记忆减退不被发现的主要原因如下：原因之一，合居。……原因之二，认知（不足）。……（周天成《关注悄悄失去的记忆》，《文汇报》2005 年 4 月）

（11）我的养生经验之一就是养身先养心，经常保持心态平

衡。(吴建民《养身先养心 锻炼伴终身》,《文汇报》2005 年 4 月)

这两段话语中的"原因"和"经验"显然不是针对一个话语单位的语义内容的,而是直接指向外部世界中的某种关系,因为我们是处在这两句话的语义之中来理解这两句话的。但是如果能够跳到这两段话语之外,从外部来关注这两段话语,指称就会转向话语单位了:

《关注悄悄失去的记忆》的作者周天成向我们谈了记忆减退不被发现的主要原因:合居和认知不足。

《养身先养心 锻炼伴终身》的作者吴建民在文章中写下了他的养生经验:养身先养心,经常保持心态平衡。

这里的"原因"、"经验"就充当了话语指称语。

为什么这里的"原因"和"经验"就是话语指称语了呢?

首先在这里都它们受制于一个言说动词,而言说动词都会有一个指向话语结果,也就是一个言语作品的语义价,"原因"和"经验"正好充当了这个价,所以它们在语义上都指向了一个话语成品。

其次,正因为它们都指向了一个言语作品,所以能够被一个整体层次上话语指称语"一段话"替换:

《关注悄悄失去的记忆》的作者周天成向我们谈了一段话,(指出了记忆减退不被发现的主要原因)。

《养身先养心 锻炼伴终身》的作者吴建民在文章中写了一段话,(介绍他的养生经验)。

而在原文中,这种替代是不能进行的:

*记忆减退不被发现的一段话如下:原因之一;合居。……原因之二:认知(不足)。……

*我的一段话就是养身先养心,经常保持心态平衡。

"谈"和"写"是概括层次较高的言说动词,事实上不管哪一层次上的言说动词,言说动词后的语义概括词语都可以转化为话语指称语。如"他向我报告了一件事"中言说动词"报告"后面的"一件事"是对一个言说内容的语义概括，在这里它必然蕴含着一个话语指称词语的存在，所以在形式上可以将这个语义概括词语，换成话语指称词语"一句话"或"一段话"。"一件事"，既然替换是能够成立的，这里"一件事"就应该具有话语指称的功能。

虽然这些对话语语义内容进行概括的指称词语有时不是话语指称，如例（10）、（11）中的"原因"、"经验"，但是它们的所指也通常表现为句子形式（话语单位）。比较：

（12）他提起一件事：大联合前，他们把我们一个组织围在工学院内，游行，喊口号，想挑起武斗。（冯骥才《一百个人的十年》）

（13）人们心里面只想着一件事：

反革命的政治和军事的中心——广州公安局被武装起义的人们占领了！（欧阳山《三家巷》）

（14）最近荷兰发生了一件事，说是荷兰的公司搞的，准备同台湾签订合同，为台湾制造两艘潜艇。（《邓小平文选》）

（15）这时突然发生了一件事，宋家老四在卖高粱从集上回来的路上，突然被土匪绑架了。（刘震云《头人》）

（12）"提起"具有言说性质，因此"一件事"在这里显然是指称话语。（13）中"一件事"前是意向动词"想着"，意向动词与言说动词在句法上有着共同的特征，都可以带上一个句子宾语。如果依照我们前面的分析，在这里，它不应该是个话语指称，但是与（12）相比，我们很难说两者在功能和形式上有多大差别，它们都指称了它们后面的画线的句子。（14）、（15）中"一件事"前面是一个一般的动词，"一件事"也指称它后面的画线部分。它们不是话语指称，但是在功能上，我们也看不出它们与（12）中作为话语指称的"一件事"有什么差别。

可见，这些词语，与话语指称词相比，在句法和功能上基本相同，我们把这样使用的词语称作假性话语指称。假性话语指称词语具有二重性，即，既有可能作话语指称词语使用，又可以作为假性话语指称词语使用。常见的可以作为假性话语指称的词有的是事件名词，如"事"、"事情"等；有的是命题性抽象名词，如"条件"、"情况"、"方式"等；还有的是意向名词，如"感觉"、"梦"等。下面两例就是假性话语指称：

（16）这天夜里我做了个奇怪的梦，梦见自己变成一只小蜜蜂。（人教版初级中学语文课本）

（17）金滔叹了口气，拿她一点办法也没有。她为自己又倒满了一杯，举着酒杯，说道：

"金局长，我有一种感觉，不知道对不对？我总觉得像你这样担任领导工作的干部，其实是挺痛苦的。"（谌容《梦中的河》）

为了讨论的方便，我们在后边的文章中，对这类不是严格意义的话语指称没有作严格的区分，都把它当作话语指称看待。其实，假性话语指称在韩礼德的系统功能语法里，也都称作语段指称，认为它们也具有篇章衔接功能①。

1.1.3　话语名词

根据我们以上分析的话语指称的三个层次，我们将汉语中指称话语单位（包括形式或意义）的名词都称为话语名词或话语指称词，常见的可以用来指称话语的名词有以下两大类：

1.1.3.1　专有话语名词②

汉语里专有名词很多，其中有些专有名词是用来指称篇章的，即是用来指称话语的。最为常见的形式是书名号形式出现的文章

---

① 林芳：《名词词组的语段指称及其语篇结构组织功能》，《天津外国语学院学报》2003年第3期第16页。

② 严格说来，专有名词不是通过词语的属性的概括而获得指称的。

标题。例如：

（18）你读过鲁迅的《孔乙己》吗？

（19）当然。我写《过滤的阳光》，不完全是为了证实自己也能写军营以外的故事，是为自己即将要写的长篇小说《两漫黄昏》探探路。（衣向东《生活宜粗不宜细》）

（20）他先写了一个题目《读警厅禁止女子剪发的布告》，然后继续写下去，他时而把笔衔在口里一面翻看布告。（巴金《家》）

（18）、（19）中的带书名号的词语都指称一个具体的篇章，因此是专有话语指称词语。引号有一个重要的作用，就是将不是话语指称词语的临时转变为话语指称语。一个词、短语或句子，不管它本身的词性上、语义或句法上有什么特点，加上书名号以后就将它指称化了。（20）中书名号部分指称的是篇章的标题，但是标题本身也属于话语，所以这里书名号中的部分也是话语指称。

标题经常是用来指称话语的，但有些标题不是指称话语的。如绘画、照片、乐曲的标题就不是话语指称。

歌曲、电影、戏曲等的名称虽然也用书名号表示，但是只有它指称言语作品（如剧本等）时才是话语指称。

书名、杂志名或刊物名也用书名号，不都是指称话语的，如下面几例：

（21）桌子上放着两本《中国语文》。

（22）这篇文章我准备寄给《中国语文》。

（23）我的《小说月报》谁拿去了？

（24）我昨天买了一本《红楼梦》。

（25）他把墙上的《2005 年研究生招生简章》撕下来了。

专有话语指称通常能够与表达类动词搭配使用，表达动词包括口头表达动词和书面表达动词。例如：

（26）《〈中国工人〉发刊词》发表于 1940 年 2 月 7 日。

（27）《阿 Q 正传》主要记述了阿 Q 在辛亥革命中表现和

遭遇。

因此，能够用作专有话语指称词的词语如果与表达类动词配合一般就是话语指称，如（18）—（20）、（26）、（27）；如果这些专有名词与非表达类动词搭配使用，可能就不是话语指称，如例（21）—（25），而是外指状态的指称。

作为专有话语指称的文章标题经常用书名号标示，但有时不用书名号而用引号。如以下两例中画线部分也是专有话语指称：

（28）阎真在"人类的寓言与民族的寓言"（《北京大学学报》2004年第5期）一文中认为：造成中西方荒诞文学的原因有多方面，第一……（《文艺理论研究》2004年第6期）

（29）伍茂国在《之江学刊》2004年第5期"叙事伦理：伦理批评新道路"一文中说：伦理道德与文学的关系一直是人们最为关注的问题之一。（《文艺理论研究》2004年第6期）

专有话语指称有明显的话语标记时可以不用标点。如：

（30）参考文献

1. 高曼. 在网络环境下逐渐走入幕后的图书馆员. 图书馆工作与研究，2000（1）.

（《图书馆论坛》2000年第4期）

这里"参考文献"这个话语指称词语就标明了后面的"在网络环境下逐渐走入幕后的图书馆员"、"图书馆工作与研究"是话语指称词语，所以没有加上书名号标记，但是可以补上。

不单单是文章的标题可以作为话语指称，小标题也指称话语单位，因此在篇章中的任何一个小标题也可以看成是专有话语名词。如：

（31）1981年以来，《儒林外史》的研究工作重新得到重视，研究的深度和广度都有新的拓展。现将……

关于作品的主题的原貌

……

关于作品的主思想

......

（引自廖秋忠，1987）

专有话语名词通常是对一个篇章内容的主要内容的概括或者是篇章中话语内容的局部提取。

1.1.3.2 一般话语名词

一般话语名词主要有以下六类：

①语言单位名词

指称语言单位的话语名词：字、错别字、词、词语、生词、单词、成语、词汇、短语、句子等等。例如：

（32）数年的调查、实验和复杂的电脑模拟计算为他们（科学家）提供了强有力的证据，证实俗语"人生是一个满是悲哀的山谷，一次北上的审判"，"生活是一串迎头痛击"和"生命毫无乐趣"的正确性。（《读者》2005 年 3 月）

（33）中国有句成语叫垂死挣扎，好像死前痛苦万分。（毕淑敏《预约死亡》）

这里，名词"俗语"、"成语"都是指称静态的语言单位。

②言语活动及作品名词

指称言语活动的作品的名词：话、话语、谣言、谈话、说明、消息、标语、口号、疑问、传说、对话、翻译、号召、宣传、便条、法令、条约、条例、决定、决议、布告、合同、故事、讲义、文章、论文、评论、散文、神话、日记、小说、新闻、宣言、寓言、诗歌、诗、电报等。例如：

（34）眼见没有翻译帮忙的记者没了辙，身旁的朱世赫的一句话点醒梦中人：他就是这样逃过许多采访的。说得柳承敏眼中尽是狡黠的笑意。（《文摘报》2004 年 11 月）

（35）采访结束的时候，记者忽然想起一句广告词：年轻，没有什么不可以。（《读书报》2004 年 9 月）

（36）而我所听到的一些**传说**，就不大像是批评，有些是与事实不相符合的，或者是夸大其词的，有的简直是一些流言蜚语，无稽之谈。(《邓小平文选》)

③语篇名词

指称篇章结构单位的名词：章、节、段落、自然段、导语、结尾、开头、题目、开头、结尾等。例如：

（37）书中**内容**是解释有与无、存在与自我、精神思维与人性等，此外并叙述世界各民族之宗教起源，并解释其理论、仪式及规律。其中最大的特色，是阐明符号的象征含义。(朱邦复《巴西狂欢节》)

（38）《中国青年报》报道的**肩题**，一针见血地给出了答案：北京市民同意涨价，外地游客主力埋单。(央视新闻网)

④言语行为名词

指称某一言语行为及其作品的词语：建议、讲话、解释、警告、抗议、批判、评价、评论、谈判、议论、赞叹、赞扬、赞美、责备、辩论、表达、表扬、道歉、吩咐、讽刺、复述、叙述、概括、会谈、交谈、劝告、提问、提醒、提议、争论、祝贺、保证、发言、演说、总结、回答、检讨、命令、报告、报道等。例如：

（39）回顾这么多年的服务经验，他说，相比而言，他喜欢给共和党总统做衣服，甚于给民主党总统。他还为读者们提供了一连串穿着**忠告**：棕色褐色西装要配蓝色衬衫，一套西装两个星期之内只能穿一次…… (《中华读书报》2004年4月)

（40）罗纳德·里根的以阴郁的文字叙述了以下两件事：……从阅读的角度，罗纳德·里根的**叙述**，给人的印象是：股市暴跌的原因是南希失去了一只乳房。(潘军《白底黑蝴蝶》)

对某一言语行为进行指称，需要将某一言语行为指称化。指称化的手段有：

在某一表达动词前加量词短语修饰；

45

人称代词、指示代词或名词性词语修饰表达动词；

将某一表达动词置于主语或宾语（包括介词宾语）的位置。

或者将以上几种手段综合运用。

⑤语言形式名词

指称语言单位和言语单位的形式的名词。如形体、字体、结构、语音、语调、语气、口气、声音等。例如：

（41）亲爱的，你这是说谁呀？

市长被背后这个甜美的<u>声音</u>吓了一跳。（潘军《蓝堡》）

⑥命题名词

指称话语单位命题或意义的名词：感想、感觉、理想、意见、观点、要点、观念、规律、规则、见解、结论、看法、标准、立场、目的、念头、企图、想法、心思、信念、信息、要求、意见、愿望、主张、说法、内容等。例如：

（42）他们来时几乎没有带任何家产，但是我现在明白了，他们带来了他们所需要的一切——一种根深蒂固的<u>信仰</u>：只要你向前迈出有力的那只脚，整个世界都会随之而行。（《读者》2005年3月）

（43）刘文彬听了魏强考虑的计划，很满意，又低声细语地补充了一些<u>意见</u>，然后就分头去进行准备工作。（刘志《敌后武工队》）

1.2　话语指称的类型

从话语指称词指称的对象看，话语指称可以分为有指话语指称与无指话语指称。

1.2.1　有指话语指称

如果话语指称词语指称的是语境中某个实在的话语实体，我们称该名词性成分为有指话语指称。比较：

（44）我想跟他说说话。

（45）他能写善画，最枯燥的话从他嘴巴里说出来都是生动的故事。（潘军《白底黑斑蝴蝶》）

（44）中的"话"不指称交际语境中的某个话语实体，是无指指称；（45）中"最枯燥的话"指称交际语境中的某个具体实体。虽然它的所指没有在篇章中出现。话语有指指称时，是可以用名词或代词性成分回指的，也就是说能回指的一般是有指的。例如：

（46）他跟我说了一句话，这句话我至今还记得。

这里"一句话"是有指的，我们可以用"这句话"回指它。

1.2.1.1　篇内指称与篇外指称

有指的话语指称根据指称的话语实体是否在篇章中出现，又可以把有指的话语指称分为篇内指称与篇外指称。关于篇章，我们使用陈平的定义：本文把"篇章"定义为由前后相连的句子构成的段落，在言语交际过程中表现为一个相对独立的功能单位。篇章既包括对话，也包括独白，既包括书面语，也包括口语。本文的篇章主要是指书面语。例如：

（47）他一边剔牙齿一边说出一句话：把事办了吧。（潘军《白底黑斑蝴蝶》）

（48）那时我正在朗诵一首令人沮丧的著名诗篇。（《余杰文集》）

（47）中话语指称词语"一句话"所指称的话语实体"把事办了吧"在篇章中出现；而（48）中"一首令人沮丧的著名诗篇"是有指的，但是它所指称的话语实体即那首诗并没有在篇章中出现。

篇内指称又可以分为自指指称与他指指称。自指指称是指话语指称词的所指对象就是这个词语本身或包含这个指称词语在内的话语单位。如在篇章中作为文章标题或小标题的专有话语指称，一般都是自指的，特别是没有加书名号的标题，它指称的就是包含这个标题在内的话语单位。篇章中，指称篇章结构单位的话语指称语也是自指的，如我们这里的"第一章 话语指称"指称的就是包含这个指称语在内的章节。又如：

（49）还必须说明的是，《流动的沙丘》不是我的作品。（潘军《流动的沙丘》）

（50）"偏正词组"是一个偏正词组。

（51）第一章所有编号的语例。

（52）我的所有的话语都不算数。

（49）中《流动的沙丘》指称的就是包含这个专有名词在内的整个篇章。（50）中的"偏正词组"也指称它自己，因为"偏正词组"本身也是一个偏正词组。（51）就是第一章中编号的语例中的一个，所以它是自指的。自指指称在实际的篇章中并不多见。（52）本身也是我所说的话。

他指指称是指话语指称的所指对象不包含这个指称词语自身在内的指称。例如：

（53）接下来我们听听正方第一位代表蔡仲达同学的发言，时间三分钟。

（54）赶到天亮，她没有走。往后一径没有走。消息一下传遍全屯了。（周立波《暴风骤雨》）

这里画线的话语指称词语都是他指的，一般的话语指称大多也是他指指称。

1.2.1.2 篇内有指的句法倾向

话语指称词的所指可以在篇章内出现，也可以不在篇章内出现，不过在有些句法条件下，话语指称的所指通常会在篇章内出现：

①话语名词作已然动词的宾语。如：

（55）俄国家杜马 24 日发表声明，呼吁乌各派力量在没有外

来干预的情况下，依照法律找到解决危机的办法。（《环球时报》2004 年 11 月）

（56）就在 11 月 23 日，加拿大政府宣布可能对美国产品采取贸易报复行动的当天，加拿大国际贸易部发表了一则新闻公报。公报说，"加政府将就是否对美国采取贸易报复措施征求广大人民和贸易届人士的意见"。（《环球时报》2004 年 11 月）

（55）中"24 日"表明"发表"是已然的，（56）中"发表"后带有已然标记的体态助词"了"。话语指称词的所指都在篇章中出现了，即下划虚线的部分。

②话语名词前有数量定语。如：

（57）本案涉及三个问题，第一个问题是……本案涉及的第二个问题是……（《法庭辩论精选》）

（58）我讲几点意见。第一……（《邓小平文选》）

"三个"、"几点"是数量短语，话语指称词的所指在篇章中出现。

③话语名词出现在主语的位置。如：

（59）有时她用描花笔写几个字，父亲称赞她笔资秀媚，以为在自己之上；说她如能好好用功，是不难写得一笔好字来的。但话虽如此，他到底没有心情教她，她家务太忙，也无法专注于读书之事，于是一本薄薄的"杂字"，她始终没有读完。（苏雪林《棘心》）

这里的"话"虽然在形式上是无定的，但它出在主语的位置，它的所指在前面篇章中出现了，即动词"说"后下划虚线的部分。

特别是话语名词充当主语与言说动词充当谓语配合使用，这时，话语指称的所指一般要在篇章中出现。如：

（60）出版说明中说："原书中的个别观点、提法，不尽恰当……"

④话语名词前是存现动词。如：

（61）只是这里那里传来消息，说有个叫王一生的，外号棋呆子，在某处与某某下棋，赢了某某。（阿城《棋王》）

（62）走近了，原来门口挂出一幅红色的标语："马列主义毛泽东思想万岁！"（《余杰文集》）

"传来"、"挂着"具有存现性，后面的话语名词的所指都在篇章中出现了。

⑤冒号提示。如：

（63）罗素的一般理论主张：世界是由许多相互有别的个体组成。（陈嘉映《语言哲学》）

⑥判断句中话语指称词语作为主语时，其所指以判断宾语的形式出现。如：

（64）我的观点是"文章是别人的号，老婆是自己的好。"（《余杰文集》）

（65）一般认为可证实的原则有强提法和弱提法之分，强提法是："证实不是真理的一个标记，它恰恰就是命题的意义。"弱提法是："每个命题都是证实轰动的路标。"（陈嘉映《语言哲学》）

（66）这背后的一般想法是：一个东西必须存在，你才能谈论它；……（陈嘉映《语言哲学》）

⑦指示代词修饰话语名词，前面又没有出现同指的话语名词时，这个含有指示成分的话语指称词语的所指对象一般要在篇章中出现。比较：

（67）画册上的图片均源于"实景拍摄"，谁看了都会觉得眼睛一亮。不过，倘若读了图片上的一行或数行文字，你就得闭幕养神想了——这些文字到底是什么意思啊！（霍寿喜《读不懂的装饰语言》，《中华读书报》2004年11月）

（68）有些同志说，我们只拥护"正确的毛泽东思想"，而不拥护"错误的毛泽东思想"。这种说法也是错误的。（《邓小平

文选》)

（67）中"这些文字"的所指没有在篇章中出现，因为前面出现了话语指称词语"一行或数行文字"；（68）中"这种说法"前没有出现另一同指的话语指称词，因此它的所指在篇章中出现了。

值得说明的是，话语指称语的所指在篇章中出现只是一种倾向性的结论。

1.2.2 无指话语指称

1.2.2.1 无指话语指称

无指话语指称是指话语指称词所指称的不是语境中的某个话语实体。例如：

（69）"动词"是名词。

这里"动词"是有指的，即通过添加引号表明汉语中"动词"这个语言实体的存在，而"名词"在这里就不指称某个话语实体，是无指话语指称。无指话语指称不能回指。

1.2.2.2 无指话语实现的句法条件

①话语名词充当复合词构成成分，以修饰成分出现就失去了指称功能。如：

（70）话语霸权、言语作品、消息树、表扬信、词语手册、篇章语言学等。

这里的话语名词充当了复合词的构成成分，在这里都是无指的。

②话语名词作分类性表语成分。如：

（71）"伟大"是一个形容词。

"伟大"在这里是实示自指的话语名词，是有指的，而这里的"形容词"是一个分类性表语，因此这个话语名词是无指的。

③话语名词在比较结构中，用作比较的参照对象。如：

（72）马列生想，等会总编接见，第一句话怎么说。第一句

话很重要，像一条新闻的导语，能否抓住人就在它了。（潘军《报人》）

（73）随之，一个个神话般的传说便传开了……（冯苓植《雪驹》）

④话语名词充当动宾式合成词的构成成分，该话语名词是无指的。如：

（74）说话、写字、题词

①—④中画线部分的话语名词（或名词性成分）在这里都只有内涵，没有外延。说话人在提到这些名词时，着眼的是这些名词的抽象属性，而不是语境中具有这种属性的某个话语单位。因此都是无指，严格说来，这些词语根本就不是指称词语。

⑤否定句中话语名词作周遍性主语。如：

（75）他一句话也没有说。

（76）一点意见也没有。

⑥否定结构中否定成分管界内的话语名词。如：

（77）于婕的表情黯淡下来，我没有词句和她交流。（安顿《绝对隐私》）

与上面四类不同。这里的话语名词都有指称性，但在否定的辖域中，这些名词在语用上也是无指的，它不可能与语境中具有该属性的某个话语单位发生联系。

所有的无指话语名词都不可能回指，因此也就不可能通过回指或照应产生篇章衔接功能。

1.3　话语指称的句法与功能差异

1.3.1　话语指称内部的句法差异

不同类型的话语指称词在句法上有些差异，主要表现在作定语、复指和配价三个方面。

1.3.1.1　所指对象作定语的差异

指称语言单位的话语名词，所指不能直接作话语名词的定语，一般要与其他的词语配合使用才能作定语。如：

（78）我停住呼喊后，才听到屋外院子里传过来一阵阵骚动，混乱与嘈杂的脚步声仿佛是从前院渗透过来的。我模模糊糊听到有人在说"死了"、"警察"之类的词。

（79）她读着艾青、田间的诗，自己也悄悄写着什么"飞翔，飞翔，飞向自由的地方"的句子。（宗璞《红豆》）

（80）"我认为你就属于个人特点比较突出的，让人一眼难忘的，很难用漂亮不漂亮这样的俗词来形容……"冯小刚领着一个长得十分夸张、活脱卡通人物的男子走进来。（引自王道英，2003）

这里"句子、俗词"的所指对象不是直接作话语名词的定语。如果没有"之类"、"什么"、"这样的"等词语，这些句子就不大成立。

指称言语作品的话语名词、指称言语行为及其作品的话语名词、指称话语单位命题或意义的话语名词中，有些可以直接以该名词的所指或对所指进行语义概括，以小句的形式作该话语名词的定语。例如：

（81）那时他仍然推着油车卖油。一次卖油到了邻县县城，他看到满街的"打倒孙实根"的标语，就知道本村出去的县委书记倒霉了。（刘振云《故乡天下黄花》）

（82）我早就听说过"胆敢在太岁的头上动土"的说法，但我一直认定这是一种虚妄之说，认定"太岁"是个非实体的想象物，是人们根据需要而想象出来的，无非是民间的风水先生的玄言，是为现代科学所嗤之以鼻的。（陈染《私人生活》）

（83）"我怎么会落到这种地步"的感叹又油然而生。

（84）只有麻雀胡乱飞动，传递着关于<u>这个冬天要闹饥荒</u>的谣言。（张炜《柏慧》）

（85）<u>萧素被捕</u>的消息一下子把江玫从《咆哮山庄》里拉出来了。（宗璞《红豆》）

（86）周明用手翻着材料，瞅着灯光想了一下。翻出了潘林起草的<u>撤销许凤和李铁职务</u>的建议，看着，看着，突然愤怒地把文件放在一边，皱起眉沉思起来。（雪克《野火春风斗古城》）

（87）她虽然已经有<u>投奔李闯王</u>的想法，但不愿马上说出，等待李公子拿出主意。（姚雪垠《李自成》）

（81）—（83）中指称言语作品的名词的所指对象以定语的形式出现在这些名词前；（84）—（87）话语名词前的定语是对话语名词所指对象的语义概括。

如果所指是一个句群或篇章就不能以这个句群或篇章作该话语名词的定语，只能是将该句群或篇章的语义内容进行概括，以短语或小句的形式出现，才能作该话语名词的定语。例如：

（88）前段时间，关于（到贵州大方县义务支教的徐本愚）的<u>故事</u>在网上传播很快，一个网友看后还在8月底专门实地去探访。（网易新闻）

（89）另外几家小报上，出现了（评论《鲤鱼镖》）的<u>文章</u>。（邓友梅《那五》）

（88）、（89）中括号部分分别是对话语名词"故事"、"文章"的所指内容的语义概括。

也可以用另一指称词对该篇章的内容进行概括来做定语，例如：

（90）毛主席在一九四一年五月所作的（《改造我们的学习》）的报告中，对于实事求是做了最确切的解释："'实事'就是客观存在着的一切事物，'是'就是客观事物的内部联系，即规律性，'求'就是我们去研究。"（人教版初级中学语文课本）

（91）肃顺便劝文宗行（"钩弋夫人"）的故事。"钩弋夫人"是汉武帝的宠姬。当他六十三岁时，钩弋夫人为他生了一个儿子，取名弗陵，生得茁壮聪明，颇为钟爱。汉武帝晚年多病，年长诸子，看来多不成材，几经考虑，决定传位幼弗陵；但顾虑得幼主在位，母后年轻，每每会骄淫乱政，春秋战国，不乏其例；秦始皇初年的情形，更当引以为鉴。因而狠心将钩弋夫人处死，以绝后患。文宗也觉得肃顺的建议不错，但却缺乏汉武帝的那一副铁石心肠。（高阳《红顶商人胡雪岩》）

（92）国际先驱导报特约记者蓝波报道12月13日，中国国防部长曹刚川与来访的俄罗斯国防部长伊万诺夫在会谈后共同会见记者时，宣布"中俄双方已同意明年适当时候在中国境内举行首次联合军事演习"。……

美联社认为，（此次演习）的消息是在中俄彻底解决了边界问题纠纷之后宣布的，正如今年10月份对北京的访问中，俄罗斯总统普京所认为的那样，"中俄两国关系处于历史最好时期"。（网易新闻）

（90）用专有话语名词作定语，专有话语名词和话语名词"报告"在这里是同指的；（91）中"钩弋夫人"也是一个专有的话语指称，与这里的"故事"同指；（92）"此次演习"是对上一段具体消息的指称性概括。

专有话语名词、指称篇章结构单位的名词的所指一般表现为篇章，所以其所指对象一般不能以定语的形式出现。

指称话语单位形式的名词所指的话语单位一般不能以定语的形式出现在该话语名词前充任定语。

1.3.1.2　构成复指短语的差异

指称语言单位的话语名词一般可以与所指对象直接构成复指短语。如"偏正短语'伟大的祖国'"、"否定副词'不'"等。如果指称对象在指称语言单位的话语名词前，话语名词一般要用指示代词"这、这样"等修饰。例如：

（93）"画了人体的私部。你不知道，为什么会脸红?"

<u>私部这个词</u>又出现了，我再一次感觉到这个词在 T 先生的嘴里仿佛很烫，像含着一颗刚刚从沸水里夹出来的滚热的红枣，想急忙吞咽下去，可是又怕烫到里面去。（陈染《私人生活》）

（94）我和骠骑兵去扫墓，我扯了一块新白布，写上——明明不死——四个大字，落骠骑兵、我和妻子三个人的名字。（马原《骠骑兵上尉》）

（93）指称语言单位的名词短语"这个词"与其所指内容"私部"构成复指短语。（94）"四个大字"与指称对象"明明不死"构成复指关系，"四个大字"前也可以加上指示成分"这"等修饰。

指称话语单位的名词的所指，可以以语言的形式，出现在该话语名词前作定语，"的"作为定语的标记。如：

（95）（中国语言学还没有形成流派）的观点，我是不赞同的。

这里话语指称词"观点"的所指就是句中的定语。

指称言语作品的名词、指称言语行为及其作品的话语名词、不能直接与所指的语言形式构成复指短语。如果所指表现为一个小句或指称的形式，就可以放在用指示代词"这、这么、这样"等修饰话语名词前构成复指关系。例如：

（96）恐怕我是最理解<u>"一失足成千古恨"这句话</u>的，我的位置和理想决定了我不能有一点闪失，无论在工作上还是在生活上都不能。（安顿《绝对隐私》）

（97）葡萄园是一座孤岛般美丽的凸起，是大陆架上最后的一片绿洲。你会反驳<u>"最后"这个说法</u>；是的，但我自信这样的葡萄园不会再多出一片了。（张炜《柏慧》）

（96）话语名词短语"这句话"与"一失足成千古恨"构成复指关系；（97）指称话语单位的"这个说法"与"最后"构成

复指关系。

但是专有话语名词、指称篇章结构单位的话语名词可以与同指的另一话语名词构成复指关系，一般说来两个话语指称词语如果同指就能构成复指短语。例如：

（98）我把吕新的小说《<u>我把十八年前的那场鹅毛大雪想出来了</u>》传给朋友看，朋友看见后有一些想法，我听了，觉得很有意思，就整理下来。所以这篇文字虽然署了我的名字，其实这些意见是朋友的。（张新颖《关于〈我把十八年前的那场鹅毛大雪想出来了〉》）

（99）<u>第一章话语指称</u>主要分析了话语指称的类型。

（98）话语名词"小说"与专有名词构成复指短语；（99）指称篇章结构单位的名词"第一章"与无标点标记的专有话语指称词构成复指短语。

指称篇章结构单位的名词、指称语言或言语单位的形式的名词一般不能与它所指的话语单位构成复指短语。

话语指称词语的所指直接出现在该名词后边，如果表现为小句或句子的形式，两者之间就是表示解说关系的复句或句群，不能构成复指关系。

1.3.1.3　不同类型的话语指称词的配价差异

近年来，有些学者将动词的"价"的观念推广到名词上，认为名词也有配价要求。名词的配价属于语义平面的语法范畴。语义平面的基本结构有两类：一类是动核结构，一类是名核结构。名核结构是由名词和它们联系着的语义成分组成的。在名核结构里表示名物的作为核心成分的语义成分称作"名核"，依存于名核的，名核所联系着的强制性语义成分称作"名元"。①

一个名词所结合的名元的总和就是这个名词的配价。名词的

---

① 刘顺：《现代汉语名词的多视角研究》，学林出版社 2003 年版，第 121 － 122 页。

配价分类依据的就是名元的数目。

袁毓林（1994）指出："词语配价关系背后更深刻的原因是认知。"如果一个事物是独立的存在于世界上，那么与之相对应的名词就能单独地在交际活动中指称事物。也就是说不需要借助于其他名词可以将其所指跟语境中有关的事物联系起来。如果一个事物不是独立地存在于世界上，而是依附于其他事物存在于世界上，那么与之相对应的名词在交际活动中就不能明确地指称事物，需要借助于其他成分才能明确地指称事物。因此事物不同的存在形态导致了名词的语义结构的不同。因此，名词的配价就是名词所依存（联系）的事物的"完形"。基于这样的认识，我们这里主要讨论话语名词的配价类型及其在句法上的表现。

话语名词的配价类型主要有以下四类。

①零价名词

不需要名元组配的话语名词是零价话语指称词。这样的话语名词主要是指称静态语言单位的话语名词，如"字、文字、错别字、词、词语、生词、单词、成语、词汇、短语、句子"等。

②一价名词

需要一个名元组配的话语名词是一价话语指称词。一价名词主要有两类：

A. 指称篇章结构单位的话语名词，它们依存于另一个指称篇章的话语名词。如"章、节、段落、自然段、导语、结尾、开头、题目、内容、开头、结尾"等。

B. 指称话语单位形式的名词，如"形体、字体、结构、语音、语调、语气、口气、声音"等。它们或依存于另一指称话语单位名词或依存于话语单位言说的主体而存在。

一价话语名词构成的名核结构在句法上通常表现为主语和宾语，名元表现为定语或主语。如：

（100）这篇文章内容新颖。

（101）我们把它作为文章的<u>标题</u>。

（102）要注意这个句子的<u>语调</u>。

（103）《中国青年报》报道的<u>肩题</u>，一针见血地给出了答案：北京市民同意涨价，外地游客主力埋单。（网络新闻）

（104）"我已经决定了。"我学着<u>她的语气</u>，那种英语式的巴西话。（朱邦复《巴西狂欢节》）

（100）、（103）话语名词名核充当主语，（101）—（102）名核充当宾语，（104）中名核"语气"，它的论元是言说主体"她"，充当定语。

③二价名词

二价话语名词主要由指称言语作品的名词和指称话语单位语义的名词组成。这些名词关涉两个事物，一个是话语名词的言语主体，另一个是话语名词关涉的内容。因此二价话语名词有两个论元，一个是话语的言语主体通常表现为指人名词或人称代词；一个是话语关涉的内容，表现为某话语关涉的对象或话语的所指内容。这样的名词有"话、话语、说法、谣言、消息、口号、传说、文章、论文、评论、散文、神话、日记、小说、新闻、宣言、寓言、诗歌、诗、电报、总结、便条、故事、意见、观点、要点、观念、规律、规则、见解、结论、看法、标准、立场、目的、念头、企图、想法、心思、信念、要求、意见、愿望、主张、感想、感觉、理想、信心"等。

二价名词可以有多种句式，名元出现的位置多种多样，如：

（105）a. 老王对领导有看法

b. 对于这个问题，我没有什么意见。

c. 这个问题我有不同的看法。

d. 我在这个问题上有不同的意见。

e. 在这个问题上我有不同的意见。

f. 关于织女星，民间有个美丽的传说。

但是，用作话语指称时，二价话语名词的名元在句法上主要表现为定语。例如：

（106）a. 他的消息很灵通。

b. 韩老六跑了又被抓回的消息，震动了全屯。（周立波《暴风骤雨》）

c. 我们也没探问过她的消息。

d. 我的要闻版竟然经常报有关丁力的消息，他平步青云了。（安顿《绝对隐私》）

（107）a. 他的故事讲得不错。

b. 为此，我从小竟在不知不觉中知道了许多马的故事。（冯苓植《雪驹》）

c. 但这个有关雪驹的故事还应该大体是真实的！（同上）

d. 有关少年骑手命运的故事，也很可能就在这一页里全部结束。（同上）

（106）a 中"消息"的论元是言说的主体，后面几句的论元是话语的所指或关涉对象；（107）也一样。

此外，话语指称时，二价话语名词的作为所指对象的名元也可能以复指的形式出现，如：

（108）韩老六跑了又被抓回这个消息，震动了全屯。

④三价名词话语名词

三价话语名词主要由指称言语行为及其作品的词语组成。这些词语大多是将言说动词指称化形成，其中有的已经可以作为名词使用，但是它也意味着一个言说行为的存在，如"报告"、"报道"等。三价名词都意味着一个言语行为的存在，而一个言语行为必然涉及三个论元，一个是发话人、一个是受话人，另一个是话语关涉的内容。常见的三价话语指称词语有"谈话、说明、疑问、对话、翻译、估计、号召、回答、汇报、会话、检讨、宣传、保证、发言、法令、条约、条例、决定、决议、布告、合同、命令、建议、讲话、解释、警告、抗议、批判、评价、评论、谈判、议论、赞叹、赞扬、赞美、责备、辩论、表达、表扬、道歉、吩咐、讽刺、复述、叙述、概括、劝告、提问、提醒、提议、争论、祝贺、报告、报道、演说、报告、报道、演说"等。用作话语指称时，名元常常表现为名核的定语。如：

（109）刘魁胜这时向老松田建议，等雨稍稍小点，就进到炮楼里休息；叫司机将机器做个通盘检查，让炮楼里的人们出来帮忙将巡逻装甲汽车从灌满泥浆的陷坑里操上来，再走也不晚。<u>他的建议</u>立刻得到了老松田的点头赞许。（冯志《敌后武工队》）

（110）"伯父，您看起来可一点也不显老，真的！"丁兰兰一边把呼啦圈朝陈昆生怀里塞，一边说着恭维的话。

爱听人说自己年轻，就说明这个人已经落入了"老"的群体。陈昆生自然也难逃这个铁的规律。<u>姑娘的赞扬</u>鼓舞着他脱了夹克回身扔进房，两步跑下了台阶。（谌容《梦中的河》）

（111）吴荪甫打断了<u>李玉亭的议论</u>，很不耐烦地站了起来，但只伸一伸腿，就又坐下去。吴荪甫打断了李玉亭的议论，很不耐烦地站了起来，但只伸一伸腿，就又坐下去。（茅盾《子夜》）

（112）这问题提到她面前来了，当时给<u>自己的解释</u>是：不了解徐义德的五毒不法行为，哪能检举呢？（周而复《上海的早晨》）

（113）她在追忆刚才和<u>李玉亭的讨论</u>，想要拾起那断了的线索。（茅盾《子夜》）

（114）从前抱素说的同学们对于<u>他俩的议论</u>，此时候又闯进她的记忆；她不禁心跳了，脸也红了。（茅盾《蚀之幻灭》）

（115）进入梦乡前，<u>范英明对走马上任第一天的评价：开局不错</u>。（柳建伟《突出重围》）

（109）—（111）中出现的名元是言说主体；（112）、（113）出现的名元是言说的对象；（114）中名元分别是言说主体和言说关涉的内容。（115）中言说主体，言说关涉的对象以及言说的具体内容同时出现了。

此外，同二价话语名词一样，话语指称时，三价话语名词中作为所指对象的名元也可能以复指成分的形式出现。

1.3.2　话语指称与指称的差异

话语指称的能指和所指都是语言，且所指可以在篇章中出现，因此话语指称和外指状态的指称（即通常所说的指称）有较大的差异，具体表现在：

①外指状态的指称的所指是语言之外的对象，话语指称的能指和所指都是语言。

②话语指称的所指（话语实体）可以在篇章中出现，一般名词的具体所指对象不可能在篇章中出现，只能在篇章外寻找。例如：

（116）"我跳得怎么样？"咬金问母亲。

辣辣说："好得没法说！沔水镇没人比得上你！"

辣辣并没有被母爱遮住眼光，她的评价基本是正确的。（池莉《你是一条河》）

（116）中话语指称语词语"她的评价"的所指对象在篇章中出现了。

③一般指称（外指状态的名词）的所指是不能以定语的形式出现在名词前的。有些话语指称词语的所指可以以定语的形式出现在话语名词前。如这一节中的例（78）—（87）。

④一般的指称不能与其具体所指构成复指关系，而有些话语指称可以与所指构成复指关系。如（93）—（95）。

⑤由于话语指称的所指对象可以在篇章中出现，所以话语指称词语对它的所指具有语义上的管界作用。当管界的是一个句子或语段时，话语指称便具有篇章管界的功能。一般的指称不能对

它的所指实施语义上的管界作用。例如：

（117）我向父亲问起过此事，父亲说他听到的是<u>另一种说法</u>。那夜小陶是忙累了，也躺到了上官的床上，但并没有打呼。（潘军《九十年代的获奖作品》）

这里话语指称语"一种说法"的所指就是这一语段中的后一句。话语指称词语通过语义对后面的句子实施了管界作用，使得两个句子之间发生联系，从而实现篇章衔接功能。

不是所有的话语名词都有衔接能力，无指的话语名词、否定辖域内的话语名词、自指的话语名词都不能实现篇章衔接功能。

⑥有些话语指称可以实现自指，所指就是这个话语名词或包含话语名词自身的成分，外指状态的指称词一般不能实现自指。如此节前面的例（49）—（52）都是自指的。

⑦话语名词与一般名词在配价上也有差异，话语名词有可能以它的所指作为配价成分。一般名词不可能以它的所指作为配价成分。一般名词的配价成分都是名词或代词。话语名词以其所指作为配价成分时，配价成分通常表现为小句的形式。例如：

（118）<u>萧素被捕</u>的<u>消息</u>一下子就把江玫从《咆哮山庄》里拉出来了。（宗璞《红豆》）

这里，"消息"的所指"萧素被捕"也是"消息"的一个配价成分，即名元。

此外，话语名词及其所指都可以作为动词的配价成分，而外指状态的指称的所指不可能作为动词的配价成分。例如：

（119）接着，她用更小的声音说："告诉你<u>一个消息</u>，<u>你是县长候选人之一</u>……"（李佩甫《羊的门》）

话语指称"一个消息"及其所指"你是县长候选人之一"同时成为言说动词"告诉"的配价成分时，它们在句法上是两个价，语义上是一个价。

⑧话语指称具有递归功能。"递归"是数学上的术语，简单地

说就是通过结构规则的重复使用，使得一个结构单位包容在另一个结构单位里。话语指称词语的递归功能可以在句内进行，也可以发生在句子与句子，或篇章与篇章之间，形成句内递归与句际递归。

A. 句内递归

句内递归主要依靠一个话语指称词修饰另一个话语指称词形成。例如：

（120）对王尚义《太原建都已有 4470 年》一文的商榷（文章标题）

（121）关于转发《关于配合中国银行落实 2004 年科技开发贷款推荐项目的通知》的通知（网络新闻）

（120）"商榷"指称一个话语单位，"王尚义《太原建都已有4470 年》一文"指称另一个话语单位，这样一个话语指称的内容就镶嵌在另一话语指称的内容中。（121）这种偏正式递归，是同一指称词语词递归。它们都有共同的特征，即前面的指称是后一指称语义上的受事。

只要有可能，递归就可以无限发生，下面一例是同一指称词的多次递归：

（122）中共上海市教育纪律检查委员会关于转发《中共上海市纪委、检察委关于转发〈中共中央纪委、监察部关于转发〈北京市纪委、监察局关于严明纪律确保非典型性肺炎防治工作顺利进行的通知〉的通知〉的通知》的通知（沪教纪［2003］8 号）（网易新闻）

另外，利用书名号可以将一个专有话语指称嵌入另一个专有话语指称之中，例如：

（123）张新颖的《关于〈我把十八年前的那场鹅毛大雪想出来了〉》发表在《文艺评论》上了。

B. 句际递归

话语指称词与表达动词配合使用，可以将一个话语指称所指的文本镶嵌在另一个话语指称词语之中，形成递归结构。如：

(124) 我给你讲一个故事$_1$，从前山上有座庙，庙里有两个和尚，一个老和尚跟一个小和尚说，我给你讲一个故事$_2$，从前，山上有座庙，庙里有两个和尚，一个老和尚跟一个小和尚说，我给你讲一个故事$_3$，从前……

这一段里话语指称词"故事"出现了三次，但是实际上它们并不处在同一个"阶"上，"故事$_3$"镶嵌在"故事$_2$"中，"故事$_2$"又镶嵌在"故事$_1$"中。

如果话语指称词的套叠与递归功能不是发生在句内或局部的句子之间，而是发生在篇章与篇章之间，话语指称词语就实现了对整个篇章的控制，从而显示出整个篇章的结构层次。话语指的篇章功能我们将在第六章中详细讨论。

⑨由于话语指称的所指通常表现为一个话语单位，这个话语单位就是一个文本，而话语指称的所指又可以在篇章中出现，因此话语指称具有文本嵌入功能。利用话语指称，叙述者可以将一个话语单位或文本嵌入到他的目标语篇之中。例如：

(125) 琪最初的出现与那架钢琴同步，这在小说《空心》的第一节便可以看出：

钢琴就这么放下，紧挨着西窗。那个位置……

小说《空心》写于几年前的一个春季，由于众所周知的原因至今没有公开发表。

（潘军《感情生活的短暂时空》）

(125) 中通过话语指称语"小说《空心》的第一节"将另一个文本即《空心》的第一节嵌入到作者的小说《感情生活的短暂时空》中，即"钢琴就这么放下"这一段。

如果话语指称的所指没有被直接嵌入到篇章中，由于话语指称仍可能指向一个文本，这样就会形成一个超级链接结构。这可以说是文本的隐性嵌入。如：

（126）顾名思义，笔者因为读了《读〈野百合花〉感》之后，对《野百合花》一文觉得需要补充一点什么，才来"继"一下。（伯钊继《读〈野百合花〉有感之后》）

这一句话里有两个专有话语指称词语《读〈野百合花〉感》和《野百合花》，每一个专有话语指称词所指都是一个文本，只是这两个文本没有在这个篇章中出现。要准确理解这句话的含义，就需要读者将这两个文本所指的内容嵌入到这两个句子中。从这种意义上说，话语指称词具有隐性地嵌入文本的功能，形成超级链接结构。

文本嵌入功能只能在话语指称中发生，外指状态的指称不能将一个文本嵌入到篇章中。

第二章　话语指示

2.1　话语指示与话语指示语

2.1.1　已有的界定及存在的问题

要谈及一个话语单位，除了用话语指称外，还可以用话语指示。指示问题是语用学研究的重要课题。话语指示，也称语篇指示，是一种指示现象，但与人称指示、空间指示、时间指示相比，研究得并不充分。

到底什么是指示？英国语言哲学家莱昂斯对指示作了迄今为止较为权威性的定义。他指出，指示是离开了特定的语境便无法确定的语言现象，典型的语境是以自我为中心的，说话人给自己安排了一个 ego（自我）的角色，叙述每一事物都以他自己视角为出发点，他处在语境坐标的零点位置。菲尔默对指示语也作了与莱昂斯相近似的定义，并对空间指示语、时间指示语、社交指示语和语篇内部指示语分别进行了考察。关于指示问题，列文森在《语用学》中是这样说的：语言结构本身反映语言和语境之间的关系，最明显的就是指示现象。……从本质上讲，指示现象牵涉到如何用语言编码或语法手段表示出语境或言语行为的特征，因此它也涉及如何依靠语境来分析和理解所说的话语，例如指示代词"这（this）"在不同的使用场合指向不同的对象，它是一个变项，所指对象由语境（例如手势）确定。他认为，指示系统是以自我为中心，就是说，指示中心或指示中枢一般是：a. 中枢人物是说话人；b. 中枢时间是说话时间；c. 中枢地点是说话人在说话时所处位置；d. 话语中枢是指一句话中说话人当时正说到的部分；e. 社交中枢是说话人相对于说话对象的社会地位和等级。

自从菲尔墨、列文森提出话语指示这一语言现象以来，国内还没有人对此进行过专门的研究。有关话语指示的内容只能在一些教材或专著上看到零星的举例式的解析。话语指示的界定至今还没有一个相对统一的或大多数人承认的界定，下面是话语指示的几个定义：

定义 1：话语指示，或语篇指示（text deixis）是指在说话或行文过程中，选择恰当的词汇或语法手段来传达话语中某部分或某方面的指示信息。（何自然，1988）

定义 2：篇章指示指的是一句话中某些词语被用于指包含这句话在内的整个篇章的某一部分，或用来表明这句话和同一篇章中其他话语之间的关系。（何兆熊，2000）

定义 3：语篇指示就是用词语指语篇的某一部分，所用的词语就包含在这个语篇的话语中。（索振羽，2000）

定义 4：语篇指示的基本思想是所指不是人、事或物，也不是地点和时间，而是指向语篇中某一陈述，相当于夸克等人的句和小句指称。（胡壮麟，1994）

定义 1 在解释话语指示的时候用"指示"这个词语，这显然是不合适。因为"话语指示"这个概念中"指示"本身就是需要解释的一个概念。另外"指示信息"的概念太宽泛了。如果按这个定义理解，人称指示、时间指示、地点指示都是话语指示，因为它们都用了某一词汇传达话语中的指示信息，甚至我们通常说的许多指称问题，如定指、不定指等都是话语指示，因为它们也都传达了指示信息。

定义 2 中，"包含这句话在内的整个篇章的某一部分"是一个歧义短语。可以有两种切分：

包含这句话在内的/整个篇章的某一部分

包含这句话在内的整个篇章的/某一部分

照上一种意思理解，话语指示语就很少，只有"本文、本段"等少数几个，照后一种理解，意思就跟定义 3 说的"话语指示就是用词语指语篇的某一部分，所用的词语就包含在这个语篇的话语中"一样，所不同的是定义 2 还强调了"表明这句话和同一篇章中其他话语之间的关系"的词语也是话语指示语，如"因此、所以、然而"等等。定义 3 中应该不涉及表示话语与同一篇章中其他话语之间关系的词语，但是在教材的后面话语指示语的类型中又把这类词语，甚至是插入语等都纳入到话语指示的范围。由于这两个定义都没有给话语和指示这两个概念作出明确的界定，因此下面几例中画线部分是不是"话语"，加点的部分是不是指示语就难以断定。

（1）金发女郎排行第三位，这我倒是从来不知道的。

（2）"我听说董延平好像对你有点意思。""是么？"石静笑着仰看我一眼，"回头我找他谈谈，看是不是真有这回事。"

（3）他坐立不安地要活动，却颓废使不出劲来，好比杨花在春风里飘荡，而全身无力，终飞不远。他自觉这种惺忪迷怠的心绪，完全像填词里所写幽闺伤春的情景。

（4）人说"知足者常乐"，我确实享受不到这样的快乐。

（5）我希望他能在她到达前找到好房间，可是他没有这样做。

可是，依照定义 4 就更不好判断了。（1）—（3）的画线部分从句型上看是个句子，从句类上看是陈述句，（4）是个小句，（5）是句子的一部分。但是从所指上看似乎它们又都是指一个事件的。不知道定义 4 到底是以形式为标准、还是以所指（陈述）为标准，还是既以形式又以所指为标准？"陈述"是一个什么概念？陈述和话语是什么关系？是不是只要是与陈述"同指"的成分都是话语指示语？另外，胡的定义把所指限定在小句或句子，那么，指向整个篇章或篇章中的一部分就不是话语指示吗？

从以上定义以及他们在论著中的举例看，这些定义普遍存在两个问题：一是没有对话语进行界定，二是没有对指示进行界定，从而引起了理解上的混乱。列文森虽然强调话语的指示性，但是他只是将说话人正说到的部分作为参照，这样就把其他的一些具有指示性的词语排斥在话语指示之外。同样，列文森也没有对话语进行过明确的界定。

2.1.2　话语指示的本质特征

根据话语指的原则 2 "作为所指的话语单位和语言外的客观世界一样可以出被一次言语行为所涉及"，我们认为，话语指示与言语行为密切相关的语用现象，指示性和话语性是话语指示的根本特征。

2.1.2.1　指示性

话语指示的指示性就是指话语指示语是以一次正在进行着的言语行为中的某要素（包括说话人、说话时间、说话地点、说话人正说到的话语部分）为参照，它的实际所指需要依赖它所指向对象来确定。比较：

(6) 我的话你都记住了吗？

(7) 张老师的话你都记住了吗？

(6) 中"我"是以说话人为参照的，具有指示性，"我的话"是话语指示语。"我的话"到底是什么，需要在上文或语篇外寻找。(7)"张老师的话"是一个单纯的定指性的话语指称，不是话语指示语，因为"张老师"和"话"都没有指示性。

话语指示语中通常包含有典型的指示词语，如"我、你、他、我们、你们、他们、对方、昨天、今天、明天、现在、这、那、这里、那里、本文"等。因为这些词语意义的理解需要跟语境发生联系才能确定，具体地说就是需要以说话人、说话的时间、说话的地点或说话人正说到的话语部分为参照来确定其意义。下面几例中都是加点的词语包含有典型的指示词语的话语指示现象：

（8）正方三辩：我方的论点对方没有任何批驳，所以我方的定义已经成立了。其次，对方的解释依然是在饥寒的情形你可以对他进行道德要求，这可以吗？请回答。

反方二辩：你的论点不是自己说成立就成立了，不然要评判干什么？

（9）一切会议上对于提案的赞成和反对极少是就事论事的。有人反对这提议是跟提议的人闹意见。有人赞成这提议是跟反对这提议的人过不去。有人因为反对或赞成的人和自己有交情，所以随声附和。今天的讨论可与平常不同，甚至刘东方也不因韩学愈反对而赞成。（钱钟书《围城》）

（10）当我今天写到这儿的时刻，它还在我耳畔轰轰作响。

（8）中"我方、对方、你"都是以说话人为参照的指示语，例（9）中"今天"以说话的时间为参照，（10）"这儿"以作者所写到的地方为参照，也就是以说话人说到的地方为参照。因此这些词语都具有指示性。

单纯的话语名词本身没有指示性，但是一旦它受一般指示语的修饰后，就使得整个话语名词短语具有了指示的性质。如：

（11）本文是讨论话语指示的。

（12）那篇文章的开头写得非常好。

（13）我方不同意对方的观点。

这里"本"、"那"、"我"、"对方"都是以说话人正说到的部分或是以说话人为参照的指示成分。"本文"、"那篇文章"、"对方观点"都指向另一话语成分，都是话语指示语。也就是说这些话语指示语的存在是以已经出现过的一个话语为参照的。（13）

"我"虽然具有指示性，但所指的不是话语，而是人称，属于人称指示。

掌握指示现象，关键问题在于确定哪些词语是指示语。只有以一个正在进行的言语行为的某要素为参照点才能拥有所指对象的词语才是指示语。比如"我"是指示语，"自己"就不是指示语。因为自己可以选择任何一个人作为参照，而不要求一定要以此时此刻的说话人为参照。同样，"前天"是指示语而"前一天"就不是，"此刻"是，"即刻"就不是。话语指示也是这样，要确定话语指示也得确定它的指示语。

值得注意的是，有些词语如"前面、后面、上面、下面、上、下"等方位名词，一般不能用于空间指示，但是可以用于话语指示。比较：

（14）教学楼前面是一个大操场。

（15）我们在文章前面论述了指示性，下面要论述话语性。

（14）中"前面"也要求有参照性，但它不是以说话人为参照的，因此"前面"在这里不是指示语。（15）中的"前面"和"下面"以（15）这句话为参照，因此都是话语指示语。

2.1.2.2 话语性

话语性是指话语指示语所指的是一个话语单位。根据前面第一章的讨论，话语指称有三个层次：整体指、形式指和语义指。因此一个话语单位进入到表达中，我们谈及的可能是其中的某一方面，我们以一个小句为例加以说明：

（16）中国语言学没有形成流派，这句话张教授讲过多次。

（17）我走进教室一看，黑板上写着这样一行字：中国语言学还没有形成流派。

（18）"中国语言学还没有形成流派。"他的语气是很坚定的。

（19）他跟我谈了这样一种观点，中国语言学还没有形成流派。

（20）我问他："<u>中国语言学还没有形成流派，到底是不是这么回事？</u>"

（16）中画线部分是以整体的形式进入到表达当中的或者说画线的这个分句的形式和意义同时被我们谈及。（17）中画线部分是以"文字"即语言的书写符号的形式被谈及。（18）"他的语气"是指说出画线部分句子时的语气，可见这个句子是以依附在它上面的语气进入话语表达的。（19）谈及的是画线话语的意义。因为"观点"是对这个分句的语义的概括。（20）中画线部分是以它的所指进入到话语表达中的，在这个表达中我们关注的不是画线部分的形式也不是它的意义，而是它的所指即一个事件，"这么回事"是对外部世界中的语义内容的概括，它与（19）不同，（19）是针对语言世界的语义内容概括。可见（16）—（19）加点的成分谈及的是话语，而（20）是针对外部世界的语义内容的概括。

通过以上分析，我们可以把话语指示分为两大类：一是话语整体指示，即话语的形式和意义同时作为谈及的对象。另一类是话语要素指示，即话语的形式包括语音形式、文字形式、意义形式单独作为谈及的对象。

不但句子是这样，字、词、短语、甚至一个篇章等都可能会以"话语"的不同形式出现在篇章中。例如：

（21）巨大的铁门，出现在眼前。铁门之上有几个古老的字："<u>香山别墅</u>"。一看见这几个字，刘思扬忐忑的心情很快就稳定下来。香山是唐代诗人白居易的别号，魔窟居然用上如此富有诗意的名称，这里显然就是白公馆。啊，果然到白公馆来了。（罗广斌、杨益言《红岩》）

（22）<u>人身攻击</u>。金桥当时立刻想到了这个词语。（苏童《肉联厂的春天》）

（23）开头一切还算顺利，到第四个星期却出了问题。那天，课文中有一句 We all love Chairman Mao，他围绕着常用词<u>love</u>，补

充了一些解释。他讲解道，这个词最普通的含义，乃是爱情。他在黑板上写了一个例句：爱是人的生命。（余秋雨《文化苦旅》）

（24）王胖子转身到另一个同志跟前，打着哈哈。是等我拆信吧？我不拆。他等不下去，便走了，临走的时候还和那位同志做了个鬼脸：一只肉眼泡用力一夹。我太熟悉他的这个动作了。那意思是："看，好戏开场了！"（戴厚英《人啊，人!》）

（25）"你说你没有准备早餐？"她的语调中充满怪异。（于晴《红苹果之恋》）

（26）为了表示诚意，我当即下达命令：全军将士整装待发，明日开赴彭城！我的话音刚落，鼓号齐鸣，一片欢呼。（潘军《重瞳》）

（27）她怎么说的？"'谢谢！'是不是这个样子？"他试着在心里重复摹仿她的语气，语调。从那声音他好像又更多地捕捉到了一些感觉。他神经质地搓着自己的手指头，准备吃过晚饭，重新为她画一张素描。（张洁《漫长的路》）

（28）潇湘子突然怪声怪气地道："那你祖宗见过杨贵妃么？"这声音异常奇特。（金庸《神雕侠侣》）

（21）中"香山别墅"是以文字形式进入表达，（22）"人身攻击"是以短语的形式与意义进入表达的，（23）"love"也是以词语的形式与意义进入表达的，（24）中"那意思"表明画线部分"一只肉眼泡用力一夹"是以意义的形式被我们关注，（25）—（28）画线部分是以语音形式进入表达的。

可见，只有一个话语单位的形式和意义整体进入表达或者单独以形式或意义进入表达的就具有话语性，而以语言外客观世界的所指进入表达的就不具话语性，因为它针对的是语言外的世界。再比较：

（29）a. "Shut up!" This is what he said to me.

b. This is what he did to me. He ripped my shirt and hit me

on the nose. （引自何兆熊，2000）

（29）中上一句中的"this"是一个典型的指示词语，且是一个话语指示语，因为它所指向的是一个使令性言语行为——Shut up！"Shut up"形式和意义同时被关注，这是典型的话语指示用法；下一句中"this"指下文中所提到的"He ripped my shirt and hit me on the nose"。也就是"他对我所干的事"这一事情。即指称的这个句子的所指，它针对的是语言外的世界，因此这里的"this"不具话语性，不是话语指示。何自然的《新编语用学概论》认为上一句是一般的文内照应（回指）用法，我们认为它不仅是回指用法，也是话语指示用法。

话语指示的所指可以是篇章、段落、章节、话语、也可以是词、短语、句子、甚至剥离了语义内容的纯语言形式。如：

（30）上文讨论了话语指示的几个定义。

（31）小林见她越说越多真生气了，忙说："好，好，咱送，咱送，看送了能起什么作用？"话说到这里就算完了。（刘震云《一地鸡毛》）

（32）a. That's a rhinoceros.（引自索振羽，2000）

（那是"犀牛"）

b. Spell it for me.

（给我把它拼出来）

（30）指的篇章的一部分，（31）指的是这个画线的句子，（32）中的"它（it）"不是代替"犀牛"的，只是提及"犀牛（rhinoceros）"这个词，不是指犀牛这个动物本身，是纯粹的语言形式。

至此，我们可以给话语指示下这样一个定义：

话语指示就是指一个指代成分需要以一次言语行为为参照才能指向篇内或篇外另一语言对象，从而获得确定意义的语用现象。话语指示中，用来谈及语言对象的词语就是话语指示语。

国内的语用学教材把英语里的话语指示语大致分为三类：

①用于时间的指示词语，如 last，next，preceding，following 等。

②用于地点指示词语，特别是指示代词 this，that 等。

③在篇章中用以表示前后话语之间的一些词和短语，如 but（但是）、therefore（因此）、in conclusion（最后）、to the contrary（与此相反）、still（仍然）、however（然而）、anyway（无论如何）、beside（此外）、all in all（总而言之）"等。

上面提到的三本语用学著作都把表示分句和句群关系的词语"but（但是）、therefore（因此）、in conclusion（最后）、to the contrary（与此相反）、still（仍然）、however（然而）、anyway（无论如何）、beside（此外）、all in all（总而言之）"，甚至把"actually（实际上）、well（好吧）、Uh"等都看成是话语指示语。我们认为有些关联词语如"因此"、"总之"可能与前面的"话语"有一定的指向性，与前面的话语相呼应，但不是典型的话语指示。Actually、Well、Uh 等明显是话语标记性成分，或者说是与话语交际有关的语用现象。这些词语传递的不是命题意义或语言意义，也就是说它们不构成话语的语义内容，而是为话语理解提供信息标记，从而对话语理解起引导作用的程序性意义。我们不能把凡是在话语（或语篇）中具有指示话语某方面信息的现象都看成是话语指示。

何自然（1988）还认为下面几类也是话语指示：

（33）I've never cooked a rat, but, Paul has, and it tasted terrible.

（34）The man who gave his paycheck to his wife was wiser than the man who gave it to his mistress.

（35）Slice the onion finely, brown it in the butter and then place it in a small dish.

（36）That blouse, it's simply stunning.

（37）It surprises me that they don't write.

（38）That's a mistake, letting him go.

（39）It was John who wore his best suit to the dance last night.

（40）那个身材苗条、脸儿很清秀的女民兵，她叫黄云香。

何自然认为，（33）中的 it 不与前述话语中的 rat 互指，句中 it 只能根据话语语境判断出是指波尔烧的老鼠；（34）中的 it 也不与 his paycheck 互指，（35）中前一个 it 是 sliced onion，不与前面的 "the onion" 互指，后一个 it 不但不能与 "the onion" 互指，且与前一个 it 不是一回事，因为前一个 it 只是一些 sliced onion，而后一个 it 已经是 sliced onion browned in the butter。如果照这样理解，凡是所指需要在话语语境中确定的指称现象都是话语指示。确实，这几例中的 it 需要通过交际语境才能判断它的所指，但是话语指示并不是说凡所指意义需要通过交际语境才能理解与确定的都是话语指示，何在这里混淆了语境与话语的概念。（36）—（39）中的 it 和 that 是句法上的一种用法，it 和 that 所指的并不是一个"话语"，因此不是话语指示。（40）"她"是复指"那个身材苗条、脸儿很清秀的女民兵"，显然是句内人称指代，是句法上研究的"指代"用法。

2.1.3 话语指示语

话语指示中，用来谈及话语对象的词语就是话语指示语。话语指示语可以分为单用话语指示语、复合话语指示语和零形话语指示语三大类：

2.1.3.1 单用话语指示语

单用话语指示语就是能够独立指示话语对象的指示成分。单用话语指示语主要由以下两类词语充当：

①指示代词或代词，主要有"这、那、这些、那些、这样、那样、是、之、此、它"等。

篇章中，代词充当话语指示语的时候，指示语所指的话语必须在篇章中出现。如：

（41）"劳歌一曲解行舟，红叶青山水急流。日暮酒醒人已远，满天风雨下西楼。"这是胡河清最喜欢的一首唐诗。（《余杰文集》）

（42）他发出一声呻吟似的低语："你今晚像个大人。"他微笑了。"这正是我想讲的话，你今天晚上才像个大人。"（引自刘道英，2003）

（43）人心之所以可鄙可惜，就在于它所孕育的所有才能全是为了不择手段地获取金钱。这是我的观点。（《余杰文集》）

（44）我忘掉问你，你信上叫我'同情兄'，那是什么意思？（钱钟书《围城》）

（45）他最近在北京出版的《奋斗》半月刊上面读过一篇热情横溢的文章。那位作者在文章里说……这篇文章的理论根据虽然非常薄弱，但是在当时它的确感动了不少的青年，尤其是那般怀抱着献身的热诚愿意为社会的进步服务、甚至有改革社会的抱负的青年。它给予觉慧的影响也是很大的。（巴金《家》）

"这、那、这些、那些"单独作为话语指示语时，通常以判断句的形式出现，判断宾语表明它们的话语性质，即通常是话语名词。如以上几类中的"诗"、"我想讲的话"、"观点"、"意思"等表明它指称的是话语。"它"作为话语指示时，前面一般要出现一个先行名词，如（45）中的"一篇热情洋溢的文章"。"它"在篇章中一般不能直接指示一个话语单位。

话语指示语谈及的话语单位也可以是一个篇章，如：

（46）说真话，我并未放弃过手里的武器。我始终在疲惫地奋斗。现在我是疲乏多于战斗。

我说我要走老托尔斯泰的路。其实，什么"大师"，什么"泰斗"，我跟托尔斯泰差得很远，我还得加倍努力！我只是太累了。

这是 1994 年 4 月 2 日，巴金老人在赠送给外孙女端端的《巴金全集》的最后一卷的扉页上的一段题词。（《文汇报》2004 年 11 月）

这里的话语指称词"一段题词"表明（46）中画虚线的语段具有话语性。

"是、之、此"也可以充当话语指示语，是文言用法。如：

（47）由于长期以来我们没有真正实行法治，实行的是人治，不要说老百姓对此不知道，就连一些法官、一些律师也不清楚怎么问、怎么答最为合适。但这不影响本书对司法语言研究所作出的贡献。……是为序言。（陆俭明《法庭问答及其互动研究》序）

（48）（胡锦涛）并谈到"台独"分子有时甚至发出战争叫嚣，扬言要攻击这个城市、那个设施等情况。布什闻此颇显诧异……（《环球时报》2004 年 11 月）

（47）中"序言"说明"是"谈及的是一个篇章。（48）中的"此"可以换成"这些话"，因此"此"在这里也是话语指示语。

②方所名词：上面、下面、前面、后面、以上、以下、如下、下列、这里、这儿等。这些方所名词本身都具有参照性。篇章中如果这些词是以正在进行的言语行为所说到的部分为参照，就是话语指示。例如：

（49）上面已经说过，在党中央和毛主席的精心领导下，二十一个月的自卫战争打得很好，我们的军事力量继续在发展，再过一段时间数量上就可以同国民党军队平衡，现在质量上已经高过他们。我们最重要的是不要骄傲，特别是打胜仗的部队，更要戒骄戒躁。敌人有了失败的经验，更狡猾了。（《邓小平文选》）

（50）前面说过，一天一夜不见，就像经历了漫长的岁月。我猛地就搂住了它，把脸紧紧地贴在它的面颊上。亲不够，吻不够，摩挲不够。而雪驹等了我一天一夜，也仿佛是担心了一天一夜。激动地咬咬叫着，也在亲昵地吻我，嗅我，舔着我。（冯苓植

《雪驹》)

（51）以上三项是谈革命两面政策的性质问题，下面谈它的运用问题。在运用上又要分别两种不同的范围：一是在伪军或上层伪组织内的运用；一是在敌占区或敌占优势的游击区的乡村中的运用。前者是带革命两面派活动的性质，后者是带群众活动的性质。（《邓小平文选》）

（52）下面是鲁家屋外的情景。

车站的钟打了十下，杏花巷的老少还沿着那白天蒸发着臭气，只有半夜才从租界区域吹来一阵好凉风的水塘边上乘凉。……蓝森森地一晃，闪露出来池塘边的垂柳在水面颤动着。闪光过去，还是黑黝黝的一片。（曹禺《雷雨》）

这些直接指示篇章某部分的方所名词常常与表达动词"说、讲、谈、分析、讨论、描写、描述"等配合使用，或者以这些方所名词作主语的存现句形式出现。如（52）中"下面是鲁家屋外的情景"。

"这里、这儿"直接充当话语指示语，都是以说话人正说到或写到的部分为参照。正说到的部分范围可大可小，大到整个篇章，小到正说到或写到的那个字，或篇章中的一句话。

（53）这悲怆的声音永远留在我的脑海里，当我写到这儿的时刻，它还在我的耳边轰轰作响。

（54）小林见她越说越多真生气了，忙说："好，好，咱送，咱送，看送了能起什么作用？"说到这里就算完了。（刘震云《一地鸡毛》）

（55）我们这里讨论话语指的特征和功能。

（53）中"这儿"就是指包含"这儿"的这句话。。（54）的"这里"是前面这句话。（55）的"这里"是我这篇博士论文。

如果不是以说话人正进行的言语行为所说到的部分为参照，而是以别的作为参照，这些方所名词就不是话语指示。例如：

（56）小冯审阅之后，在稿子第一面的天头上批了几个字："我意召开讨论会。"下面署了自己的名字，又交还老董。（陈世旭《将军镇》）

（57）好哇！他自己也知道。看他下面怎么说。"往下念！"（戴厚英《人啊，人！》）

（58）"大哥，"觉慧充满感情地唤了一声。觉新眼里包了泪水，掉过头去看他。觉慧便说下去："我本来想早点回家，我还可以跟你们在一起吃顿饭。然而他们一定要给我饯行，所以我到这时候才回来。……"他咽住了下面的话。（巴金《家》）

（56）—（58）里的"下面"不是以叙述者的正说到的话语为参照，因此都不是话语指示，也不是一般指示。

这些话语指示语中有的只能用于话语指示，如"下列、如下"等；有的可能用于是话语指称，也可能用于话语指示，如"上面、下面、前面、后面、以上、以下"等；有的既可以用于话语指示，有可以用于一般的空间指示，如"这里、这儿、那里"等。

2.1.3.2 复合话语指示语

复合话语指示语就是指由一般指示语与话语名词构成的话语指示语。其中指示语使得整个短语具有指示性，话语名词表明它指示的一定是话语。复合话语指示语主要有以下一些类型：

①人称指示语＋话语名词：我的话、他的论文、对方的观点、你的批评等。如：

（59）他的批评也是同样的——"见鬼！"（巴金《家》）

（60）"你别动。王排长，你的意见呢？"白芸应声赶过来，扶起他。（冯德英《苦菜花》）

②时间指示语＋话语名词：昨天的讨论、今天的话、最近的消息等。如：

（61）我们继续昨天的讨论。

（62）我不知道小李最近的消息。

③方所指示语＋话语名词：上文、下文、这里的句子、以上的论述、下面的段落等。如：

（63）从上述介绍可以看出，斯波伯和威尔逊并不反对格赖斯的大多数准则。（姜望琪《当代语用学》）

（64）他竭力尖起耳朵，听到下面的对话：

"我在这儿休息一天，行不行?"说话的口气，好像小学生向老师请假。（李英儒《野火春风斗古城》）

（65）由上文推断，则宋市人小说的必要条件大约有三：1. 须讲近世事；……（《鲁迅全集》）

④指示代词＋话语名词：这样的批评、那样的说法、这个想法、那些话等等。如：

（66）尽管听证会上的多数代表（北京市民）赞成提价，但这个调价方案却受到了社会各界特别是外地人士的强烈质疑，其中不少人发出这样的质问：6大景点的高票价会把大量中低收入的外地旅游者拒之门外，剥夺了他们参观世界遗产的权利，这是不是有失公平，是不是背离了以人为本的科学发展观?（网易新闻）

（67）他就带着这样的想法出场，去给那些世界上真正的主宰演戏。（欧阳山《三家巷》）

（68）他觉得这些话好笑，他们为了这样的话而大笑大咳，更是好笑。（吴强《红日》）

⑤部分含指示成分的表达类"的"字短语。

（69）上面所讲的，是对我们党的一个总的估计。再说一遍，我们党有五好：有好的指导思想，有好的中央，有大批好的骨干，有好的传统，有好的信赖党的人民。（《邓小平文选》）

（70）但老郝叔鼓励我："你照我说的写，他们都懂。"（人教版高中语文课本）

话语指示语也可以是多种指示成分复合而成，例如：

（71）"不懂六爷的意思。人家工作队好赖，咱庄稼人哪能知道呢?"

老田头这样说着,可他心里想,工作队是八路军,八路军三营驻在屯子里的时候,有五个同志住在他家里,天天替他扫当院,劈柴火,要说他们不好,那是昧良心的话。但在韩老六跟前说工作队好,他不敢,说他们坏,又不情愿。他就含含糊糊说了上面这一句。(周立波《暴风骤雨》)

(72)上面所引用阿尔斯顿的那段文字似乎意味着,到目前为止的语言学成果中有哲学意义的只局限于语法方面。(陈嘉映译《哲学中的语言学》)

(73)"那么对于我方才的建议不知你有何看法?我觉得你们将来若能配成一对,那才真是珠联璧合,佳偶天成哩!"白莲进一步试探道。(岑凯伦《合家欢》)

(71)由方所指示语"上面"和"指示代词+话语名词"复合而成;(72)也是一样,只是中间还插入了其他成分。(73)是由"人称指示+时间指示+话语名词"构成。

此外,指示代词+表达类动词也可以看作是话语指示语。如:

(74)大副说,我没教养你这婊子养的才没教养呢!这一说,船长就顺手抓起一个扳手朝大副脑门上劈了过去……(潘军《桃花流水》)

(75)"生有许多事情确实不可思议。"1998年秋天A向作家潘军谈及这段往事时这么感叹道。(潘军《故事》)

2.1.3.3　零形话语指示语

零形话语指示其实就是指示语采用零形式的话语指示。零形式话语指示通常有两种形式:

①"指示成分+话语名词"中指示成分采用零形式形成的零形话语指示。其中指示成分主要由指示代词和人称代词充当。例如:

(76)这件事对马列生刺激很大,村里人都说小木匠冒充记

者，（　）话传进耳里，比破坏军婚还难听。（潘军《报人》）

（77）（　）小说写到这里，我有必要加一段说明。（潘军《桃花流水》）

（78）他最近在北京出版的《奋斗》半月刊上面读过一篇热情横溢的文章。那位作者在（　）文章里说，生在现代的中国青年并不是奢侈品，他们不是来享乐，是来受苦的。（巴金《家》）

（79）儿子们现在在难中，为父亲的不能见死不救。顾维舜自个儿站了起来，（　）语气也不那么恭顺了。（戴厚英《桨声里的秦淮河》）

（47）—（79）中括号内省略了相应的指示成分，分别是"这"、"这篇"、"这/那篇"、"他的"。

②单纯零形话语指示。例如：

（80）评论在谈到《水浒》的人物描写和结构布局时，（　）还一再指称：这部作品的源头是民间早有流传的"口头文学"。（高中语文教案）

括号中是一个零形话语指示语，这里其实可以补上话语指示语"它"或"这篇评论"。

不过单纯的零形话语指示在篇章中不多见。

话语指示语中有一类假性话语指示语。话语指称中有假性话语指称，相应地，话语指示中有一类假性话语指示。例如：

（81）我问他："中国语言学还没有形成流派，到底是不是这么回事？"

由于"这么回事"谈及的不是一个话语单位，而是客观世界中的一个事件。我们把这类现象称作假性话语指示。假性话语指示有四个特点：

第一，有指示性的词语，如"这、那、这样、那样、这么"等等或包含或隐含这些词语的词语。如（81）中的"这么回事"。

第二，所指以句子的形式出现。

第三，所指是语言外的客观世界中的一个事件或状态。

第四，谈及的是语言之外的事件或状态。

假性话语指示与话语指示在形式和功能上的差别不大，因此我们对这两类指示不作严格的区分。

常见的假性话语指示语有以下一些类型：

A. 指示代词"这、这样、那样、这些、那些"等。如：

（82）有时候就是这样，一个简单的题目就能击中你的身体，在你的身体里激起一层又一层的反响。（葛红兵《心灵的课堂》）

B. 指示代词＋事件名词。如：

（83）为了马希山部并入此山，地堡窝棚不够住，还发生了这样一件事。匪首们把三十几个重伤久病对他们失去用处的匪徒，假借化装遣送回家为名，在大雪纷飞的深夜里，全部刺死在远离大锅盖的一个山沟里，被大雪覆盖了他们的尸体。干这件事的屠手，就有杨三楞在内，并且是一个主要的操刀手。（曲波《林海雪原》）

C. 指示成分＋命题性抽象名词。命题名词包括问题、方面、方法、特征、现象、原因等。因为它们是对某一语段的命题指称，所以称为命题名词。如：

（84）城市工作大体归纳为下列五个方面：第一，组织和教育工人阶级，恢复和发展生产，学会对于工厂、矿山、交通、市政等近代工业的管理。……（《邓小平文选》）

（85）在这场政治运动中的右派显然有如下几种选择：其一，坚持他的立场。自己不是党和革命的解放的敌人。其二，承认他们的罪行。想到政府不会没有得到他的口供就听之任之……其三，撒谎。……其六，选择自杀。（刘烈《伦理疑难》）

（86）走着走着……我感到恐惧，因为我发现，我既不能形单影只地作为一个人独立存在。也不能变成一只母狼……

有很长一段时间，我走在街上的人群里，这两种情形不断地重现。

（陈染《私人生活》）

D. 指示成分＋意向名词。如：

（87）我默然，心上突然七上八落、有种静候宣判严重结果的紧张。这种感觉其实并不新鲜。（梁凤仪《风云变》）

假性话语指示与一般话语指示有时候不容易区分，且在形式与功能上两者基本相同，所以我们在以后的讨论中对这两类话语不作严格的区分。比较：

（88）上面说的八十年代的三件大事和四个前提，任务都是很繁重的。（《邓小平文选》）

（89）到许多年之后的今天，我依然喜欢在街上独自乱走。为了避免上述情形的再现，我强迫自己避开大路，避开众多的人群，在上升的或者下降的边缘小路上行走。（陈染《私人生活》）

（90）这几年来，常有人说："现在'年'味越来越淡了。"连中央电视台每年为全国人民准备的"年夜饭"——春节联欢会也魅力日减。……而一些西方宗教性的节日如圣诞节、复活节，却长驱直入，虽然过那些节日的年轻人并不真正信教。

你能说出这些现象背后的原因吗？（人教版高中语文课本）

（88）由于受到言说动词的修饰"上面说的八十年代的三件大事和四个前提"，因此"三件大事和四个前提"，这里是话语指示，（89）"上述情形"明显是对话语内容的概括，是话语指示。（90）中"你能说出这些现象背后的原因"中"这些原因"明显谈及的是一个话语，虽然这个话语并没有在篇章中出现，但是"这些现象"似乎就是一个假性话语指示语了。

2.2 话语指示的类型

话语指示的类型可以进行多角度分类，根据话语指示语的所指在篇章内是否出现，可将话语指示分为篇内话语指示和篇外话语指示。

2.2.1　篇内话语指示与篇外话语指示

2.2.1.1　篇内话语指示

篇内话语语指示是指话语指示语的所指出现在篇章中。例如：

（91）陶侃说：<u>我需要静下心来完成我的计划</u>。说完这句话，她把那幅未完成的写生从画板上取下来，签上英文的姓名，送给船长。（潘军《桃花流水》）

（91）中画线部分就是话语指示语"这句话"的所指。

篇内话语指示的所指在篇章出现的情况主要有两类：一类是话语指示语的所指完全出现在篇章中。如：

（92）女人问道：<u>你不当兵了？</u>

男人没有回答。他为这句平常的话感到难过，表情也变得忧郁而复杂。（潘军《桃花流水》）

（93）……

他的这段话已经成为国内外学者乐于引用的名句，被作为区分这两门学科的标准。（路易·让《社会语言学》）

（92）中话语指示语"这句平常的话"的所指"你不当兵？"在篇章中出现；（93）中的"他的这段话"就是这段上面的一段话。

另一类是话语指示语所指的话语部分呈现在篇章中。部分呈现又有列举性呈现与概括性呈现之分。

列举性呈现，即话语指示语的所指部分出现在篇章中。如：

（94）不但如此，他们还耸人听闻地提出什么<u>"反饥饿"、"要人权"</u>等口号，在这些口号下煽动一部分人游行示威，蓄谋让外国人把他们的言论行动拿到世界上去广为宣传。（《邓小平文选》）

例（94）"这些口号"的所指没有完全出现在篇章中，只是选取了这些"口号"中的一部分。而（91）—（93）中话语指示语的所指都在上文或下文中出现了。

概括性呈现是指话语指示语的所指通过语义内容的概括出现在篇章中。它不是原话语单位的直接呈现。例如：

（95）于是在这天的黄昏，我下达了焚烧阿房宫的命令。我的命令立刻遭到了一些人的反对。这其中就有刘邦。他说：上将军，这烧阿房宫耗尽了天下百姓的钱财，把它烧掉了可不好向天下人交代呀。（潘军《重瞳》）

话语指示语"我的命令"的所指并没有直接在篇章中出现，而是以概括的形式"我下达了焚烧阿房宫的命令"出现。

2.2.1.2　篇外话语指示

篇外话语指示是指话语指示语的所指不在篇章中出现。例如：

（96）她（张爱玲）十几岁的文字，就比一些三四十岁的作家来得老到。（《余杰文集》）

（97）我们要写一篇文章批判他，这篇文章你来写。

（96）、（97）中话语指示语"她的文字"和"这篇文章"的所指没有在篇章中出现。（96）中的"她（张爱玲）十几岁的文字"的所指存在于现实的世界中，（97）中的"这篇文章"是虚拟地存在现实世界中。

篇内话语指示又可以分为自指性话语指示与他指性话语指示。

①自指性话语指示：话语指示语的所指就是这个指示语自身或包含这个话语指示语的句子或语篇。例如：

（98）写到这里，我忽然心血来潮。这篇文章不恰恰也在教训我么？难道我自己也人到中年，走到生命的半路了！白纸上黑字是收不回来的，扯个淡收场罢。（钱钟书《写在人生边上》）

（99）本文研究汉语句子中以句子宾语方式出现的递归结构。（刘大为《意向动词、言说动词与汉语的句嵌式递归结构》）

（100）我现在所说的话都不算数。

（98）中的"这里"就是指正写到的部分，（99）中"本文"就是指《意向动词、言说动词与汉语的句嵌式递归结构》这篇文章。（100）指我现在所说的话包含有这个话语指示语的句子。

有"本＋话语名词"构成的指示大多是自指性的话语指示。有些话语指示语既有自指用法，也有他指用法。"本文"、"这里"、"这篇文章"等可以自指，也可以是他指。例如对别人的文章进行评价时，也可以说"本文"，这时就是他指的了。

有时单独的一个话语指称词也可能是自指的话语指示。

（101）小说写到这里，我有必要加一段说明。（潘军《桃花流水》）

这里的"小说"就是"这篇小说"也就是作者正在创造的小说《桃花流水》自身。因而是自指的话语指示。

①他指性话语指示

他指性话语指示是指指示语的所指是指示语之外的句子或语篇。依据所指相对于指示语的位置，又可分为前指性话语指示与后指性话语指示。

话语指示语的所指在指示语之前出现，就是前指性话语指示；话语指示语的所指在指示语之后出现，就是后指性话语指示。例如：

（102）我不喜欢"前进"，并非因为这个词具有政治色彩而在于它的方向性。（潘军《流动的沙丘》）

（103）不知道谁从小飞蛾的娘家东主庄带来了一条消息，说小飞蛾在娘家有个相好的叫保安。这消息传到张家庄……（赵树理《登记》）

（104）现场的目击者只有那个买报刊的哑巴老太太，在喝过一杯热糖水后，老哑巴用极不连贯的手势向警方做了这样的解释：我看见的 A 手落在 B 的肩上，但我弄不清 A 是拉还是在推。

（潘军《对门·对面》）

（102）话语指示语"这个词"的所指"前进"在前一分句出

现；（103）"这个消息"所指就在它的前面出现；（104）"这样的解释"是话语指示语，它的所指就是它下面的一段话，这是后指性话语指示。

我们将话语指示类型归纳如下：

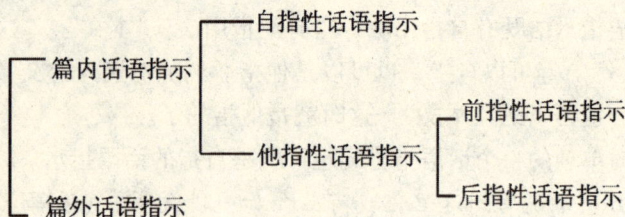

```
                            ┌── 自指性话语指示
          ┌── 篇内话语指示 ──┤
          │                 │                  ┌── 前指性话语指示
──────────┤                 └── 他指性话语指示 ──┤
          │                                    └── 后指性话语指示
          └── 篇外话语指示
```

2.2.2 核心话语指示与外围话语指示

根据指示语有无独立的语义指称，可将话语指示分为核心话语指示与外围话语指示。核心指示中指示语没有语义上的指称，核心指示的指示语主要有三类：

①方所词构成的话语指示语，如"这里"、"这儿"、"以上"、"以下"、"上面"、"下面"、"下列"等。

②代词或指示代词构成的话语指示语，如"它"、"这"、"那"、"这些"、"那些"、"这么"等等（包括代词的零形指示）。

③单纯零形式的话语指示语（不含话语名词）。

作为话语指示语的方所指示语和代词指示语以及零形指示语，它们在语义上没有独立的指称性。不能独立指称一个事物，它们的所指只能依赖语境确定。如：

（105）小说写到这里，我有必要加上一段说明。文中关于袁铿船长的日记，并非我的杜撰，也不是叙事的某种策略。（潘军《桃花流水》）

这里的"这里"就是指小说写到"这里"这两个字的位置。是核心指示，指示性强，"这里"没有指称性。

由"指示词语＋话语名词"构成的话语指示语中除自指性话

语指示外，其他的都是外围指示。

相对来说，核心指示语的指示性强，指称性弱；外围指示中指示性弱，指称性强。

2.3 话语指示与话语指称的关系

单用的话语指示语没有独立的语义指称，如"这里、那里、它、这、前面、下面"等，这些词语的意义不是对它们所指的客观对象的属性的概括。它们只有语用上的指称意义。语用上的指称意义是需要依赖具体的语境来确定的。这些词语可以分为两类：一类是可以用于一般指示的词语，如"这里、那里、它（包括零形代词）"等，另一类是不能独立地用于一般指示的词语，如"上面、下面、前面、后面"等。前一类中如果谈及的是语言对象就是话语指示；如果谈及的是语言外的客观对象就是一般的指示。比较：

（106）a. 他对大嫂子说："不露肉就行了。"老孙头说到这里，赵大嫂子又哭了。（周立波《暴风骤雨》）

b. 这可苦了我和另外一个女侍，只听见这里要水，那里要杯子，两人在人丛中挤来挤去，忙个不停。（朱邦复《巴西狂欢节》）

例（106）a 的"这里"的所指对象是话语，因此"这里"是自指性话语指示。（106）b 的"这里"所指的是说话人所处的实际位置，所指是语言外的对象，所以这里的"这里"是一般的指示现象。

另外，这类指示代词作话语指示使用时，一般要依赖一个话语名词，这个话语名词通常以判断宾语的形式出现。

后一类中，如果谈及的是语言对象，就是话语指示；如果谈及的语言外的对象就是外指状态的指称。比较：

91

（107）下面谈谈最近抓什么工作的问题。（《邓小平文选》）

（108）他那颗长长的头，上面大下面尖，和驴头的形状相仿佛，走起路来头老是向前一点一点的，好像身子担不住头的重量，头老想掉下来似的。（冯德英《苦菜花》）

例（107）中上一句中的"下面"是话语指示。（108）中"上面"、"下面"是外指状态的指称，不具有指示性。

无论是自指还是他指的话语指示，由"指示成分+话语名词"构成的指示语，既是话语指示，也是话语指称。如以下几例：

（109）我希望同志们不要误解。如果友好，请继续读这篇小说。（潘军《悬念》）

（110）比如这一次我为了杜撰这个故事，把脑袋掖在腰里钻了七天玛曲村。做一点补充说明，这是个关于麻风病人的故事，玛曲村是国家指定的病区，麻风村。（马原《虚构》）

（111）在我的小屋外，郑君说了这样的话："要是有一个人愿意给你做个伴，你答应吗，我就是那个人，请你考虑。"（安顿《绝对隐私》）

2.4　话语指示与指示的差异

话语指示与外指状态下的指示（即通常所说的指示，包括人称指示、空间指示、地点指示等）的差异表现在：

2.4.1　所指对象的差异

一般指示的所指是客观对象（我们这里的客观对象是狭义的），即语言之外的对象；话语指示的所指是语言对象，即语言自身。这是话语指示与一般指示的最明显的差异。比较：

（112）a. 我们这里讨论了话语指示的本质特征。

　　　　b. 你怎么在这里？

（113） a. 小张是昨天走的。

　　　　 b. 昨天的报告你听了没有？

（112）中上一句"这里"的所指就是我正在进行的这篇文章；下一句"这里"指说话时所处的位置。（113）a"昨天"所指是时间，（113）b"昨天的报告"的所指是话语。

并且话语指示的所指可以在篇章中出现，而一般指示的所指不能在篇章中出现，只能在篇章外寻找。

2.4.2 指示语的差异

一般的指示有专用指示语，话语指示没有专用指示语。一般指示常常用下列指示语：

①人称指示语：你、我、你们、我们、他们、咱们等。

②时间指示语：这时、那时、现在、刚才、不久、最近等。

③方所指示语：这里、那里、上、下、以上、以下等。

④谓词指示语：来、去等。

话语指示没有专用指示语的，话语指示语借用上面前三类一般指示语或由一般指示语修饰话语名词构成。主要有三种情况：

一是借用代词作话语指示语。这样的代词有"这、这些、那些、它、它们、此、是"等。

二是借用方所指示语作话语指示语。主要有"这里、那里"等。

三是借用一般指示语修饰话语名词主要有三种形式。

①人称指示语＋话语名词：我的话、他的论文、对方的观点、你的批评[①]等。

②时间指示语＋话语名词：昨天的讨论、今天的话、最近的消息等。

---

① "批评"严格说来不是一个名词，但在这里有指称性，我们暂且把它当作名词看待。下面的"议论、评论"等也这样处理。

③方所指示语＋话语名词：这里的句子、那里的论述等。

有些方所名词如"上面、下面、前面、后面、下列、以下"一般不能独立地用于一般指示，但可用于话语指示。

2.4.3 指示参照的差异

话语指示是以一次言语行为为参照的。一般的指示是以言语行为的某一要素如说话的人、说话时间、说话的方所为参照的。

另外，话语指示与一般的指示的一个明显差异是，话语指示可以是以话语正说到的部分为参照，如"本文"、"上段"、"下面"、"这里"等等。

2.4.4 篇章功能的差异

话语指示语除自指外都有篇章管界功能，含有话语名词的话语指示语，与话语指称词语一样具有文本嵌入功能，也具有标记篇章结构的功能。而一般的指示没有管界功能，也没有文本嵌入功能。话语指示语的这些功能我们将在下篇中讨论。

2.4.5 照应形式的差异

话语指示和一般指示一样都有照应作用，但是话语指示的照应形式与一般的照应形式不同。话语照应的照应形式比一般指示的照应形式复杂多样。我们将在第六章篇章的结构标记功能里详细讨论。

2.4.6 回指的差异

一般指示的回指多发生在两个名词性词语之间，由于话语指示的所指可以在篇章中出现，所以话语指示可以与一个句子、语段或篇章形成回指关系。一般指示中很少有下指现象，而话语指示中下指现象比较常见。具体讨论见第六章。

第三章 话语实示

3.1 实示及其类型

3.1.1 实示的界定

实示就是未被语言述说，只以自身的实体被感知来表明自身的存在，是一种默默的自我显示①。客观世界的一切事物包括语言本身都在实示。

根据话语指的原则3：作为所指的话语单位可被说话人通过言语行为直接或间接呈现在话语序列中，话语指中的实示是一种交际实示。这种形式的实示在对象语言中是不存在的，即只有在用语言言说语言时，才会出现这种现象。

一个事物（无论是语言还是非语言的客体）只要它没有被语言述说，它就在实示。不过这种实示是不具有交际作用的，这样的实示是自然实示，自然实示只表明事物的客观存在，不具有交际价值。比如放在桌子上的一只茶杯，它就在实示，但这是一种自然实示。语言是用来谈论客观世界的。当客观世界的事物用语言表示的时候，这时候语言也是客观存在的，语言本身也在实示，例如一张纸上写着"桌子"这个词语。"桌子"这个词语就以语言

---

① 参见刘大为：《自元语言分析》，《语文论丛》（第七辑），上海教育出版社2001年版，第143页。

符号的形式在实示；客观世界的有些事物还可以用其他的非语言符号的形式表示，这时这种符号也是客观世界的一种存在，因此，它也在实示。同样是客观世界的桌子，可以不用语言符号，而用其他的符号表示，比如画一个桌子的图画，这个图画的"桌子"也在自然实示。可见，自然实示有两类：一类是实物的实示，一类是符号实示。而符号实示又有语言符号实示和非语言符号实示之分。客观世界的任何事物，无时无刻不在实示自己，一个人在说话，说话的过程也是在实示，但这也是一种自然实示。

自然实示的对象一旦进入到一次言语行为，这时自然实示就变成了交际实示。客观世界中的事物要进入一次交际行为。通常可以用三种方式来实现，一种就是利用指称，一种就是指示。如果不指称它，也不指示它，那就得依靠实示了。比如你要谈论茶杯这个事物，你可以不说出"茶杯"这个词语，直接把茶杯这个实物出示给交际的对方看，这样"茶杯"这个实物进入了交际过程，这时就是交际实示。不过这种实示是实物的交际实示。同样任何人说出一个句子的行为就是在实示，但是这样的实示还是自然实示，因为它没有被一次言语行为说及。只有一个人的话被另一个人说及，或被他自己在另一次言语行为中说及，它才实现了交际实示。例如张三对我说了"你这样做是不对的。"一句话。我要在与另一个人的交际过程中谈及张三的话，我可以指称它，我说，"张三的话是不是对的"。不用指称我可以用指示，我说，"我不同意这一点。"这时我也实现了对张三的话的谈及。但我说的不是张三的话本身。如果我要说及张三的话本身，还有一种方式就是实示，比如我可以模仿张三我的腔调说出他所说的话："你这样做是不对的。"或者使用直接引语的形式，张三对我说："你这样做是不对的。"这就是语言符号的交际实示。其他非语言符号也一样能够实现交际实示。因此交际实示可以分为实物交际实示和符号交际实示。由于自然实示不具有交际价值，因此不是我们关心的对象，我们关心的是交际实示。

3.1.2　交际实示的类型

3.1.2.1　实物交际实示与符号交际实示

在自然实示过程中，相对于自然实示的事物来说，交际主体（说话人和听话人）不存在，当然也不与之发生关系，即使它在实示，也不具有交际价值。我们关心的实示是能进入语言交际的实示，根据实示对象的不同可以将交际实示分为两类：

一类是实物实示。客观事物能以它自身状态存在，只要它是有形的、看得见的实体，就可以以其自身的状态被实示出来。比如你向别人要只铅笔，你可以不说出"铅笔"这个词，说"我要……"，然后把一支铅笔呈现给对方，这时实物实示的铅笔同样起到指称铅笔的作用。当然有的实物太大或较远，无法直接实示，你就得依赖手势指示，来指称要谈论的事物了。

另一类是符号实示。符号实示又分为语言符号实示和非语言符号实示。语言符号实示就是利用语音或文字的形式将要谈论的对象呈现给听众。非语言符号实示就是利用影像、图片、绘画等手段将说话人将要谈及的对象纳入到言语交际过程中。无声电影没有声音只有图像，电影所讲述的整个事件都是以图像的形式被实示出来，从而被观众所理解。语言符号实示是用语言来谈及语言的现象，因此语言符号的实示就是话语实示。

3.1.2.2　口语实示与书面实示

语言符号交际实示（也称话语实示）分为口语交际实示与书面交际实示。也可简称为口语实示和书面实示。

口语实示就是叙述者将另一言语行为的话语以口语的形式直接呈现出来。叙述者要把说话人所说的话语呈现给听众，主要利用两种手段，一是利用音像手段，如利用录音、录像等将说话人的话语呈现给听众，如法庭辩论中出示的录音材料，广播电视中主持人播放被采访人的录音等。另一种手段是语音模仿，叙述者如果不利用音像复制手段，要想把说话人所说的话语展现出来，只能模仿原说话人来说话从而达到实示原说话人话语的目的。

书面实示就是指叙述者将他人的话语以书面的形式呈现给听众。

口语中的实示具有书面语所没有的特征，音像复制的手段可以原原本本地再现说话人的话语及其语音特征，如：

声调：男、女、大人、小孩、鼻音等

言语错误：口齿不清、结巴等。

感情状态：嘲笑、挖苦、讽刺、激动等。

伴随动作：微笑、皱眉、摇头等。

言语行为：表扬、奉承、讽刺、挖苦、怀疑等。

因此，录像（包含录音）实示性最强，听众不单单是听到说话人的话语，还可以看到说话人的外貌、神态以及各种副语言特征。录音只能听到说话的各种语音特征，如语类（英语、汉语、法语、德语等）、方言、语域等，还能显示询问、要求、允许、命令、肯定、怀疑、推测等语气和口气。模仿实示在实示的程度上没有录像实示的程度高，但与录音实示相比，也有自身的一些优势，模仿虽然在语音特征上没有录音实示的等值程度高，但说话人可以模仿原说话人神态、表情等副语言特征。模仿实示是引述人用自己的声音、面部表情、手势、体态动作等再现他人讲话的真实情况。因此，模仿实示与音像复制实示相比，没有录像式复制实示性强，也没有录音复制的等值程度高，但是与录音复制比，它可以部分地传达原说话人一些体态动作表情等副语言特征。

3.1.2.3 语言单位实示与言语单位实示

书面实示可以分为语言单位实示与言语单位实示。语言单位实示是指实示的话语是语言中的静态单位。例如：

（1）"伟大"这个词用得不很恰当。

（2）当我用十九岁的眼睛来打量他们时，看见了一个又一个"优美的沧桑"，"精制的颓废"，"美好的悲哀"，"尊严的贫穷"——这类的偏正短语还很多很多——你说世界上没有尊严的贫穷？那你一定没有去过西藏。（笛安《姐姐的丛林》）

（3）"昨天我没有去。"是一个否定句。

上面各例中加引号的部分就是语言单位的书面实示。例（1）中的"伟大"加上引号就不再是对一个人品格的评价，它的作用在于自我显示汉语中"伟大"这个词语的存在。同样（2）中的短语在这里也失去了它的语义指称作用，与例（1）一样，它只是显示汉语语言系统中的这个语言单位的存在。（3）中引号部分虽然是个句子，但是在这里它并不能起到交际的作用，即在这里它并不是指称一个具体的事件，它只是抽象的为说明某种语言特征而编造的句子。用语言哲学术语来说，这些语言单位都是被"提及"而没有被"使用"。

其实下面将要讨论的言语单位书面实示中也常常会用到引号。这种类型的实示是从某一次具体的交际语境（口语交际和书面交际）中提取出来的，但在另一次交际中有必要提及它而让它实示出来。因此它对此时的语境没有指称作用，但是仍然保持着对当时语境的语义作用。例如：

（4）"你没这个胆，为什么还要千方百计接近我？"八年来她的这句话一直在她耳边震响，一声声啮着他的心。（引自刘大为，2001）

在实示自指中引号的作用在于阻断引号内的语言单位对此时引号外的语境实施语义指称，如果它是来源另一次言谈语境，则对当时的语境仍然实施语义指称作用①。

---

① 参见弗雷格：《论含义和指称》，马蒂尼奇编，牟博中等译：《语言哲学》，商务印书馆1998年版，第378页。

3.1.2.4 口语交际的书面实示和篇章话语的书面实示

语言单位的书面实示是指将一次口语交际或书面交际的话语以书面语的形式表示出来。书面实示根据交际形式的不同又可以分为两类：口语交际的书面实示与篇章话语的书面实示

口语交际的书面实示与篇章话语的书面实示在篇章中有着非常重要的作用，下面一节我们将具体讨论口语交际的书面实示与篇章话语的书面实示的特征。

交际实示的层级分类系统我们归纳如下：

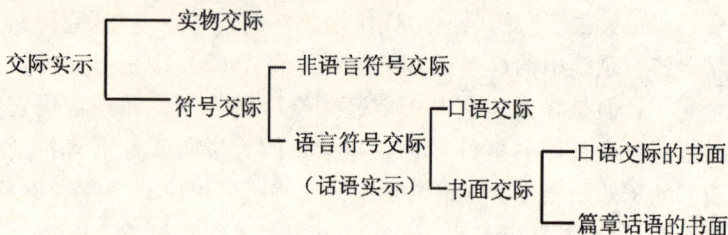

```
                ┌── 实物交际
交际实示 ───┤            ┌── 非语言符号交际
                └── 符号交际 ┤              ┌── 口语交际
                             └── 语言符号交际 ┤        ┌── 口语交际的书面
                                 （话语实示）  └── 书面交际 ┤
                                                           └── 篇章话语的书面
```

（注：为了排版方便，上面的分类中"实示"两字都省略了，如"符号交际"是指"符号交际实示"）

3.2　口语交际的书面实示与篇章话语的书面实示

3.2.1　口语交际的书面实示

口语交际的书面实示是指叙述者将另一言语行为中的话语直接纳入到叙述者正在进行的言语行为中。这个口语交际过程可以是现实的，也可以是虚拟的。比如新闻记者经常要将被采访人所说的话语直接纳入到他的新闻稿件中，所依赖的就是口语交际的实示，这个口语交际及其内容是现实的；小说创作中作者也要将人物的话语纳入到自己的小说中，他依赖的是虚拟的口语交际过程。

口语交际的书面实示不是对说话人原话的等同复制。这种实

示涉及一个从口语到书面的"转写"过程。从口语交际到书面实示是要对原话进行加工和修改的，因此口语交际的书面语实示是侧重原话的不同方面的实示，不是简单的逐字复制。

3.2.1.1 无标记实示与有标记实示

口语交际的书面实示可以分为无标记实示与有标记实示：

①无标记实示

所谓无标记实示是指叙述者实示的他人的话语没有语言形式上的标记将实示的话语与叙述者的叙述语言相区别。如：

（5）女人刚刚立住，一个声音便迫了过来，是个男的声。

我在这。我知道你会迟来十分钟。

有话快说，我还有事。

别给我来这个。我问你，那个人好吗？

行不行不关你的事。

……

……

（潘军《半岛四日》）

（6）　　　　　　　　　　五

大马，我来叫你是几点？

就六点多吧，天还没亮。真不好意思，这么早就把你搅和起来。我也不是有意搅你。我实在不知道该怎么办好了。你知道我一般很少求人，更不要说这种时间来求人。

连着好几天，我总是觉得天花板里面有人走动，只要一闪灯就听见人走动的声音。

（潘军《拉萨生活的三种时间》）

（7）<u>不要犟头倔脑</u>。李远华拽着我转，拽得满头大汗。<u>你要听我指挥，你不能乱作主张</u>。（陈洁《难以诉说》）

（5）中除第一句是作者的叙述外，其余就是两个人的对话，每个话轮的言说者，作者没有明确指出，要读者自己判断，（6）

101

第一段是小说中人物话语的实示，第二段是作者虚拟的叙述人的话语实示，第三段是作者的叙述。(7) 中画线部分是叙述者将一个人的话语直接嵌入在作者的叙述语中。这几例都没有显性的语言形式标记将实示的话语与叙说者的叙述语言区分开来。

②有标记实示

有标记实示就是指叙述者实示的他人的话语的时候，有引号、冒号、引导句等作为形式标记，或是用另一字体，辅以提行、缩进等标记等标明他人话语的起点或终点，将人物话语与叙述者的叙述语言区分开来。常见的标记手段有：

A. 引　　号

(8) 黑脸胡子拉枪栓吓唬牛倌，也请他们吃月饼。后来听说队伍要往江西大山里开，去杀阔佬。

"跟胡子吃粮去！"

"人家不要，嫌我们矮。"

"你敢！"

"你可敢？"

（潘军《溪上桥》）

这里加上引号的都是人物话语的实示，不是作者的叙述语言，引号在这里将作者的叙述语言与人物话语区分开来，但这些话是谁说的，在实示的话语前后没有出现明显表明话语来源的句子，叙述者引述的是谁的话语需要在引语内部或者根据交际情景由读者来推断。

B. 另一字体

(9) 我肚子很饿了。他把鞭子夹在腋窝里。（潘军《南方的情绪》）

这里"我肚子很饿了"是人物的话语的实示，在印刷出版时它用另一字体呈现出来，这样就可以将小说中人物话语与作者的叙述语言区分开来。实示的话语不用引号而用另一字体表明时，字体在这里的作用等同引号的作用。在后边的叙述中，作者也并没有直接说这话是谁说的，也需要读者自己去推断。

C. 引导句

引导句是直接表明实示话语来源的句子。引导句是叙述者的话语，是此时语境的话语，实示的话语是人物的话语，是彼时彼地的话语。实示的话语的引导句，从形式看主要有以下三类：

a. 带言说动词的引导句

（10）我把钱给王茹华，王茹华说我有。（潘军《抛弃》）

（11）毛组长跟我说，根据我的经验，你们那个叫贼亮的老师，要不是窝囊废，那就必定是一个很狡猾的隐藏得很深的敌人。（吕新《我把十八年前那场鹅毛大雪想出来了》）

（12）母亲说，我也没怠慢她么。（漠月《锁阳》）

这几例中都出现了言说动词及言说主体。言说动词引导句还经常与冒号、引号配合使用。例如：

（13）老头子和气地问："你还有什么话说么？"（鲁迅《阿Q正传》）

（14）邹颖哭得更凶了，呜呜咽咽地说："等你五个小时了……阿拉以为你不回来了呢……"（马原《死亡的诗意》）

这两例中引导句标明实示话语的来源，引号标明了实示话语的起点与终点。有时引导句后用冒号，实示的话语不加引点。例如：

（15）他问柏达：你洗吗？（潘军《抛弃》）

有时言说动词省略了，引导句中只出现言说主体。如：

（16）大嫂：你咋跟了来？

闰子：娘让我给你做个伴，怕你孤单。（漠月《锁阳》）

b. 带话语指称词的引导句

（17）整整一个月，王茹华来了三次电话，内容只有一个：孩子好吗？（潘军《抛弃》）

（18）我没想到大嫂的话又多了：那天我真是想回娘家去哩，想着想着就哭了，又不敢出声。……

大嫂说罢后，有点不好意思地看了看闰子。（漠月《锁阳》）

此两例分别利用话语指称词"内容"、"大嫂的话"将实示的话语纳入到叙述者的篇章中。

c. 带冒号的引导句

没有言说动词和话语指称词时，可以用冒号引导实示的话语，这种情况下引导句中一般都必须出现实示话语的言说主体。例如：

（19）大嫂的眼里有一丝不安：是大嫂不好。（漠月《锁阳》）

（20）苗苗朝他挥挥手：没你的事情。（同上）

（21）老爷子凶狠地跳起来："拉，拉，从我这儿空着拉不走，是你，是我，装一个回去！"说着抽冷子操起一柄钢叉，朝着爹扑去。（谢有鄞《人间有情埋起来》）

话语实示时，引导句的位置相对于实示的话语部分，具有很大的灵活性，主要有以下四种分布：

第一，实示话语前：

（22）女人在屋里回答：不是刚丢饭碗么？（潘军《结束的地方》）

（23）一个声音在说："同志们，让一让，请大家让一让，让列宁同志先走。"（吕新《我把十八年前那场鹅毛大雪想出来了》）

第二，实示话语后：

（24）"谁打人啦，是她请我们来画像的。"朱品说。（陆文夫《人之窝》）

（25）"你妈妈还没回来？"他进了里屋后问姐姐。

"回来了，找你去了。"姐姐说。（迟子建《花瓣饭》）

（26）"哈！这模样了！胡子这么长了！"一种尖利的怪声突然大叫起来。（鲁迅《故乡》）

第三，实示的话语中间：

104

（27）"我都饿死了。"黑印度瞟了一眼饭桌，说，"他们时不时互相找到外国去了？"（迟子建《花瓣饭》）

（28）"我实在和她过不下去了，"他总是这么感叹，"到了秋天就离。"（潘军《抛弃》）

（29）你恨我吧。她说，你肯定说过要宰了我。她用手梳理我汗涔的头发，两眼柔情似水。（潘军《纪念少女斯》）

（29）中实示的话语没有用引号标记，另外两例都有。

有时候引导句在实示的话语中间，一部分实示的话语有引号标记，另一部分实示的话语没有引号标记。例如：

（30）"等爸爸妈妈进屋了再热。"姐姐制止我热土豆丝，他说这菜不禁热，热一会就不脆生了。（迟子建《花瓣饭》）

第四，分处实示话语两端：

（31）小姐说："你还来干什么？你老公砸我们好几回了，害得文堂连城里也呆不下去，一个人闯新疆去了。现在音响师根本不行。"小姐的语气中充满鄙夷。（方方《奔跑的火光》）

这个例子中前面有实示标记"小姐说"，实示的话语后面还有话语指称语"小姐的语气"。

3.2.1.2 口语交际书面实示的补偿手段

引导句与引述句（实示的话语）是相对而言的，是指引导、介绍作用的话语片断，具有标明话语来源的作用，同时它也可以描写话语产生的一些副语言特征。由于口语交际的书面实示难以原原本本地复制口语交际的言语特征，为了最大限度地保持原说话人的话语意图和话语原貌，最大限度地与原说话人的话语保持一致，就得充分利用引导句和实示的话语（引述句）的语言形式弥补单纯书面实示的不足。常用的手段有：

①将引导句中的言说动词复杂化。由于书面实示不能复制语言交际的副语言特征，因此口语交际的书面实示通常用一些表示动作、神情的词语作状语修饰言语动词来弥补书面实示的不足。

例如：

（32）老孙头摇摇鞭子说："光打好牲口，歪了心眼，还能有儿子？"（周立波《暴风骤雨》）

（33）"老孙头，你光打辕马，不是心眼太偏了吗？"萧队长问。"这可不能怨我，怨它劲大。"老孙头笑着说，有着几条深深的皱纹的他的前额上，还有一点黑泥没擦净。（同上）

（34）"六爷，太太，"老田头把手搁在胸前请求说："你们不租地给我，我下一辈子也还不了你们的饥荒，我只一匹老瞎马，咋能种人家远地？六爷，我老田没犯过你啥章程呀，也没少交过你一颗租粮……"（同上）

（35）先前那个嬉皮在一旁解释说："他和这位女伴还没有见过面，正在担心对方会不会是个瞎子或什么的！"说得所有的嬉皮都笑起来。

（36）刘胜红着脸反问："照你这样说，咱们找农民开会，说要斗争大肚子，叫大伙翻身，他们嘴上喊'赞成'，心底却不赞成吗？"（同上）

（37）赶车的老孙头看见这情形，生气地说："都是些个'满洲国'的脑瓜子。"瞅着没有人看见，他也溜走了。（周立波《暴风骤雨》）

（32）—（34）中言说动词前出现了伴随动作；（35）、（36）言说动词前出现了伴随的状态；（37）用表情态的动词"生气"修饰言说动词"说"。

②使用不同的言说动词表明实示话语的言语行为类型。如：

（38）做姐姐的却兴奋得叫了起来："妙极了！我要去中国！"（《巴西狂欢节》）

（39）白蒂反唇相讥："你怪我？凭良心想想，到底是谁的错！"（同上）

（40）他在梦里大声哭，妈妈就过来推醒他，然后和爸爸讨

论："狗也会做梦么？""我想——至少鲁会的。"（宗璞《鲁鲁》）

这里"叫"、"反唇相讥"、"讨论"都是一个言说行为，都可以用"说"来代替，但是不同言说动词的词义本身反映出了不同言说行为之间的细微差别。

③引导句直接描写语言交际的副语言特征。例如：

（41）她撅起小嘴："多没意思！"（朱邦复《巴西狂欢节》）

（42）他充满自信："如果你看到了所有的证据，一定也会相信的。"（同上）

（43）她恍然大悟："啊！东尼！谁都是他的未婚妻！"（同上）

（44）我听了一惊："你们还没有吃晚餐？"（同上）

④引导句部分有描写言语交际的语言特征的分句。例如：

（45）她又浮上那嘲讽的笑容，说："反正是钱说话。"（朱邦复《巴西狂欢节》）

（46）她脸一红，瞪我一眼说："这些是我喜欢吃的！你吃不饱自己选。"说完，她就走到一边去了。（同上）

（47）菲力毫不犹豫的一口干了，大叫："妙—极—了！"（同上）

⑤在引导句部分对语言交际特征进行补充说明。例如：

（48）"夜里真怕！"她又说，每个节奏都像是锉出来的。（潘军《蓝堡》）

（49）"但我不知道你原来是这儿的人！"她说，现出一个生动的惊讶。她又说，那时你很帅。（同上）

这里"每个节奏都像是锉出来的"、"现出一个生动的惊讶"补充说了言语行为的特征。

⑥引导句中交代语言交际的语境特征。例如：

（50）我见没人跟他搭腔，便顺口问道："怎么回事？"

（51）突然，一支烟由左方递了过来，我吸了一口，传给她："不是传统的……方式。"

⑦利用方言、外语、文言等文字形式实示话语。例如：

（52）她兴奋地说："真过瘾，我用了外语说了多遍，我就说'please hand over the money of the room!'"（引自徐赳赳，1996）

⑧利用语气词、叹词、象声词、表示语气或口气的标点符号等标明实示话语的语言特征。例如：

（53）"你又来什么事？"伊大吃一惊地说。

"革命了……你知道？……"阿Q说得很含糊。

"革命革命，革过一革的……你们要革得我们怎么样呢？"老尼姑两眼通红地说。"什么？……"阿Q诧异了。

"你不知道，他们已经来革过了！""谁？……"阿Q更其诧异了。

（鲁迅《阿Q正传》）

（54）"刚才你不是问我有没有见耿林吗?!"刘云说话时有些后悔来这儿。（皮皮《比如女人》）

（55）"道翁!!!"四铭愤愤地叫。（《鲁迅全集》）

例（53）中利用省略号、不完整句显示阿Q说话时的含糊与诧异。（54）、（55）中标点复合使用，表明说话人言说时的情感与态度。

话语实示为了保持话语原貌，有可能造成读者理解的困难，为此，有时为了向读者提供更多的信息，在实示的话语中加上注释，例如：

（56）阿基诺夫人的老邻居们奔走相告："科丽（阿基诺夫人的昵称）今天要回家啦！"（引自徐赳赳，1996）

此例中括号部分是对"科丽"的注解，便于读者理解。

从理论上讲，话语实示不应该带有转述人的任何感情色彩和意谓，应该具有客观真实性。但是在实示的过程中，因为每一个说话人都有自身的说话习惯、言语风格等，叙述者对原话语的实际的交际意图及其蕴含的意义的理解存在差异，因此，话语实示具有个人因素，这些个人因素往往在引导句里体现出来。如：

（57）然而圆规很不平，现出鄙夷的神色，仿佛嗤笑法国人不知道拿破仑，美国人不知道华盛顿似的，冷笑说："忘了，这真实贵人眼高……"（鲁迅《故乡》）

"然而圆规很不平，现出鄙夷的神色"是引述人（作者）对"圆规"言说行为的主观感受，具有个人因素。

3.2.2 篇章话语的书面实示

篇章话语的书面实示是指叙述者将另一语篇中的话语引述到正在进行的篇章中。例如：

（58）　　　　　低沉的声音（标题）

不管是谁，只要他肯把鼻子顶住玻璃窗，努力朝外面张望，他就准会显出愚蠢的样子。

——《在蒂法尼进早餐》

也想过用另外的标题《小男人的稀罕》，后来主意变了。……

（马原《低沉的声音》）

（59）主体意识对东亚的经济发展起到了关键作用。罗荣渠先生将这种主体意识称为"新兴民族主义意识"。他认为：

这是早期西方现代化进程中所没有的。东亚的民族主义不同于19世纪西方资产阶级革命中出现的民族主义。东亚……这样就形成了争取在政治上与经济上双翻身的特殊精神动力。[1]

[1]罗荣渠：《现代化新论续篇——东亚与中国的现代化进程》，北京大学出版社1997年版，第78页。

（李平《"东亚意识"与东亚社会》）

例（58）中作家马原将另一文章《在蒂法尼进早餐》的话语引述到他的小说《低沉的声音》的开头，作为小说的题记。（59）李平将罗荣渠在《现代化新论续篇——东亚与中国的现代化进程》一文中的观点纳入到自己的论文《"东亚意识"与东亚社会》中，以此来论证自己的观点。实示的话语后面还加上了附注，说明话语的来源。

篇章话语的书面实示一般是有标记的实示，最为常用的标记语就是引导句，没有引导句的一般采用附注、引号、不同字体、提行等标记来显示。

篇章话语的书面实示标记手段有些是与口语交际的书面实示是相同的，主要有以下一些形式。

①表达动词作为篇章话语实示的标记。例如：

（60）对此，杜维明先生在分析中日早期现代化成败原因时也有同感。他说：

其实，日本……

所以，日本……西方的资源。①

①杜维明：《十年机缘待儒学》，牛津大学出版社 1998 年版，第 91 页。

（《论证》2011 年 10 月刊）

（61）《青年杂志》虽然不像《甲寅》那样标榜以"批评时政"为目的，并且努力想远离现实政治，公开宣称："……"（《论证》2011 年 10 月刊）

（62）在《新青年》第二卷第 1 号，陈独秀还借毕云程的读者来信，高度评价《青年杂志》："……"。（《文艺理论研究》2002年第 6 期）

（63）美国著名战略家布热津斯基也在其著作《大棋局》中指出，乌克兰是重要的地缘政治的轴心国家。（《环球时报》2004 年11 月）

（60）中言说动词引导一个实示的话语，实示的话语后还有附注标明话语的出处；（61）、（62）言说动词"宣称"、"评价"引导一个实示的话语，并用引号标明。（63）只单独用言说动词引导一个实示的话语。

②冒号作为篇章话语书面实示的标记。例如：

（64）在谈及幽默的性质时，林语堂对幽默的社会批判功能深信不疑："我们应该……?"

③话语指称。话语指称词语必然指称一个话语内容，因此话语指称也具有引导一个实示的话语的作用。例如：

（65）黑格尔关于"艺术的终结"的<u>一个惊人的论断</u>是：……（《文艺理论研究》2004年第6期）

（66）此后，卢伯克（P. Lubbock）<u>在《小说技巧》中所说的话</u>更进一步引起了人们的广泛关注："……"（《文艺理论研究》2004年第6期）

（67）<u>鲁迅的两句诗</u>，"横眉冷对千夫指，俯首甘为孺子牛。"应该成为我们的座右铭。（毛泽东《在延安文艺座谈会议上的讲话》）

这三例中画线部分都是话语指称语。

此外，篇章话语的书面实示还有一些专用的标记手段：

A. 书面表达动词。表达动词包括口头表达动词和书面表达动词，由于篇章话语的书面实示，实示的是篇章中的话语，因此常用书面表达动词引导一个实示的话语。这在口语交际的书面实示中是很少见到的。例如：

（68）郭沫若在回忆文章《我的幼年》中生动地<u>描述</u>了"林译小说"对他的影响：

　　……

　　　　　　　　　　　　　　（《文艺理论研究》2004年第6期）

（69）哈佛大学教授和东京大学上草教授在他们的经典著作《日本工业组织》中准确地<u>描绘</u>了这种关系：……（《文艺理论研究》2004年第6期）

"描述"、"描绘"都是书面表达词语。

B. 意向动词。以意向方式为所指的动词就是意向动词。篇章话语的书面实示大多实示的是另一人的观点，实示的话语前常用意向动词引导。例如：

（70）陈平原极为推崇《青年杂志》的"通讯"，认为：

"……"。(《文艺理论研究》2004 年第 6 期)

这里"认为"就是一个意向动词，引导出后面实示的篇章话语。

C. 加注式。具体有以下一些形式：

a. 破折号或括号指出话语的言说者。例如：

（71）男人和女人都知道自己有罪。他们知道自己造成的苦痛，他们的过错，他们的谎言，他们的背叛。

——格·格林

（72）"语言问题典型地表现了交往问题的悖论性质：总有某些东西是交往所必需的，但它同时又是对交往的损害。"（汀阳语）在概念、观念……

（陈嘉映《和国际接轨以及在内部对话》）

（71）中破折号标明了话语的言说者。（72）在行文中用括号指明了话语的发出者。

b. 实示的话语后注明言说者及其作品。例如：

（73）所以我觉得，我编撰这些故事的时候，并不像许多人想的那样，远离着缪斯女神居住的帕纳塞斯山。

卜迦丘《十日谈》

c. 只注明篇章出处。如：

（74）"宫"是房屋、住宅的通称。《说文解字·宫邸》："宫，室也"。（伍铁平《普通语言学概要》）

d. 利用附注的形式，如例（60）中下面的附注。

以上标记形式也可以配合使用，如：

（75）加达默尔从另外的层面体悟到这一点。他道：……（《文艺理论研究》2004 年第 6 期）

（76）这一根深蒂固的观念在十年以后表达得更加清楚："……"（《文艺理论研究》2004 年第 6 期）

（75）意向动词"体悟"，话语指称语"这一点"，表达动词

"道"都具有引导实示的话语的作用；（76）话语指称语"这一根深蒂固的观念"与表达动词"表达"配合使用引导一个实示的话语。

篇章话语书面实示时，篇章出处还可以充当言说动词的主语。

（77）王国维《文学小言》说："……"（《文艺理论研究》2004 年第 6 期）

（78）公孙龙完全认识到这一点，其《指物论》道："指也者，天下之所无也。"（《文艺理论研究》2004 年第 6 期）

另外，实示的话语能够以句子的成分或以分句的形式镶嵌在叙述者的叙述语之中。这时，实示的话语通常要用引号标明，在学术论文中中一般还要加上附注，如：

（79）陈独秀在答读者陈恨我的信中，也很自豪，认为《青年杂志》"出半载，持论多与时俗相左，然亦罕受驳论……"（《文艺理论研究》2004 年第 6 期）

（80）"这是使人类感到光荣的一种伟大的固执。这种固执是现代的特征，此外，它还是新教特有的原则。"但是，"意识通过它的活动，持续地与自身和世界不一致，它的展开发生了一系列积极卷入的冲突，这些冲突打断了思想得以停息的一致性。"（《文艺理论研究》2004 年第 6 期）

（81）在偏重理智的生活情景中，"艺术的作品缺乏当初由于神灵与英雄的毁灭的悲剧而产生出自身确信的精神力量。"（《文艺理论研究》2004 年第 6 期）

（79）中实示的话语充当主谓短语的谓语，这个主谓短语作意向动词"认为"的宾语；（80）两个实示的话语之间加上转折连词"但是"，构成一个复句；（81）实示的话语构成这个句子的中心部分。

3.2.3　口语交际与篇章话语在书面实示上的差异

口语交际的书面实示与篇章话语的书面实示都是对语言的书

面"转写"，两种实示类型建立的基础不同，两种实示类型有些差异。表现在：

①篇章话语的书面实示的实示程度比口语交际的书面实示的实示程度要高。篇章话语的书面实示实示的一般是原说话人或原语域的话语，较少有改动，一般是等值复制，而口语交际的书面实示与原话的相似程度相对较低，不可能完全复制口语交际的本来面目。

②引导句的转述动词的使用也存在差异。口语交际的书面实示和篇章话语的书面实示都可以用言说动词引导。但是，由于口语交际常常伴随副语言特征，因此引导动词多为复杂形式，以体现言语交际的细节。而篇章话语的书面实示一般不强调言说的副语言特征，叙述人实示别人的话语主要是实示他人的观点，以此来说明或论证自己的观点，因此转述动词多使用简单形式。一般说来，篇章话语的书面实示虽然使用了言说动词，但言说性并没有口语实示中的言说动词的言说性强。篇章话语的书面实示即使使用了言说动词一般也可以用意向动词换用，并不影响文章的表达。如上面的例（70）中的意向动词完全可以换成言说动词：

陈平原极为推崇《青年杂志》的"通讯"，他说："……"。

此外，口语交际的书面实示一般不使用意向动词引导，但是篇章话语的书面实示就可以使用。

③篇章话语的书面实示常用介词短语或专有话语名词充当主语指出实示的话语的原语域，或加附注指明话语来源。这一点在论证性文体中表现得最为明显。

④口语语交际的书面实示可以采用倒装形式，即，引导句位于实示的话语后边，而篇章话语的书面一般不能将实示的话语放置在引导句前。例如：

（82）"这可是省委负责同志第一次给我们下任务呀！"他强调指出。（潘军《白色沙龙》）

114

⑤口语交际的书面实示多用于叙述文体，篇章话语的书面实示多用于论证语体。

口语交际的书面实示与篇章话语的书面实示也有一些共同的特征，两种实示行为都是将一次言语行为中的话语引述到另一言语行为之中。口语交际的书面实示和篇章话语的书面实示都可以形成嵌套结构——实示的话语中嵌套另一实示的话语。例如：

（83）"德民！"王大娘一声轻喝，不高兴了，"你扰什么扰？长虱子了？你可记还得，那时娘只有一条裤子，常常晚上洗了白天穿，你流着泪对我说，'娘，等我工作了，发了工作，第一件事情是给你买一条最好的裤子！'结果呢，第一个给我做裤子的人不是你，是玉梅！你忘了吗？"（刘美兰《苍天有泪》）

（84）南宋末之张炎《词源》："辛稼轩《祝英台近》云：'宝钗分，桃叶……却不解带将愁去。'皆景中带情……于词。"（《文艺理论研究》2004 年第 6 期）

例（83）中"娘，等我工作了，发了工作，第一件事情是给你买一条最好的裤子！"是"德民"的话，被嵌入到王大娘的话语之中。（84）辛稼轩在《祝英台近》的话语嵌入到张炎的《词源》中。

值得说明的是，口语交际的书面实示与篇章话语的书面实示的区分是相对的，两者之间没有明显的界线。有时一个实示的话语到底是口语实示还是书面实示是难以判断的。因为任何书面话语都得依赖一个实际的言语交际行为，这个行为可能是显性的，也可能是隐性的。另外，叙述文中也可能有篇章话语的书面实示，反之，论说文中也可能有口语交际的书面实示。

3.3 话语实示的言语行为特征

3.3.1 话语实示的转述行为

说话人的说话行为是有特定的交际目的、交际对象、交际时间、交际地点等语用因素的创造性行为。说话人行为的结果就是原话。话语实示的本质是一种转述行为，是一种间接的言语行为，是叙述者（转述者）最大限度地异时异地模仿说话人的话语的语音、语调、语法关系，它本身并不具有意谓功能。转述人异时异地对说话人的话语的语音、语调、语法关系的重复就是话语实示。

弗雷格（G. Frege）最先注意到说话人的话语和引用（实示的话语，笔者注）的话语的不同。他指出："当某人在直接的（通常的）谈话中引用别人的话语时，就是在谈论这些语词本身。在这种情况下，他就在用自己的语词命名（指示）另一个人的语词，而只有后者的语词才有通常意义下的指称。我们于是有了指号的指号。在书写上，我们用引号把所谈论的词象（Word-icon）区分出来，引号内的词象因而不能够按通常的方式处理。"[1]

弗雷格在这里从指称功能上将说话人的话语和实示的话语作了区分，认为实示的话语不具有通常意义下的指称，它是指号的指号，只具有间接的指称。也就是我们前面所说的话语实示中的引号中断了实示话语与叙述者叙述语境的语义指称。

3.3.2　实示话语与原语在言语行为上的差异

实示的话语和原语在语音形式、语法关系和语调上基本上相同，但在言语行为上有很大的不同。

Austin 的言语行为理论指出：一个实际发生的话语行为可以分为言内行为、言外行为和言后行为三个不同层次的行为。其中的言内行为是指按照句法把词连结起来的行为。Austin 又进一步将言内行为区分出三种行为，即发音行为、出语行为和表意行为。说话总要发出声音，这就是发音行为，最后，人们在说话时还要把语素与意义和所指结合起来使用，这就是表意行为。出语行为包

---

① 参见弗雷格：《论含义和指称》，马蒂尼奇编，牟博中等译：《语言哲学》，商务印书馆1998年版，第378页。

括发音行为。发音行为和出语行为基本上是可以模仿、复制的。话语的实示说出某个人的话语就是说出他的出语行为，但是话语实示不能复制表意行为，更不能复制言外行为和言后行为。

说话人的原来话语是具有一定语境的真实话语。具有上述三种言语行为。而话语实示是经过引述的说话人的话语，由于说话人的不在场以及引语语境的缺失，叙述者单凭自身很难准确地复制他人的话语。话语实示本身凭借书写符号或语音符号较为准确地再现了说话人的话语的言内行为中的发音行为和出语行为，而其言外行为和言后行为离开必要的即时语境，则会变得含混不清。

3.3.3 话语实示的语境创设与言语行为的激活

实示的话语在言语行为上不等值于原语。但就可能性而言，由于实示的话语本身作为出语行为具有一定的语音形式、语调和句法结构，具有潜在的表意行为、言外行为和言后行为，只要具备一定的语境因素，其潜在的某些言语行为就可能被激活。实示的话语与引导句结合在一起时，由于语境因素的作用，实示的话语和引导句一起构成一个完整的话语单位，实示话潜在的某一言外行为和某一言后行为可能被激活，从而具有了现实性。如单纯的引语"癞皮狗，你骂谁?"其言外行为是不明确的，它可能是个真正的问题，目的在于寻求答案，如十分熟悉的两个人，关系一直十分密切，其中一个正在抱怨、骂人，另一个感到奇怪，可能会用上述引语发问，想知道究竟;但如果两个人关系十分紧张，上述引语可能具有挑衅、威胁的言外行为。上述引语和下面的转述语一起出现在鲁迅的小说《阿Q正传》里，其言外行为就变得十分明确了：

（85）他癞疮疤块块通红了，将衣服摔在地上，吐一口唾沫说：

"这毛虫!"

117

"癫皮狗，你骂谁？"王胡轻蔑地抬起眼来说。（引自贾中恒，2000）

例（85）中的转述语"王胡轻蔑地抬起眼来"和引语"'癫皮狗，你骂谁？'"构成一个完整的话语单位。转述语中的"轻蔑地抬起眼来"这一即时语境因素决定了言外行为是"挑衅、威胁"，而排除了其他可能。当然，在这里上下文语境对于言外行为和言后行为的激活、对于话语意图的准确理解也起了很重要的作用。

由于口语交际的书面实示，往往创设了言语交际的语境，特别是小说这类言语作品中，它常常为实示的话语提供了一个虚拟的真实语境，因此实示的话语的言外行为一般都能激活。

篇章话语的书面实示由于潜在的言语行为单一，是一种单纯的断言性行为。因此不依赖具体的语境，也可以断定它的言语行为特征。

单纯的口语交际实示如果不创设交际的及时语境，一般不具有特定的言外行为，也不会产生特定的言后之果。如，甲和乙两个人住在一个房间，在夜里 11：30 时，其中的乙上床准备休息，甲也准备上床休息，这时甲对乙说："关灯吧。"第二天，乙对他人重复甲所说的"关灯吧。"这里，第一个"关灯吧"是原语，第二个"关灯吧"是引语。第一个"关灯吧"具有言外之力，是一个祈使行为，也有言后之果，而第二个"关灯吧"就没有示原话的言外之力，当然也不能产生出与第一个"关灯吧"一样的言后之果。

3.4　话语实示与话语指称、话语指示的关系

因为在一次具体语言交际过程中，话语具有转瞬即逝的特点。如果听话人不在交际现场，是不可能知道话语指称或话语指示语

的实际所指的。在篇章中的指示语和指称语的所指对象要让读者知晓，就必须通过实示的手段将话语呈现出来。例如：

(86) 很长时间过去以后，在南方流传着这么<u>一个故事</u>：在一个黎明，一个一丝不挂的女人和一个同样一丝不挂的男人骑着一头老虎……（潘军《南方的情绪》）

(87) "酣睡，然后醒来，长长地打一个哈欠，叫猫子又出去做爱了。"——老伊萨的诗写得多棒。（潘军《白底黑斑蝴蝶》）

"这么一个故事"这一话语指示语的所指在篇章之外是找寻不出的，只能在篇章中寻找，因为叙述者已将它的所指实示在篇章中。话语指称语"老伊萨的诗"的实际所指也已经在上文中实示出来了。

也就是说话语指称和话语指示的所指可以实示在篇章中，而一般的指称和指示的所指是不可能直接实示在一次言语交际行为的话语序列中，只能以符号实示的形式才能进入话语序列。

第四章 引 语

4.1 引语的类型与功能

　　言语交际活动中，为了特定的交际目的，发话人（或表达者）有时会引用、转述他人的话语。这种现象就要用到引语。引语（引述语、转述语）是与叙述者/说话人的叙述语相对照的，它们处于不同的语域，引语是人物的语言，叙述语是作者的语言，有的叙述语就是引语的引导句①。一般把引语分为直接引语和间接引语两大类。

　　根据话语指研究的原则 4：另一言语行为中的话语单位可以以实示的方式出现在这一次言语行为中。直接引语就是利用话语的实示来实现对别人的话语的言说，可见直接引语与话语指密切相关。

　　根据话语指研究的原则 5：另一次言语行为中的话语单位可以借助语义转换的手段引入此刻正在进行的言语行为之中。也就是，叙述者把别人的话用自己的话加以转述，这就是间接引语。间接引语也实现了对他人话语的言说，只不过它实现的是对他人的思维或思想（内部话语）的言说。

　　如果说直接引语是对他人话语的实示的话，间接引语则是通

---

　　①　引导句在语表上不一定表现为独立的分句的形式。如"他说他不知道"就是一个间接引语，"他说"是引导句，但不是独立的分句。

过语言手段对他人话语进行语义转换。这正如话语指称中可以整体指，也可以语义指一样，话语实示可以整体实示，也可以通过语义转换来实现。Volsosinov（1930）曾经指出，引语（转述语和引述语）是言语中的言语，说话中的说话，同时又是关于言语的言语，关于说话的说话①。它们都属于用语言来言说语言的现象。

此外，在实际的言语交际中引语还经常与话语指示、话语指称配合使用。可见引语与话语指有着密切的联系。如果不从严格意义上说，引语也可以算是话语指的一种形式，最起码是与话语指关系密切的一类语言现象。

4.1.1 已有的分类

传统上一般把引语分为直接引语与间接引语两类，但是在小说中，引语的形式就比较复杂。由于小说中，人物的话语由处于另一时空的叙述者转述给读者，叙述者可以原原本本地引述人物的语言，也可以仅概要地转述人物话语的内容；可以用引号，也可以省略引号，可以在人物话语前加上引导句，也可以省略引导句。在近年来的话语分析中对不同引述方式的研究引起语言学界的重视。张少燕（1988）讨论了自由间接引语在小说中的运用；申丹（1991）讨论了小说中人物话语的不同表现方式；周大军（1993）讨论了自由间接引语特征；俞洪亮（1996）讨论了英语动词时态形式在自由间接引语中的衔接功能；徐赳赳（1996）则分析了汉语叙述文中的直接引语的类型和特点。

关于引语的类型问题很早就引起了语言学家的注意，Tober（1894）早就注意到，除直接引语和间接引语外，还有一种介于直接引语和间接引语之间的引语，即"由直接引语和间接引语组成的一种特殊的混合体"（引自徐赳赳，1996）。

---

① 参看张荣建：《管领词引述功能与话语功能》，《外国语》1998 年第 1 期，第48 页。

　　国内关于汉语引语的分类标准除了传统的直接引语、间接引语两分外，主要有两种观点。

　　一种观点集中在国内外语学界，它们采用四分法，将引语分为四类：直接引语、间接引语、自由直接引语和自由间接引语。但是对这四类引语的界定标准却不完全相同，特别是在自由直接引语和自由间接引语的问题上。

　　赵小品（1999）认为，直接引语有引号和引入分句。如果把其中一个特征取消或把两个特征都取消，剩下的是一种自由形式，这种自由形式就叫做自由直接引语。如下面三例都是自由直接引语。

　　（1）a. He said I'll come back here to see you again tomorrow.

　　　　b. "I'll come back here to see you again tomorrow."

　　　　c. I'll come back here to see you again tomorrow.

　　介于直接引语和间接引语之间的形式叫做自由间接引语。它是一种复杂的转述别人的思维的表达方式，它既有直接引语的特点，又有间接引语的特点。如：

　　（2）a. He would return there to see her again the following day.

　　　　b. He would return there to see her again tomorrow.

　　　　c. He would come back to see her again tomorrow.

　　张荣建（2002）认为，直接引语表示原封不动地引用原话，把它放在引号内；间接引语表示用自己的话加以转述，被转述的话不放在引号内。自由直接引语与直接引语相同，但省略引导句和和引号；自由间接引语与间接引语相同但是省略引导句。总之衡量直接引语的标志是：①不但在内容上，而且在语言形式上准确无误；②用引号。衡量间接引语的标准是，转述人用自己的话对原话进行转述。

　　刘慧云（2001）认为，自由间接引语属于第三人称叙述体的一种形式：19世纪、20世纪欧洲文学作品流行着一种使用"自由间接引语"来呈现小说中各种人物的语言和思想的叙述体，作者的叙述与描写都是以其人物为视点，从人物的角度去观察周围的事物。人物的冥想和心理活动主要用自由间接引语来转述。一般情况下自由间接引语的引述分句出现在新的语段的开始，语段中的其他分句省去了引述分句。

他们的分歧表现在：

第一，自由直接引语中引导句和引号都取消是自由直接引语，如果取消其中一项，是否是自由直接引语？

第二，在自由间接引语的问题上，一是到底有没有引导句，刘慧云（2001）认为有引导句，只是引导句一般出现在语段的开头；二是有没有直接引语的特点，申丹和赵小品都强调了自由间接引语的直接引语的特点即指示成分不发生变化但是保留直接引语的特点，如语气或口气（疑问、感叹、带感情色彩的成分）不变或使用不完整句。

另一观点以汉语学界徐赳赳（1996）为代表，他赞同 Bally（1912）的三分法，将叙述文中的引语分为直接引语、间接引语和自由间接引语，他分别举出了三个例句：

（3）张大妈越想越高兴，回到家拿了9900块钱赶回来，递给女青年说，"我把家底都拿出来了，还向邻居借了许多，到时候你一定要还上。"

（4）宣宗问他有何长寿的秘诀，老僧说：他少小家贫，只是非常爱喝茶。今天的许多老寿星也都嗜茶。

（5）王军霞的致谢辞只用了30秒钟说了三句话。她说：我的名誉于我的祖国。感谢国际业余田径会授予我的这个荣誉。我一定发扬欧文精神，争取更好的成绩。

他认为衡量直接引语的标准是：①不在内容上而且在形式上都准确无误，②用引号引起。他的观点我们可以概括为，凡是有引号的就是直接引语，没有用引号的就是间接引语，如果引述的内容中含有直接引语的特性的，就是自由间接引语。

徐赳赳单纯用形式标记判定引语的类型，这是很难让人接受的。比如，例（5）就是王军霞的原话，仅仅是因为没有用引号就说它不是直接引语。这与人们的语感是不符的。况且叙述文中还有大量的没有引导句的引语，它们属于什么类型的引语呢？在徐赳赳的分类中找不到答案。

汉语中的引语表现形式比英语更为复杂，形式多样。如果用外语学界对引语的分类标准来区分汉语的引语类型，汉语中很多的引语就难以归类。目前关于汉语引语的类型还没有人进行全面系统的考察。

4.1.2 引语的四种类型

我们赞成将引语分为直接引语、自由直接引语、间接引语和自由间接引语四类的观点。由于汉语自身的特点，我们在断定引语类型的标准与外语学界不尽相同。

4.1.2.1 直接引语

引用的是人物的原话，即指示成分（人称、地点、时间）不发生改变或保留原句的语气特征，同时有引语标记。引用标记包括引导句、引号或冒号。

引号是确定直接引语的重要标记，一个引语无论有没有其他标记，只要有引号就是直接引语。例如：

（6）万红突然对我说："你父亲是不是特聪明？"（池莉《看麦娘》）

（7）我摆摆手，"什么也不要，我只想在这里坐一坐。你出去吧。"（孙春平《地下爱情》）

这两例有引号标记，是直接引语。

指示成分不变，没有引号，但有引导句或冒号提示的也是直接引语。例如：

（8）你认为那个裱匠讲的是真事吗？在由蓝堡往军埠的途中，余佩这么问了何光。（潘军《抛弃》）

（9）"我不知道她为何流泪？"柏达对我说，"她还会不放心吗？"我说就是王茹华把儿子给你，也还是会不放心的。（潘军《抛弃》）

（10）女人说我不太喜欢吃潮州菜，我喜欢吃川菜。这附近有一家"小金川"，去那儿怎样？徐先生笑了：你处处替我省钱呢！（潘军《半岛四日》）

（11）记者：您对夺魁有信心吗？

蒙娜丽莎：我觉得我目前的状态不错。（潘军《白底黑斑蝴蝶》）

如果没有指示成分的，可以依据语气等特征断定是否是原话，如果具有直接引语的特征，也是直接引语。如：

（12）跟在后面的服务生忙拦阻说，这屋已有客人，先生另选吧。（孙春平《地下爱情》）

（13）父亲歪了头问母亲，你说是哪出戏？母亲一撇嘴，说还用猜？《三姑闹婚》。母亲说完，父亲突然一拍大腿，拉出愤怒的神态，唱道：……（衣向东《过滤的阳光》）

（14）教授在听过学生不连贯的表述后，由衷地叹了口气：还是顺其自然吧。（潘军《抛弃》）

（15）徐先生却检讨，说自己常常在外忙生意，欠孩子很多。所以……徐先生喝了口酒，所以这也是个原因，希望家庭能完整起来。（潘军《半岛四日》）

（16）对路灯的忽明忽暗，他不认为是电压不稳造成的，而觉得似乎是一种民心的象征。是呀，民心。他总这样感叹着。（潘军《白底黑斑蝴蝶》）

（17）这下对方记起来了，连问你好吗老柏？柏达说我刚离婚。对方就笑了，说怎么这么怪呀，我刚刚结婚回来。柏达一口

125

气咽下去，说阿哦是这样，我祝你幸福。对方说：谁知道呀，不过眼下还凑合。（潘军《抛弃》）

（18）你别编了，我知道你会编，你他妈不就是编辑吗。我再问你。她把脸转了过来，插什么门？敲还不开？（徐恒进《落日迟》）

以上各例中下划线或加点的部分是直接引述语。

在小说这类叙述文体中，直接引语的引导句主要有三类：

①带有言说动词的引导句，如例（14）—（18）中直接引语前或引语后出现了言说动词。

②含有话语指称词语的引导句：

（19）我转身离去，留下话，那就算了。（孙春平《地下爱情》）

这例中引导句中没有言说动词，但出现了话语指称词"话"。

③一般的描写句带上冒号也可以充当直接引语的引导句。例如：

（20）我眼睛里涌满屈辱的泪水，我握紧小拳头，朝小崽子们的后背，朝全村挥舞着：走着瞧吧！心一酸，却什么话也没有说出来。（谢友鄞《人间有情埋起来》）

意向动词"晓得"、"感觉"等一般是不能引导一个直接引语的。但是如果是篇章话语的书面实示，意向动词句也可以作为直接引语的引导句。

4.1.2.2　自由直接引语

引用的是人物的原话，即指示成分不变或保留原话的语气特征，没有引语标记，即引号、冒号和引导句都没有出现。引语与作者的叙述语句不加区分，需要读者自己判断。

（21）不要犟头倔脑。李远华拽着我转，拽得满头大汗。你要听我指挥，你不能乱作主张。（陈洁《难以诉说》）

（22）你怎么今天想起上班了？我想不出除了上班还可以干什么，她站起来，看看表，我得去趟药房。（吴滨《城市独白：不安

的视线》）

（23）晚报上还登了他的照片？有多大？

这个不重要。麦琪说，重要的是你的签名。（潘军《白底黑斑蝴蝶》）

（24）决赛开始的前一小时，久违的皮特出现了，依旧是风度翩翩。他驱车来到市政厅，邀请马丁市长前去为即将产生的冠军——颁发"荣誉军团勋章"。

我以为你在一个美人儿怀里醒不来了，皮特。

您说得不错，但我还是醒了。（潘军《白底黑斑蝴蝶》）

（21）中画线部分是直接引述"李远华"的话语，但没引语标记。（22）画虚线的是一个自由直接引语，实线部分是"她"的话语，这是另一个自由直接引语。（23）中画线部分是自由直接引语，后面没有画线的是直接引语，以"麦琪说"作为标记。（24）画线部分的两个引语都是自由直接引语。

意向动词"感到"、"晓得"等动词后边一般不可引导直接引语，因此意向动词后边的引语，如果指示成分没有变化就是自由直接引语。例如：

（25）中介者说，徐先生比她大十四岁。这没有什么，女人当时想，这或许是个优点。（潘军《半岛四日》）

（26）武耕新脑子一炸，这一打击是要他命也想不到的。自己内部怎么会出叛徒？他是谁？是真的还是唬我？多亏在这紧急关头他的思想仍然有闪光，——（蒋子龙《燕赵悲歌》）

4.1.2.3 间接引语

叙述者转述人物的语言，转述语中的指示性成分、原说话人的语气、语调等发生改变，间接引语一般都有引导语。例如：

（27）我昨天去我姐姐家，给她送去了一些药。

　　→他告诉我说他昨天去了他姐姐家，给他姐姐送去了一些药。

（28）他问："老王，你什么时候下车？"

　　→他问老王什么地方下车。

（39）多么可爱的小姑娘啊！

　　→她赞叹这小姑娘多么可爱。

（30）他对我说："你这样做是不对的。"

　　→他认为我这样做是不对的。

间接引语都是以另一言语行为为参照的，虽然在单纯的间接引语中我们不能断定那个言语行为中的原话语。例如：

（31）他说："以后请你不要这样做。"

　　→他让我以后不要这样做。

（31）如果没有上面一句直接引语为参照，我们很断定下面一句是间接引语。

王艺（2004）以另一言语行为的中的原话语为参照，将间接引语这种转述行为分为本述、重述、变述三类。

间接引语的引导句可以是意向动词句、言说动词句、话语指称句（包括意向名词句）。例如：

（32）……明知杨欣最受不了这些，还是忍不住要把话说出来，结果每次都不愉快。马文觉得自己出这么多钱不合理，水费、电费、煤气费，都要掏一半来实在是太吃亏，他从不在家洗澡，从来不用电吹风，从来不用电熨斗，而且房间里还没有空调。杨欣对这些话烦透了，只当没听见。（叶兆言《马文的战争》）

（33）他说他不认识我。

（34）他有他的想法，他不想跟小王一起去。

（35）这种熟悉的划十字的姿势在她心中唤起一系列的少女时代和童年时代的回忆，……（列夫·托尔斯泰《安娜·卡列尼娜》）

（36）这刹那中，他的思想又仿佛旋风似的在脑里一回旋了。……（鲁迅《阿Q正传》）

（32）是意向动词，（33）是言说动词，（34）—（36）是话语指称词语，其中"回忆"、"思想"这里相当于意向名词。

在实际的篇章中，我们有时难以断定某一句子是否是间接引语，因为间接引语是对另一个言语行为中的原话语的本述、重述或变述，而间接引语中作为参照的原话语一般不会出现。所以我们只能按照形式标准断定间接引语，即含有引导句才可能是间接引语，没有引导句的我们不认为是间接引语。

4.1.2.4　自由间接引语

自由间接引语中转述语的内容与间接引语完全或基本相同，自由间接引语要么没有引导句，要么由意向动词句引导。自由间接引语将叙述者语言介入了人物语言，有时甚至难以区分，似乎是叙述者叙述的人物的内心活动，或者是叙述者的猜测或心理活动。主要有以下几种情况：

①转述语部分跟间接引语完全相同，又没有引导句。例如：

（37）他犹豫了一下，他对自己说："看来我搞错了。"

　　→他犹豫了一下，看来他搞错了。

②转述语跟间接引语基本相同，指示成分发生改变，但带有直接引语的部分特征，如疑问式、感叹式、不完整句、口语化或带感情色彩的语言成分等。如：

（38）他走进女友房间，女友没有起床，她病了么？

③有引导句，指示成分发生改变，但保留了直接引语的部分特征。如疑问式、感叹式、不完整句、口语化或带感情色彩的语言成分等。可以说这类自由间接引语保留了直接引语的部分特征又有间接引语的特征。

值得说明的是，一个意向动词后边既可以出现自由直接引语，又可以出现自由间接引语，如何区分呢？

最重要的一点是看指示成分是否有变化。自由直接引语中指示成分（如人称、时间）等不能改变，而自由间接引语中人称等指示成分发生变化，只是保留直接引语的部分特征，如语气、不完整句、口语句式等。比较：

（39）a. 老王看了看她，心里想，<u>你怎么会不知道呢？</u>

　　　b. 老王看了看她，心里想，<u>她怎么会不知道呢？</u>

（39）中上一句是自由直接引语，下一句自由间接引语。

有时候自由间接引语与自由直接引用连用，不容易区分，例如：

（40）富贵家的光着屁股，捂着两只早就被人摸过的奶子，说："支书，你都睡过了，你就省省，给我们家裕贵留一点吧。"王连方笑了。她的理论怪。<u>这是能省下来的么？再说了，你那两只奶子有什么捂头？过门前的奶子是金奶子，过了门的奶子是银奶子，喂过奶的奶子是狗奶子。</u>她还把她的两只狗奶子当金奶子……（毕宇飞《玉米》）

这里是作者对王连芳的心理描写，画线部分是一个自由间接引语，因为引语中的指示成分人称没有发生变化，显然是一个自由直接引语。这个自由直接引语后边的"她还把她的两只狗奶子当金奶子"则是一个自由间接引语。因为这里指示成分"她"发生了改变且没有引导语。

英语中，转述语都表现为从句，表现人物主体意识的语言成分无法直接在间接引语的转述语中出现，汉语中，"从句"意识较弱，叙述语境（或引导句）对间接引语中转述语的压力小，强制性弱，体现人物主体意识的语言成分在转述语中能较为自然地保留。在英语中如果采间接引语，转述语就会相应地作出各种形式上的变动，如时态、人称、句式、表从句的连接词等。特别是汉语没有时态等变化，所以汉语里会出现大量引语两可型：

第一，自由直接与自由间接引语两可型：

（41）叶芳心里服气了，难怪解静整治思佳，思佳反而主动向她靠近。<u>自己处处依着他，他反而瞧不起自己。</u>可是自己能管得

了思佳吗？（蒋子龙《赤橙黄绿青蓝紫》）

（42）（他）一看轴瓦脸这副不好惹的样子，就把到嘴边的话又咽下去了。多一事不如少一事，大清早的别找不自在。（蒋子龙《招风耳，招风耳!》）

（41）中画线部分可以认为是自由直接引语，这时的"自己"就是指"我"的意思，也可以理解为自由间接引语，这时的"自己"就是指"他"。（42）中画线部分没有任何指示性成分来帮助确定它是自由直接引语还是自由间接引语。不过从口语色彩很浓的"大清早的"上看似乎更像是个自由直接引语，可是麻烦就在自由间接引语也可以保留直接引语的部分特征。

第二，直接引语与间接引语两可型：

（43）村子里的人都说，桂芳好，一点官太太的架子也没有。（毕飞宇《玉米》）

第三，自由间接引语与间接引语两可型：

（44）第二天，吃饭的时候，禾禾家三朋四友摆了两桌酒席，派人来叫山山和麦绒。麦绒却作难了，怕当着那么多人的面，别人说句什么，脸上倒下不来呢。山山说："走就走吧，咱现在日月过得顺了，大脸大面地去，外人只能说咱的量大。若不去，倒显得咱龌龌龊龊，日子过得不如他了呢。"（贾平凹《鸡窝洼的人家》）

这里的"呢"到底是作者语气还是麦绒的语气，如果作者自己添加上的就是一个间接引语，如果是对原说话人的语气或口气的保留那就是自由间接引语。

在实际的语篇中，间接引语与自由间接引语两可型并不多见。而自由直接与自由间接两可型、直接引语与间接引语两可型就大量存在。两可的现象在英语中就不会发生，因为英语中有时态等多种语言形式上的变化，不同的引语类型的语言形式变化有差异。

4.1.3 引语的语用功能

引语的类型不同，其语用价值也不同。徐赳赳（1996）讨论了汉语中直接引语的五种功能，即：逐一复制功能、责任分离功能、同一性功能、不易描写功能、吸引功能。在小说中，使用的引语类型不同，其语用价值也有差异，主要表现在以下几个方面。

4.1.3.1 直接性与生动性

自由直接引语是叙述干预最轻的一种人物话语表达形式。从形式上看，自由直接引语没有引导句，话语的内容直接实示在篇章中。因此，它没有叙述语境的压力，作者能自由地表现人物话语的内涵、意图、风格和语气。直接引语也有直接性和生动性的特点，但是与自由直接引语相比，引导句部分往往带有作者的主观意图和情绪。读者对人物话语的理解会受引导句的影响，因此，直接引语会受到作者一定的叙述干预，直接性与生动相对弱一些；另一方面，由于直接引语有引导句或引号，叙述话语与人物话语之间频繁转化，叙述的流畅性会打断。

自由间接引语，特别是间接引语由于完全是作者的转述，人物就退到背后了，似乎是作者代替人物来说话，所以它是间接的，不具生动性的特点。直接性与生动性的特点决定了自由直接引语、直接引语比自由间接引语、间接引语更能吸引读者的注意。

4.1.3.2 单视点与分离视点

叙事语体中，所有的引语都涉及两个言语行为，一个是叙述者的言语行为，另一个是小说中人物的言语行为。在叙事中，叙述者对引语的介入程度不同就会形成不同的视点。

自由直接引语中，人物话语完全不受叙述者控制，人物自由地说话，因此是一种单视点叙述。作者采用的人物单视点叙述时，读者对人物的理解完全从人物的话语中获得。而间接引语中叙述者对引语的控制度最强，作者有意识地使人物"缄默"，剥夺了人物的话语权，使人物隐藏在背后，似乎是作者的单视点叙述。

直接引语、间接引语部分受叙述者控制。其中直接引语中引语部分是人物的言语内容，引述分句（引导句）则属于作者叙述者语域，作者/叙述者从外部对人物的复杂微妙的心理过程进行摹写。人物视点和叙述者视点是分离的。在自由间接引语中，人称变化、语序调整等使读者时时感到作者的介入，听到他的叙述干预的声音。

4.1.3.3　音响效果与明暗度

直接引语、自由直接引语引述的都是人物的话语，话语中保留人物的音响特征。特别是带引号的直接引语更能凸现话语的音响效果。小说中经常通过直接引语与间接引语的对比使用或带引号与不带引号的直接引语对比使用，通过音响效果的不同来刻画人物。例如：

（45）他躺了好一会，这才定了神，而且发出关于自己的思想来：白盔白甲的人明明到了，并不来打招呼，搬了许多好东西，又没有自己的份，——这全是假洋鬼子可恶，不准我造反，否则，这次何至于没有我的份呢？阿Q越想越气，终于禁不住满心痛恨起来，毒毒地点一点头："不准我造反，只准你造反？妈妈的假洋鬼子，——好，你造反！造反是杀头的罪名呵，我总要告一状，看你抓进县里去杀头，——满门抄斩，——嚓！嚓！"（鲁迅《阿Q正传》）

作者开始用的自由直接引语描写阿Q的心理活动，然而阿Q"越想越气"，"痛恨"至极时，就用了加上引号的直接引语。引号产生的音响效果与激烈的言词、语气等配合使用，这样语言的形式与人物内心感受相呼应，使得这一段心理描写有声有色。

而间接引语和自由间接引语是对人物话语不同程度的转述，由于作者强烈干预，人物话语失去了"声音"，不具有音响效果。

自由间接引语由于保留了原说话人的部分语气或口气特征，

也具有一定的音响性。

直接引语与间接引语、自由直接引语与自由间接引语的对比使用能够产生图形与背景的效果，表现人物话语的直接引语和自由直引语取得了"图形"的地位，而间接引语、自由间接引语以及作者的叙述话语便成为了它们的"背景"。小说家常常利用这种对比来控制人物对话的"明暗度"，以达到刻画人物性格的目的。

4.1.3.4　叙述节奏与距离

直接引语与自由直接引语是通过对人物的话语的实示来实现的，叙述者不能随意删减人物的话语，但是如果完全按照人物的话语来引述，又会使得叙述拖沓。为了加快叙述速度，叙述者不得不省略一些话语，但又必须频繁使用引导句"说"等，这样又打破了叙事的流畅性，使得作者的叙述前后不很协调。

而间接引语与自由间接引语是叙述者对人物话语的转述，叙述者可以对人物的话语进行大幅度的修改，这样就能加快叙述的速度。

自由直接引语中，引号和引述分句的省略、时空、人称以及疑问、感叹号等原有形式的保留使得作者可以摆脱叙述语境压力的羁绊来复制人物语言内涵、风格和语气。人物由内向外的直抒胸臆使得人物与读者的距离缩小，人物的内心世界和心理活动可见可闻。引语与作者/叙述者的叙述语互相穿插、自由衔接，人物与作者/叙述者的声音此起彼伏，从而使得小说的视点频繁切换，能对人物内心思维多方位地描述。同时直接引语具有现场感，能增加话语的真实性，读者与人物的距离相对较近。小说中常常用直接引语或自由直接引语描写主要人物或正面人物，而次要人物或反面人物常常用间接引语或自由间接引语表达。这种手段如果不对比使用则不能起到这样的表达效果。

间接引语、自由间接引语由于作者的干预，则拉大了读者与人物直接的距离。读者一般不会产生身临其境的感觉，且常常怀疑人物话语的真实性以及故事的真实性。

4.2 引语的形成

4.2.1 引语形成的意向性解释

刘大为（2002，2004）运用意向性理论，研究了言说动词、意向动词与汉语的句嵌式递归结构和篇章视域的关系。由于引语与言说动词和意向动词有着密切的联系，我们同样可以运用相关理论来解释引语形成的机制。

4.2.1.1 意向活动及其语言化

①意向活动

所谓意向性，"简单地说，就是心理状态借以指向或涉及在他们本身以外的对象和事态的那种特征。"① "具有了意向性，我们的心理状态就指向、涉及、关联到或针对外在世界的种种客体和事态，而不是针对心理状态自身。"② 无论是人还是动物——只要意识在活动，它就必定指向某对象，就会在自身之中将该对象内在地呈现出来。语言叙述之所以能够发生，前提就在于叙述者通过一次意向活动为叙述提供了叙述的内容。

一次意向活动通常被分拆为两个部分。首先是意向活动中被主体意识到的具体事物及其联结成的事件。这个事物或事件就是意向的内容，意向内容可能很简单，也可能很复杂，但不管简单还是复杂都构成了意向的内容。例如，一个伊拉克青年向美军投掷了一颗炸弹可以组成一个意向内容，至今为止美军对伊战争中所有的事件也可以组成一个庞大的意向内容，只要我们能够在一

---

① 约翰·塞尔：《心灵、语言和社会》，上海译文出版社 2001 年版，第 94 页。
② 约翰·塞尔：《心、脑与科学》，上海译文出版社 1991 年版，第 9 页。

次意向活动中把握住这些事件①。

其次是不同的意向方式。例如，有的意向方式是感知性的，如看见、听见、闻见，或是较为笼统的觉得、感到等；有的则是理智性的，如认为、相信、知道、希望等；也有的带有一定的情感性，如害怕、喜欢等。任何一个意向内容都必须通过一定的意向方式才能进入我们的意向活动，例如上述有关伊拉克青年的事件，不是被看见了，被知道了，就是被想象着，被高兴着……不存在不与一定意向方式联系的意向内容②。

②意向活动的语言化

意向活动要被人理解唯有通过语言的形式将意向活动语言化。意向活动的语言化就是指一次意向活动被语言表述之后的形态。一次意向活动必定有一个意向过程。意向过程由意向方式和意向内容组成。意向方式要被语言表述必然就要用到意向动词。这种以意向方式为所指的动词就是意向动词③。汉语中常用的意向动词有：猜、操心、打算、担心、发愁、发现、感到、关心、观察、估计、害怕、恨、后悔、怀疑、计较、计算、记得、嫉妒、假装、见、警惕、觉得、看、看见、考虑、了解、留神、留心、迷信、明白、摸、盘算、盼望、盼、佩服、碰见、记、期待、期望、确定、认得、认识、认为、算算、贪、算计、贪图、讨厌、体会、听见、听说、同意、推测、忘记、希望、嫌、喜欢、羡慕、相信、想、小心、晓得、心疼、欣赏、预料、隐瞒、信、预见、遇见、遇到、怨、愿意、酝酿、知道、指望、重视、琢磨等。

意向动词有以下几个特点：

---

① 刘大为：《意向动词、言说动词与篇章视域》，《修辞学习》2004 年第 6 期，第 3 页。

② 刘大为：《意向动词、言说动词与篇章视域》，《修辞学习》2004 年第 6 期，第 3 页。

③ 刘大为：《意向动词、言说动词与篇章视域》，《修辞学习》2004 年第 6 期，第 3 页。

第一，意向动词在句法上能够带一个句子形式的宾语。例如：

（46）我相信你能赶上他们。

（47）东尼认为，距教堂较远的地区，应该是比较高级的住宅区。（朱邦复《东尼！东尼！》）

（46）中"相信"后出现了一个小句宾语，（47）中"认为"后是一个句子，可以认为是它的受事性宾语。

第二，意向动词必须具有［＋述人］的语义特征。有的动词也能带上句子宾语但不具有［＋述人］的语义特征，因而不是意向动词。例如：

（48）数月前的市长车祸一案，虽然发生在西城区安永红的势力范围之内，但却有迹象显示，此案与东关村的胡大高有着千丝万缕的联系。（张平《十面埋伏》）

（49）西安附近的半坡村遗址（属仰韶文化，用碳14同位素测定为约5600—6080年以前）和河南安阳殷墟（约公元前1400—前1100年）的发掘表明，当时猎获的野兽中有竹鼠、獐和水牛等热带和亚热带的动物，而现在西安和安阳一带已经不存在这种动物了。（竺可桢《中国近5000年来气候变迁的初步研究》）

这里的"显示"后边是一个句子，可以看作是"显示"的受事性宾语，"表明"也带上了句子宾语，但是它们不具有［＋述人］的语义特征，因而不是意向动词。

第三，意向动词是人的意识活动的语言表现，因此意向动词具有［＋意识］特征，其主语通常是人，除非童话等拟人性语篇中，主语才可以是其他的有生事物。

每一个意向动词在语义上都可以带上一个受事性成分，这个受事性成分就是意向的具体内容的语言化。如果意向内容是个客观事物，句法上就表现为一个名词性宾语，如果意向内容是个事态（事件），在句法上通常表现为小句或句子的形式，比较：

（50）我看到他了。

（51）我看到他在操场上打篮球。

而意向内容如果是一组事件，那么意向动词的宾语就是一个复句或句群。例如：

（52）他感到自己像一片羽毛一样飘起来，四肢拨弄空气，好似在湖水中仰泳。（莫言《球状闪电》）

意向宾语句中的动词可以是外部动词，也可以意向动词或言说动词本身，意向过程和言说过程本身也可以成为一次意向的内容。如：

（53）我知道你去了南方。

（54）我记得我批评过小王。

（55）他觉得这个人似乎认识我。

（56）我想他们一定也看出了我是个游手好闲的外省人。

（57）我记得他说过他不是南方人。

例（53）"去"是外部动词，（54）"批评"是言说动词，（55）"认识"是意向动词，（56）"他们一定也看出了我是个游手好闲的外省人"是一次意向过程作了意向动词"想"的宾语，（57）"他说过他不是南方人"是一次言说过程作了意向动词"记得"的宾语。

4.2.1.2 意向过程与言说过程

①意向过程的言说

未经语言表述的意向过程只可能被进行意向活动的个体在大脑中体验，却不可能与他者交流。任何意向过程就必然伴随着一个将它说出来的言说活动，也就必然存在一个言说过程。

一次言说活动也可以分析出两部分，首先是言说内容，言说的内容通常就是意向方式和意向内容。其次是言说方式。一个言说行为进入语言表述就要用言说动词（或称表达动词）。例如：

（58）他说他感到自己像一片羽毛一样飘起来，四肢拨弄空气，好似在湖水中仰泳。

"他感到"的意向过程依赖一次言说行为"说"，才有（58）这样的语言表现。（52）也是一次意向过程的语言化，这个语言化的过程其实也依赖一次言说行为而存在，只不过这个语言化的过程中采用了零形态的言说动词而已。可见意向过程唯有通过言说才能以语言形态存在。

常见的言说动词有：报告、表扬、驳斥、陈述、重复、道歉、感谢、公布、喊、号召、教育、教训、警告、拈明、请求、请示、嚷、提醒、挑拨、挖苦、泄露、祝贺、总结、保证、抱怨、埋怨、表示、称赞、承认、吹、打听、反映、奉承、否认、揭发、揭露、声明、说、谈、问、谈论、坦白、通知、告诉、解释、答复、回答、检讨、建议、交代、介绍、拒绝、抗议、评论、强调、提倡、透露、协商、宣布、宣传、规定、广播、讲、交涉、教训、控诉、夸奖、命令、批判、报道、记录、描写、写、议论、赞美、赞成、责备、争吵、争论、诉说等。

言说动词具有以下两个基本特征：

第一，跟意向动词一样，言说动词可带上一个句子形式的宾语。例如：

（59）嘉轩告诉他，<u>还是像种麦子一样要细耕，种子间隔一大犁或两小犁沟溜下，又像种包谷一样</u>。（陈忠实《白鹿原》）

（59）画线部分可以认为是告诉的直接宾语。

第二，言说动词也具有［＋述人］的语义。

一次完整的意向活动的言说过程在语言形态上应该采取这样的形式：某人＋言说动词＋某人＋意向动词。例如：

（60）同往现场采访的新华社驻雅加达分社当地雇员穆里扬达说，他看到一辆被炸毁的摩托车和一些死伤者的残碎肢体。（引自刘大为，2004 年）

穆里达的一次意向活动（看到）及其意向内容"一辆被炸毁的摩托车和一些死伤者的残碎肢体"通过他的言说行为"说"呈

现出来。当然这个语言化的过程也可以用这样的形式表现：

　　同往现场采访的新华社驻雅加达分社当地雇员穆里扬达说："我看到一辆被炸毁的摩托车和一些死伤者的残碎肢体。"

　　意向过程的语言化，有时只出现意向动词，但是我们都可以补上一个言说动词，我们可以这样来理解这一个言说过程，即，一个没有使用言说动词的意向过程的语言化是因为它采用了零形态的言说动词。比较：

　　（61）我早就怀疑你没有上过大学。

　　　　　我告诉你我早就怀疑你没有上过大学。

　　在实际的篇章中，一个意向过程被语言表述后，如果没有言说动词出现，我们一般也能根据上下文推断出这里有一个零形态的言说动词存在。如：

　　（62）新华社记者在爆炸发生后半小时赶到现场。记者看到，爆炸现场周围 300 米内的 7 座高级写字楼全部伤痕累累，紧挨着澳大利亚使馆的格拉其亚大厦和马路对面的穆利亚 89 大厦的窗户玻璃几乎全部被震碎。（引自刘大为，2004）

　　不管读者有没有明确意识到，读者心目中一定会把"记者看到"完整化为"记者说他看到"或是"记者告诉我们，他看到"之类的表达方式，这段话才可理解，这说明篇章中实际存在着一个零形态的言说动词"说"或者"告诉"等。

　　②意向过程与言说过程的关系

　　意向过程与言说过程关系密切，意向活动的具体内容要被他人理解就需要言说，而任何一次言说过程必然依赖一次意向过程。

　　第一，任何一次言说过程必然伴随一个（或一些）意向过程。如果没有意向过程的存在，意识就没有内容，言说过程就会因为缺少有待表达的意义而无法成立。例如：

　　（63）老人说，我小时候老家的屋后有一个很大的竹园，一色的南竹，风一吹就像有千军万马。（林白《亚热带公园》）

（63）中老人说的正是他的回忆，对这段话真正的理解就意味着在"说"和意向内容之间插入了一个"记得"之类的零形态意向动词。老人言说的内容就是他"记得"所意识的内容。

实际的话语交际或篇章中有可能言说动词和意向动词都没有出现，是因为这一意向过程的言说过程的语言表述采用了零形态的言说动词和零形态的意向动词的缘故。比较：

（64）a. 你没有上过大学。

　　　b. 我怀疑你没有上过大学。

　　　c. 我告诉你，我早就怀疑你没有上过大学。

此例中第一句中既没有言说动词，也没有意向动词，相对于其他两句来说，就是一个零形意向动词和零形言说动词句。

第二，任何一次言说过程也是一次意向过程，任何言说活动必然要言说意向过程。因此言说动词和意向动词一样具有意向性。一个言说动词和一个意向动词在意向性上是等价的。表现在语言中就是言说动词可以用意向动词替换，句子基本意思不会发生改变。例如：

（65）母亲说，在我们刚刚来到麦村的那些日子里，她一连几天都梦见了水。那些湿漉漉的水草像蛇一样紧紧地缠绕着她的身体，使她喘不过气来。（格非《边缘》）

→母亲记得，在我们刚刚来到麦村的那些日子里，她一连几天都梦见了水。那些湿漉漉的水草像蛇一样紧紧地缠绕着她的身体，使她喘不过气来。

（65）如果从意向性角度考察，上一句的"说"是可以换成意向动词"记得"的。

反过来，意向动词句也可以换成言说动词句，从意向性上看下面两句是等价的。如：

（66）张景瑞认为没有共产党，就没有新中国，没有共产党，就没有元茂屯农民的翻身。（周立波《暴风骤雨》）

→张景瑞说没有共产党，就没有新中国，没有共产党，就没有元茂屯农民的翻身。

4.2.1.3 引语类型的意向性解释

①引语的类型

汉语学界习惯把引语分为直接引语和间接引语两大类，但在小说等叙事性语篇中引语的类型比较复杂。到底引语有哪些类型，至今也没有一个统一的意见。我们赞成引语四分法，即把引语分为直接引语，自由直接引语，间接引语和自由间接引语。直接引语引用的是人物的原话，指示成分（人称、地点、时间）和语气特征保持不变，引导语不出现时必须有引号标记。自由间接引语中引用的也是人物的原话，指示成分和语气等保持不变，但没有引号标记，也没有引导语。间接引语是对人物话语的转述，指示成分或语气特征发生改变，引导语必须出现；自由间接引语转述语与间接引语相同，只是没有引导语。例如：

他犹豫了一下。他对老婆说："看来我搞错了。"（直接引语）

他犹豫了一下。"看来我搞错了。" 　　　　（直接引语）

他犹豫了一下。他对老婆说，看来我搞错了。（直接引语）

他犹豫了一下。他对老婆说看来我搞错了。 　（直接引语）

他犹豫了一下。看来我搞错了。 　　　　（自由直接引语）

他犹豫了一下。他对老婆说看来他搞错了。 　（间接引语）

他犹豫了一下。他对老婆说，看来他搞错了。（间接引语）

他犹豫了一下。看来他搞错了。 　　　　（自由间接引语）

②言说过程的物质性与直接引语和自由直接引语。

意向过程要语言化，需要借助一次言语活动。有了一次言说过程，意向方式及意向内容才能被言说。任何一次言说过程必然是一次物质过程，具有物质性，例如言说就一定有声波的传播等。书面上，言说过程的物质性主要依靠言说动词来体现，因而言说动词就也具有物质性。如果我们着眼于言说动词的物质性，在句法上，一个言说过程和意向过程的语言化就表现为直接引语和自由直接引语。例如：

（67）他告诉她："上车以后你先找到座位坐下，如果没有熟人，我就坐到你身旁。如果有熟人，我就站在车门旁。记住，我们互相不要说话。"（余华《爱情的故事》）

从引导语动词上看，直接引语句主要有两种形式：

第一，言说直接引语句。如：

（68）<u>大嫂说</u>，大哥对你不好么？

（69）陈一帆看看天色，<u>突然问我</u>：今天飞机会掉下来吗？（潘军《海口日记》）

（70）柏达一口气咽下去，<u>说</u>阿哦是这样，我祝你幸福。（潘军《抛弃》）

第二，言说＋意向直接引语句。如：

（71）有一刻侯忆群开玩笑地提醒她<u>说</u>，我<u>发现</u>老张正嫉妒地看着我们呢。（引自刘大为，2002）

汉语中，有时言说引导语是隐含的。如：

（72）娜丽莎：我觉得我目前的状态不错。（潘军《白底黑斑蝴蝶》）

（72）中说话人后出现了冒号，这说明这里隐含了一个言说动词"说"之类的词语。引用的话语如果用引号标明，这也意味着前面隐含了一个言说引导语。如：

（73）我摆摆手，"什么也不要，我只想在这里坐一坐。你出去吧。"（孙春平《地下爱情》）

（73）中没有出现引导语，但后边的引用语用了引号，将它与作者的叙述语加以区分，可以认为在引述语前隐含了"我说"之类的引导语。

自由直接引语是零星引语句，即引语中没有引号和引导语作为标记，自由直接引语是无标记的，常常与作者的叙述语句不加区分，需要读者自己判断。如：

（74）<u>你怎么今天想起上班了？</u>我想不出除了上班还可以干什么，她站起来，看看表，我得去趟药房。（吴滨《城市独白：不安的视线》）

（74）是由两个一问一答的句子，分别是两个自由直接引语。后一自由直接引语（加点的部分）中间还插入了作者的叙述语"她站起来，看看表"。

在叙事性篇章中，意向动词一般是不能引导一个直接引语的。下面这种情况，似乎是意向动词引导一个直接引语。如：

（75）有庆家的吐出嘴里的药片，心里想，<u>我还用吃它？这杯子没有那个福分了</u>。这个突发的念头，让有庆家的特别地心酸。是那种既对不起自己又对不起别人的酸楚。但是有庆家的立即赶走了这个念头，呼应了王连芳。（毕宇飞《玉米》）

这里的"心里想"是作者的叙述语，画线部分是人物心理活动即意向内容的语言表现，所以这是一个自由直接引语。也就是说"心里想"并没有起到引导句的作用。

但是，论证性篇章中，意向动词可以引导一个直接引语。如：

（76）<u>北京师范大学杨联芬教授在《林纾与中国文学现代性的发生》一文中认为</u>："林纾与五四原本没有不共戴天的矛盾；林纾更像是仪式上的一个牺牲品，被五四少年供奉于旧文学的祭坛。"（胡焕龙《林纾"落伍"问题研究》，文艺理论研究 2004 年第6 期）

这种现象如何解释呢？杨联芬的言语行为话在叙述者进行引述以前就已经客观存在。因为任何一个言说行为必然具有意向性，在论证性语篇中，作者引用原说话人的话语，重要的是突出言说的意向性，不是为了显示言说的物质性。凡是论证性语篇中的言说引语句中的言说动词都可以换成意向动词。

篇章中要体现出言说的意向性，除用"言说＋意向"引语句外，有时还可以用意向动词修饰言说动词的形式。例如：

（77）吴广文<u>回忆说</u>："过去……他总是打个电话说一声。"（李佩甫《羊的门》）

（77）意向动词"回忆"修饰言说动词"说"做状语。

③言说过程的意向性与间接引语和自由间接引语

任何一次言说过程必然具有意向性。每一次言说过程都蕴含着言说动词和意向动词的存在。言说动词、意向动词都具有意向性，言说动词和意向动词在意向性上是等价的。如果着眼于言说动词的意向性，意向过程的语言化就表现为间接引语和自由间接引语。

根据引导语中使用的动词不同，间接引语通常有三种形式：

第一，意向间接引语句。即由意向动词引导的间接引语。如：

（78）<u>我想</u>这事用不着你瞎操心。（潘军《南方的情绪》）

（79）有时彭大步很恨发明钟表的人，<u>觉得</u>这人纯粹是吃饱了撑的，因为天上有太阳月亮，从它们的位置上完全可以作出事件的判断啊。（迟子建《换牛记》）

第二，言说间接引语句。即由言说动词引导的间接引语句。

（80）他说他的表早停了，戴在手上的不过是一种时间道具。（潘军《蓝堡》）

这是一个间接引语，由"他说"引导。

叙述者用间接引语的时候，引导语中即使出现了一个言说动词，也是把一个言说动词当作意向动词来使用，从而显示出言说动词的意向性，这是因为言说动词都具有意向性。

一般说来，意向动词所带的句子（或句群）宾语只能是间接引语。特别是在叙事性语篇中，要用一个意向动词引导的一个直接引语是很难让人接受的。比较：

（81）老人说，我小时候老家的屋后有一个很大的竹园，一色的南竹，风一吹就像有千军万马。（林白《亚热带公园》）

？老人记得，我小时候老家的屋后有一个很大的竹园，一色的南竹，风一吹就像有千军万马。

第三，言说意向间接引语句。

（82）我说我总觉得她有点面熟。（潘军《南方的情绪》）

（83）他说他晓得我在写书，晓得写书的人在写书的时候怕别人打扰，就耐着性子等。（同上）

零形言说动词和零形意向动词句就是自由间接引语。自由间接引语中没有引导语，转述语为独立句子形式。自由间接引语常常与作者的叙述语混合在一起，不容易区分，似乎是作者在叙述人物的内心活动。如：

（84）这黛玉常听母亲说，他外祖母家与别人家不同，他近日所见的这几个三等的仆妇，吃穿用度，已是不凡，何况今至其家，都要步步留心，时时在意，不要多说一句话，不可多行一步路，恐被人耻笑了去。（曹雪芹《红楼梦》）

（84）这段话由三部分组成。"这黛玉常听母亲说，他外祖母家与别人家不同"是一个间接引语。画线部分是自由间接引语，没有引导语，似乎是作者在叙述黛玉的内心想法。两个引语之间的部分是作者的叙述语。

以上分析表明，引语是意向活动语言化的结果。任何意向活动要语言化就需要一次言说过程。言说过程既有物质性又有意向性。如果着眼言说的物质性，句法上就表现为直接引语。自由直接引语只是采用了零形引语的形式（即没有引号和引导语作为标记）。如果着眼于言说过程的意向性，句法上就表现为一个间接引语。自由间接引语的转述语与间接引语基本相同，大多没有引导语。

4.2.2 引语的形式和言说语境

4.2.1分析了一个叙述者将别人的或自己另一次话语（包括内

部话语）呈现出来常用的引语形式：言说引语、意向引语、言说意向引语和零形引语。现在讨论在具体的篇章中引语以什么样的形式出现，研究这一现象需要借助言说情境的概念。

既有言说，就一定有言说情境伴随。意向行为可以在任何条件下发生，言说行为的发生却受到一定条件的制约，例如除了自言自语，总应该有一个受话者，同时言说者与受话者之间必须有顺畅的符号传递。这些条件组成了言说情境，它限制着言说动词的使用。

虽然说意向行为可以在任何条件下发生，只要有一个意向主体在活动。但是这个意向行为若要被意向主体之外的第二者知晓，唯有借助于一次言说行为。所以言说情境是否存在，言说动词能否使用，也会影响意向动词的使用。例如：

（85）老板一生中最后的感觉，是"我要死了"，他自言自语默念了几遍，眼前突然一片光明。他发现自己的脚已经离地升空，轻轻地慢慢地飘出去。"我要死了"这四个字像一口痰似的堵在他喉咙口。（叶兆言《最后》）

小说中凶手与"老板"之间可以建立言说情景并在日后叙述这个情境，所以言说动词"默念"的使用是现实的，相应依托于"默念"的、关于"我要死了"的"感觉"（它是意向动词的一种变异形式）的使用也是现实的。但是"老板""发现"的视域则无法建构言说情境，意向动词"发现"的使用就是不现实的。

可见，言语动词、意向动词的使用与言语情景能否成立关系密切。表现在：

①言说情境如果难以建立，言说动词以及意向动词就无法使用。

在叙实性篇章中这是无法更改的定律，除非在动词前添加一个模态成分，表示对言说、意向活动的假设、推断或猜测。但在虚构性篇章（小说、戏剧、寓言、神话故事等）中，使用就比较

147

灵活。

第一，叙述者可以不借助语言媒介直接进入了人物的意识活动，显然只有假设叙述者是扮演佛祖、上帝一类的角色时，才能不使用言说动词（哪怕是零形态的言说动词）而直接使用意向动词：

（86）这刹那中，他的思想又仿佛旋风似的在脑里一回旋了。四年之前，他曾在山脚下遇见一只饿狼，永是不远不近地跟定他。他那时吓得几乎要死，幸而手里有一柄斫柴刀，才得仗这壮了胆，支持到了未庄。可是永远记得那狼眼睛，又凶又怯，闪闪的像两颗鬼火，似乎远远的来穿透了他的皮肉。而这回他又看见从来没有见过的更可怕的眼睛了，又钝又锋利，不但已经咀嚼了他的话，而且还要咀嚼他皮肉以外的东西，永是不远不近地跟他走。

这些眼睛们似乎连成一气，已经在那里咬他的灵魂。

"救命，……"

然而阿Q没有说。他早就两眼发黑，耳朵里嗡的一声，觉得全身仿佛微尘似的迸散了。（鲁迅《阿Q正传》）

（87）中午十二点一刻，杨泊纵身一跃，离开世界。杨泊听见一阵奇异的风声。他觉得身体轻盈无比，像一片树叶自由坠落。他想这才是真正的随风而去，这才是一次真实的死亡感觉。（苏童《已婚男人》）

这两例中人物死前的感受和思想活动无论如何是无法建构起一个言语情境来的，叙述者就只能作为全知全能的佛祖、上帝直接进入它们意识世界。被叙述的对象如果是动物，叙述者便更是如此。如果说上述两例还有人物因获救而重新建立起言说情境的可能性，动物就只有在童话中破例了。如：

（87）一只饱食的乌鸦看到这匹白色的骏马载着我们的主人公驰进了战区，它并没有注意它，而是向战斗曾是最激烈的上空飞去。那里，战斗已经停止……（《钟山》1990年第2期）

从叙事学角度说，只有全直叙事模式，可以不借助言说动词，直接将人物的意识内容呈现出来。

第二，叙述者如果不想扮演佛祖、上帝一类的角色，就只能在（或者阅读者假设在）意向动词之前加上一个表示模态的词语。例如：

（88）……老板死到临头，<u>一定</u>后悔为一套铅印本的《金瓶梅》送命太不值得了。（叶兆言《最后》）

（89）她<u>似乎</u>全心全意地<u>欢迎</u>阿黄注意她，一个陌生男人的眼睛使她感到特别兴奋。（叶兆言《最后》）

（90）我<u>想</u>她一定是先<u>观察</u>了我一会儿才向我借地图的。（潘军《海口日记》）

加上表示模态的词语就是对言说活动或意向活动的假设或推测。

②在言说情境能够建立的情况下，人称的选择制约着言说动词和意向动词的使用。

主要有两种情况：

一是第一人称叙述时，意向动词、言说动词的选择。

第一人称的叙述使得言说情境进入了文本，也就是叙述者也作为一个被叙述的人物与其他人物同处在一个情境中，这种关系使得言说活动只能在情境的制约下现实地发生——言语情境构造的难度越大，第三人称的意向动词就越需要伴随于言说动词之后使用，因为这时叙述者既已经是人物，就不可能再扮演佛祖或上帝：

（91）后来丹文跟我<u>说</u>，她在那个瞬间，其实是有点<u>震惊</u>的——我当时自然是没有看出她的震惊。你的气质让我想起我年轻时候的样子，她说。（陈谦《残雪》）

（92）是真的，我的房东男主人就<u>说</u>过，他之所以决定将房子租给我，是因为我让他<u>想起</u>多年前的一个女朋友。我后来记起，

丹文听到我说这句话时，看我的眼神里，忽然泛起了温柔的光芒。（陈谦《残雪》）

或者用猜测、怀疑的方式进入人物的内心：

（93）我从他俨然的脸色上，又忽而疑他正以为我不早不迟，偏要在这时候来打搅他，也是一个谬种，便立刻告诉他明天要离开鲁镇，进城去，趁早放宽了他的心。（鲁迅《祝福》）

当然第一人称的意向动词可以自由使用，因为第一人称述说已经预设了每一个第一人称意向动词都受着一个语言形态或者零形态的第一人称的言说动词（我说）的控制。

二是第三人称叙述时，言说动词、意向动词的选择。

第三人称叙述将言说情境半隐蔽起来，叙述者的身份也就模糊起来，他可以同样以一个人物的身份，或者与人物处于同等地位进行叙述，这时言说、意向动词的使用就和第一人称叙述一样受到限制，除非语境可以提供确切的话语来源（也就是存在着一个零形态的言说动词），意向动词的使用就一定要以言说动词的使用为前提，于是整个叙述便呈现出一种现实感。叙实性篇章只能采取这种方式：

（94）当地居民多斯特·穆罕默德通过电视台介绍说，我看到巴军的两架武装直升机一早就频繁起飞对村子开火，并且轰炸了村子附近的山地，但我不知道村子中的伤亡情况。（文汇报载新华社专稿）

（95）布什阵营已经意识到疫苗问题可能对选情造成冲击，尤其是在关键的"摇摆州"。……因此，布什公开保证，政府手上还有上百万剂流感疫苗，可以先供老幼群体注射，……（文汇报载华盛顿专电）

前一例中目击者"看见"和"不知道"的意向内容明确地被"介绍说"了，后一例中"意识到"的内容虽然没有被直接述说，但"保证"的言说为这个视域的存在提供了可靠的依据。一个意向活动只要没有言说动词，无论是语言形态的还是零形态的，它的现实性就会受到怀疑。而且言说动词与控制意向内容的意向动词是同一个主语，意向的内容就容易令人置信；反之不是同一个主语，或者是无主句，可信的程度就会降低。比较：

（96）A. 宋孝濂<u>告诉</u>记者<u>说</u>，他住在一个四人监房里，平时可以<u>看到</u>电视和报纸。（北京大学 CCL 语料库）

　　　　B. 北京市女子监狱监狱长李瑞华 22 日<u>告诉</u>记者："女犯通过透明的围墙，可以<u>看到</u>外面的世界，这样能够缓解罪犯的心理压力，更加体现刑罚的人性化。"（北京大学 CCL 语料库）

A 中言说动词"告诉"、"说"和意向动词"看到"是同一主语。因而"平时可以看到电视和报纸"这一意向内容就容易令人置信；B 中言说动词"告诉"的主语是李瑞华，后面意向动词"看到"的主语是"女犯"。相对于 A 句而言，B 句中意向内容"通过透明的围墙，可以看到外面的世界"的可信程度就没那么高了。

例（96）中前面的"看到"和"说"是同一主语，而后面"告诉"的主语是"朋友"，"发现"的主语却没有出现，"看到"的视域与"发现"的视域间可信的程度就有了明显的差异。

虚构性的篇章也可以采取这种形式，这时叙述者便只能从外部观察他所叙述的人物而无法直接进入人物的内心，除非通过人物的言说。

叙事者也可以超越于人物，采取全知全能的方式，于是就出现了上述作为叙述者的佛祖和上帝。显然，它能够营造一种事理、情感上的真实性，却无缘于叙述上的现实性。第二人称叙述与第三人称在这点上是一致的。

4.3　引语的递归结构

"递归"就是通过结构规则的重复使用，使得一个结构单位包容在另一个结构单位里。引语的递归结构无论是在直接引语中还是在间接引语中都普遍存在。引语的递归结构有两种形式：内部递归和外部递归。

4.3.1　引语的内部递归

同一主体在一次意向活动中通过言说过程对意向过程并通过意向过程对意向内容的递归。例如：

（97）a. 他已经随那只豹子走到悬崖边。

b. 李明这是才<u>意识</u>到（自己已经随那只豹子走到悬崖边）。

c. 李明<u>告诉</u>我说（他这时才<u>意识</u>到（自己已经随那只豹子走到悬崖边））。

（98）他<u>说</u>他<u>知道</u>那家伙上哪儿了。

从例（97）可以明显地看到这种递归的过程，a 是一次意向内容，在 b 中作为意向动词"意识"的宾语，这个 b 意向方式和意向内容的句子在 c 中又被充当言说动词"告诉"的宾语。依次形成了，意向内容对意向动词的递归，意向过程对言说动词的递归。（98）也是如此。

有时候言说动词是隐含的。例如：

（99）记者：您对夺魁有信心吗？

蒙娜丽莎：我觉得我目前的状态不错。（潘军《白底黑斑蝴蝶》）

（99）中指人名词加上冒号意味着这里隐含了一个言说动词，如"说"。这里的"说"引导的是一个直接宾语，它着眼于言说的物质性。

4.3.2　引语的外部递归

人不仅能认识自己的意识活动，还可以把一次意向过程纳入另一次意向过程，同时还能将别人的意向过程纳入自己（叙述者）的意向过程。这就形成了引语的外部递归结构，或者称为引语的外部嵌套。这种形式的递归又分为两种：

一类是同一言说或意向主体递归。如：

（100）我说过，凡事都不是绝对的。何光说。（潘军《寻找子谦先生》）

（101）我自认为我知道怎么处理这件事情。

（102）他隐约想起（他）以前听老王说过，这山里有一个傻子村，全是近亲结婚的恶果。（潘军《九十年代的获奖作品》）

另一类是不同意向或言说主体递归。如：

（103）我从来没有听到过女人夸黄甫漂亮。（潘军《白色沙龙》）

从意向动词和言说动词的组合上看，引语的递归有以下类型：

①言说与言说递归

一次言说过程相对于另一次言说过程的递归。如：

（104）"爱因斯坦问我，你会什么乐器，我告诉他不会。他说他会拉小提琴。然后他又问我，会下棋吗？我说不会。他说他会教我下象棋。"加德纳回忆说。（《中华读书报》2004年11月）

（105）母亲也笑，说，我说自家媳妇的好，又有啥错处呢？（漠月《琐阳》）

有时，引语中出现两个言说动词，但不是言说结构的递归现象。如：

（106）那年暑假回来，我曾小心翼翼地问过上官。我说你们那么般配。怎么说完就完了？（潘军《九十年代的获奖作品》）

（107）乌内务部、国家安全部也发表申明，呼吁反对派遵守宪法，不要将强力部门拖入政治漩涡之中。（《环球时报》2004年11月）

（108）有人立刻对他在道义上进行谴责，说他本身就是个捕

猎者，是在场的另一个凸鹰。（潘军《九十年代的获奖作品》）

以上几例中言说动词都是指同一言说行为，不具有递归性。

②言说与意向递归

一次意向行为相对于一次言说行为的递归。如：

（109）高学杰研究员说，现在科学界普遍认为，至少最近50年的气候变暖，主要是人类使用化石原料排放的大量二氧化碳等温室气体的增温效应造成的。温室气体在大气层里会滞留一个世纪之久。海洋和森林吸收温室气体的能力逐渐饱和。（《环球时报》2004年11月）

（110）你认为那个裱匠讲的是真事吗？在由蓝堡往军埠的途中，余佩这么问了何光。（潘军《寻找子谦先生》）

③意向与意向递归

一次意向行为相对于另一意向行为的递归。如：

（111）小马猜测李明这时才意识到自己已经随那只豹子走到了悬崖边。

有时言说主体（或意向主体）是省略或隐含的。如：

（112）他把我拖到厕所里，问我听谁这么说的？（潘军《白色沙龙》）

（113）"不可能不可能。我记得你说我的领带……像一道伤口……"（潘军《白色沙龙》）

（112）中言说"问"的主体"我"省略，"听"的意向主体"我"隐含了。（113）这个直接引语没有引导句，因而没有出现言说主体。

通过意向动词和言语动词使一个引语嵌入到另一个引语当中。这种现象在一般的动词上是不可能发生的。因为一般的动词句法上只能影响到一个或两个词语性的宾语，而言说动词、意向动词却能支配一个句子或一个句群。这样，它就将一个引语嵌入到另一个引语中。只要有可能，递归可以多次发生，形成多层次递归结构。如：

（114）为什么那家伙如此努力地避免微笑？（他在努力向我们<u>表明</u>，（他<u>知道</u>（她并未<u>意识到</u>（他已经<u>知道</u>（她<u>想要</u>（请他跳舞）））））））。（引自刘大为，2004）

引语的递归发生，意向动词和言说动词起到重要的作用，如果不依赖意向动词和言说动词，就不可能形成引语的递归结构。

如果意向内容不是一个句子或句群，而是一个大的篇章，意向动词和言说动词就形成了对整个篇章的控制，通过分析意向动词和言说动词的递归结构，就可以分析出整个篇章的递归结构。这样，意向动词和言说动词便成为篇章结构的形式标记。这一点我们将在下篇中讨论。

4.4　引语与话语指的关系

引语与话语指示语、话语指称语和话语实示有着密切的联系，主要表现在以下几个方面：

①整个引语、引语中的转述语或引述语（与引导句相对的）经常充当篇内话语指示语或篇内话语指称语的所指对象。例如：

（115）我没有看见过她化妆的样子，但她始终不见老。有时候由儿子陪着逛街，熟人都很吃惊，认为他没有这么大的孩子，<u>你弟弟吧？</u>人们爱这么笑她。有一个阶段柏达为<u>这种言论</u>感到满足。（潘军《抛弃》）

（116）有庆家的吐出嘴里的药片，心里想，<u>我还用吃它？这辈子没那个福分了。这个突发的念头</u>让有庆家的特别地辛酸。（毕飞宇《玉米》）

（117）很长一段时期以来，司徒建明沮丧地认为，<u>这个世界基本上没治了。漫天的战争与瘟疫、谋杀与抢劫、走私与贩毒、卖淫与强奸，</u>使<u>这个结论</u>变得无可辩驳。（潘军《白底黑斑蝴蝶》）

（118）他说那时二郎的头发就像钢琴师的手指，节奏明快美不胜收。这个评价使二郎醉了好几天，以后他作画就完全像个泼妇。（潘军《白色沙龙》）

（119）邓小平在真理标准问题讨讨论中的重大作用，已为世人公认。但在具体评价中却有一种意见，认为邓小平只是这场讨论的"支持者"。（《文摘报》2004 年 11 月）

（120）对此马克思曾作过深刻的论述，他写道："凡是共同以主体与生产条件有着一定的客观同一为前提，或者说……正在消灭的前提。"马克思的这一论断已被世界上绝大多数国家土地所有制演变的历史所证实。（《社会科学报》2004 年 11 月）

以上各例中下画虚线的部分是引语或引述语，下画实线的是话语指称或话语指示（本节下同）。

②具有指称性的话语指示语和话语指称语与引语存在着互蕴关系。特别是一个"言说动词 + 话语称指语（话语指示语）"就必然蕴含着后边出现一个引语。

（121）"直到昨日晚上，他才说了一句话：我现在还捞石头做啥！我还捞这石头做啥……"（陈忠实《日子》）

（122）以后几分钟他就向大家介绍了昨夜的梦境。他说他眼睁睁地看着抽水马桶冒泡，很快大小便泛起漫得一地都是。（潘军《白色沙龙》）

言说动词引导的引语，即使没有使用话语指称语，也必然蕴含一个零形态的话语指称词语，有的话语指称词语是可以添加的，如：

（123）他告诉我，明天的会议取消了。

→他告诉我一件事/一句话，明天的会议取消了。

有的是不能直接添加的，如：

（124）1991 年万梓良当众下跪，向恬妞求婚，并发誓："此生此世只爱恬妞一个人。"（引自王艺，2003）

这里"发誓"后不能添加上相应的话语指称词。

③话语指称语、话语指示语及其所指对象可以嵌入到引语中。嵌入形式有两种：

A. 引语内部嵌套。即引述语或转述语中通过话语指称或话语指示语嵌入另一个话语单位，嵌入的话语在引语内部。

（125）他（一位中国籍乌克兰老板）说，只要去感受一下"七公里"中国商人批发商品的繁忙场面，你就会得出结论，乌克兰人已离不开中国商品。（《环球时报》2004 年 11 月）

（126）讲解员特意向胡锦涛介绍说，在古巴的一个华人公墓里，有一位将军的墓碑上刻着这样的话："没有一个古巴华人是逃兵，没有一个古巴华人是叛徒。"古巴人民对中国人民的信任由此可见一斑。（《环球时报》2004 年 11 月）

（127）"直到昨日晚上，他才说了一句话：我现在还捞石头做啥！我还捞这石头做啥……"（陈忠实《日子》）

（128）我向凡父亲问起过此事，父亲说他听到的是另一种说法。那夜小陶是忙累了，也躺到了上官的床上，但并没有打呼。（潘军《九十年代的获奖作品》）

B. 引语外部嵌套。即一个引语中利用话语指称语（或话语指示语）将另一个引语嵌入，被镶嵌的引语在引语之外。

（129）布什对记者们说，他同胡锦涛主席进行了坦诚交流，期待着在今年以后的四年时间同胡锦涛一起努力，维护朝鲜半岛、亚太地区乃至世界的和平；期待着……

分析人士指出，布什的此番讲话表明他对中国的认识有了新的高度，对中美关系的认识已超越一些具体问题本身。（《环球时报》2004 年 11 月）

这里"分析人士指出"是引语的引导分句，引述部分中话语指示语"此番讲话"将上文的引语"布什对记者们说"的引述内容嵌套进来。

④直接引语与自由直接引语都是利用话语实示来实现的。

（130）后来，父亲专门给我写了一封关于队长的信，他说<u>其实队长是个不错的人，那些年队长不点头分给我们口粮，还真不好办。又说队长如何帮助我们种地，如何经常念叨我、夸奖我。</u>父亲说，<u>所有的事情都不能离开当时的北京来评判……</u>父亲说，<u>你已经长大成人了，要学会用自己的眼光看问题。</u>（衣向东《过滤的阳光》）

（131）我不理他们，也顾不上洗脸梳头，就坐在门口读起报来。

<u>全县的无产阶级革命派联合起来！向走资派讨还血债！</u>
<u>1960 年的悲剧空前绝后，惨绝人寰！</u>
这两句口号贯通了四版，而已套红印的，叫人看着心惊肉跳。整整三个版，登载着各种各样的统计数字和翔实材料，基本上没有任何评述。（戴厚英《流泪的淮河》）

⑤实示的话语单位不一定是引语，因为任何一个说出句子的行为就是在实示。但说出这个句子的行为如果没有被另一言语行为说及，就不是引语。即使用了引号也不例外，例如：

（132）我现在告诉你："明天的会议取消了。"

（133）"伟大"是形容词。

（132）里的"明天的会议取消了。"是实示，但不是引语，它并没有将一次言语行为纳入到另一言语行为之中。这是言语行为动态的实示自指现象。（133）中"伟大"是单纯的语言符号的实示，不是引语。

下篇　话语指的篇章功能

　　任何语言现象都有形式与功能两个相互联系的方面。话语指作为言语交际中谈及语言的方式，除了具有语言表达功能外，还有其他方面的功能。与一般的指示和指称相比，它的功能差异主要表现在篇章功能上。话语指的篇章功能有两个含义：一个是篇章的组织功能，另一个是篇章的结构功能。

第五章　话语指的篇章组织功能

篇章组织功能是自下而上进行的，如果有一些语言手段能够在篇章中的话语单位之间或者在篇章的话语单位和篇章外的话语单位之间穿针引线，使它们衔接成较大的单位，或者在这些较大的单位之间又通过这些语言手段，使它们衔接成一个完整的独立的篇章，这些语言手段就有了篇章组织功能。例如照应关系、回指关系、词语共现关系、词语间的语义联系、连接、省略与替代等语言手段都具有篇章组织功能。话语指的篇章功能表现在两个方面：一个是话语指的衔接功能；一个是话语指的文本嵌入功能。

5.1　话语指的篇章衔接功能

话语指的篇章衔接功能主要依靠照应和回指/下指来实现的。

5.1.1　话语照应

5.1.1.1　照应及其作用

照应（reference）是话语语言学上的一个术语，是由系统功能学派的创立者 M. A. K. Halliday 于 20 世纪 70 年代在 *Cohesion in English*（《英语的衔接》）中提出的。"照应"不是一种语法结构的呈现，而是语义关系的反映①。在语篇中，如果一个词语的解释不

---

① M. A. K Halliday & Ruqaiya Hasan 2001 Cohesion in English. Foreign Language Teaching and Research Press，2001：11.

能从词语本身获得，而必须从另一指称成分的所指对象中寻求答案，这就产生了照应关系。"照应是语篇中某个成分和另一成分之间在指称意义上的相互解释关系。更确切地说，它是语篇中的指代成分与指称或所指对象之间的互相解释关系"。① 管约理论也研究照应现象，不过它只研究句内照应现象，不研究句子之间的照应现象，因此管约理论中的照应不是篇章照应现象。这一理论把照应定义为：指一类名词短语没有独立的指称，只能指称句子某个其他组构成分（即它的先行语）。而我们主要考察的是篇章话语之间的照应现象。

在语篇的生成过程中，照应是发话人指代语篇中所涉及的实体、概念或事态的语言手段。在语篇的理解过程中，有时人们需要从语篇之外来寻找某一指代成分的所指对象，有时需要从语篇内部来寻找某一指代成分的所指对象。从语篇外寻找所指对象的这种现象，一般的语用学教材把它称作外指（篇外）照应。通过语篇内的词语寻找所指对象的称作内指（篇内）照应。我们认为只有篇内照应才是真正的照应现象，语用学教材上谈到的篇外照应其实是单纯的指示现象。我们这样做目的是要把照应现象与指示现象区别开来。

因此我们把照应定义为：一个没有独立指称的名词性成分（包括零形式）必须通过另一指称成分才能获得确切的指称意义的现象。照应都是通过回指来实现的。

照应其实也是一种"替代"，主要是以代词、名词或零形式指代上文提到的某个名词性成分，它是人们在使用语言时所采取的一种语言形式的变换方法。从某种意义上说，属于广义的同义手段的范畴。这种方法在语言中运用得非常广泛。照应具有两个方面的功能，一方面，它使语言形式简洁明了，避免冗赘繁琐，同

---

① 朱永生、郑立信、苗兴伟：《英汉语篇衔接手段的对比研究》，上海外语教育出版社 2001 年版，第 15 页。

时指示成分的变换使用，使得语言形式多变，避免单一乏味；另一方面，照应在话语组织中更担负着语句连接的功能，是语篇衔接所使用的语言手段之一。

话语指中话语指称语或话语指示语也具有照应作用。一般关于篇章衔接的照应理论只关心外指状态的名词、代词（包括零形式）的照应。没有专门论述话语指（话语指称与话语指示）的照应问题。为了与外指状态的照应相区别，我们可以把话语指（话语指称和话语指示）的照应称为"话语照应"。由于话语指示与话语指称属于自元状态的语言。即用语言来谈及语言的，所以话语照应与一般名词照应相比应该有它自身的特点。

5.1.1.2 话语照应与一般照应的差异

照应一定发生在两个名词性成分之间，先出现的成分我们称为被照应成分，后出现的成分称为照应成分。一般照应中被照应成分的所指对象都在篇章之外出现。例如：

(1) 林小姐这天从学校回来就噘起着小嘴唇。她掼下了书包，( ) 并不照例到镜台前梳头发搽粉，( ) 却倒在床上看着帐顶出神。（茅盾《林家铺子》）

(2) 只有村北那个张家坟园独自葱茏翠绿，这是镇上张财主的祖坟，柏树又多又大。（茅盾《残冬》）

(1) 中，代词"她"与上文中的"林小姐"构成照应关系，后面的两个零形代词也与"林小姐"照应。(2) 中的"这"与上文"村北那个张家坟园"发生照应关系。被照应成分"林小姐"和"村北那个张家坟园"的所指都在语篇外部的客观世界之中。这里的人称代词"她"（包括零形式）通过与"林小姐"照应从而获得具体的所指意义，"这"通过与"村北那个张家坟园"照应获得所指意义。

话语照应也有上面这种照应形式，例如：

(3) 鲁迅先生《答托洛茨基的信》，在我们今天反托派分子王

实味的斗争中，把它翻出来看，还富有它的现实意义。（周文《鲁迅先生的党性》）

（4）众人都赞成。不过张惠如又说应该写一篇文章把这个布告痛驳一番。这个意见众人也同意了。大家便推黄存仁写这篇文章，黄存仁却又推到觉慧的身上。（巴金《家》）

这里"鲁迅先生《答托洛茨基的信》"和"一篇文章"的所指都在篇章之外，（4）中的"一篇文章"的所指是虚拟地存在篇章之外。

值得注意的是，一般照应中的被照应成分的所指只能在语篇之外寻找，而话语照应中被照应成分的所指对象可以在篇章之中。从形式上看，主要有三种情况：

①被照应成分的所指以该成分的定语的形式出现在篇章中：

（5）如果把资本收入也认作是间接的"劳动者收入"，"关文"就提出了一个惊人的"新见"：即"现在，在社会主义市场经济中取得资本收入的都是劳动者。"这个论点是由于其"劳动者的资本就是劳动收入"作为前提，从而也就推论出"取得资本收入都是劳动者"的引申结论。结论本身不仅是同义反复，而且该论点也不符合我国的实际。（《社会科学报》2004 年 11 月）

例（5）被照应成分"引申结论"的所指就是加上引号的画线部分，所指以定语的形式出现在"引申结论"前。

被照应成分的所指还可以以语义概括的形式在该词语前以定语的形式出现。例如：

（6）前线传来了老张牺牲的消息，听到这个消息，我们心里很难受。

（6）中"老张牺牲"是"这个消息"的所指的语义概括，它以定语的形式出现在被照应语"消息"前。

②被照应成分的所指实示在篇章中。

（7）忽然，刘思扬翻到一段奇怪的报道。

"杨虎城将军被囚本市磁器口附近秘密监狱中！"

"啊，这消息是从哪里来的?"刘思扬暗暗问道。居然连杨虎城将军的情况都揭露出来了。他赶快看看这条新闻。(罗广斌、杨益言《红岩》)

(8) 比如这一次我为了杜撰这个故事，把脑袋揣在腰里钻了七天玛曲村。做一点补充说明，这是个关于麻风病人的故事，玛曲村是国家指定的病区，麻风村。(马原《虚构》)

例(7) 的被照应成分"一段奇怪的报道"的所指就是这段中的画线部分，它被实示在篇章中。(8) 中被照应成分是一个自指性的话语指示语"这个故事"，而"这个故事"就是包含这个指示语在内的整个篇章，即《虚构》这篇小说自身。

③被照应成分的所指以复指短语的形式出现在篇章中。

(9) 他在黑板上写下"持之以恒"四个大字，这几个字我已然记在心里。

"四个大字"的所指就是"持之以恒"，它与被照应语构成复指关系。

关于话语照应与一般照应的差异我们可以图示如下(圆圈表一般指称的所指，长条框表话语指称的所指，长横线表篇章界线，上为篇章之外，下为篇章之内):

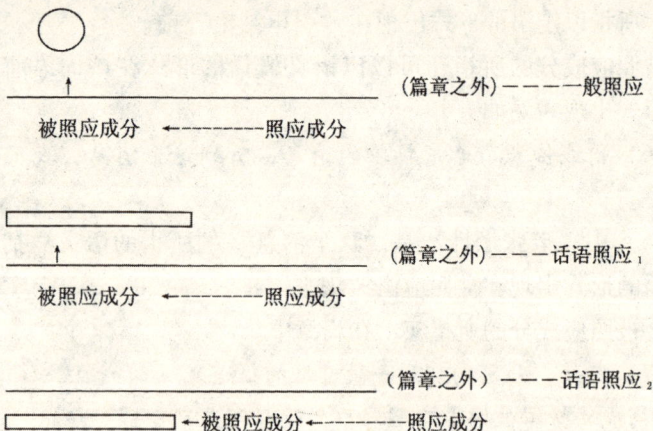

5.1.2　话语回指和下指

5.1.2.1　话语回指

①话语回指的形式

回指有狭义回指和广义回指之分，狭义的回指是指名词性词组或代词，跟前面出现过的名词或代词之间的同指关系①。广义的回指是指起到一种具有往回指的功能的任何语法形式，也就是某些词或词组回指前面出现过的动词、副词、名词或是小句②。徐赳赳、廖秋忠、陈平、许余龙等都讨论过汉语的回指现象，不过他们主要研究的是外指状态的回指现象，而且主要是讨论狭义的回指现象。我们这里专门讨论自元语言的回指现象，即话语回指，且讨论的话语回指是广义的回指。话语回指研究中涉及四个概念：先行成分、回指成分（回指对象）、所指对象、回指形式。

先行成分是指在上文中第一次出现的词语或句子（即话语），相对于下文中出现的回指成分，它是先行的。

回指成分是指是在后文出现的与第一次出现的先行成分具有同指关系或有密切相关关系的成分。

所指对象是指篇章中某个词语所指的现实世界中的某个实体。在话语回指中就是指某个词语所指的话语实体。

回指形式是指回指成分所使用的语言形式。

回指和照应并不是同一个概念，照应必须是发生在两个指称性成分之间，其中一个指称性成分（包括零形式）没有独立的语义指称，它通过与另一个指称成分发生照应关系从而获得指称意义，因此只有指示性成分才可能产生照应现象。而回指可以发生在两个具有独立指称的词语之间，也可以发生指称性成分与句子

---

① 事实上，不同指的词语之间也可能有回指关系，同指也有严格意义的同指和松散的同指之分。

② 徐赳赳：《现代汉语篇章回指研究》，中国社会出版社 2003 年版，第43页。

或语段之间，回指其实是通过词语之间的语义联系（如上下义、同义等）或词语与句子（语段）之间的语义联系而获得衔接功能的。凡是照应都必须通过回指来实现，照应成分就是回指成分，被照应成分就是先行成分，但回指现象并不一定就是照应现象。如下面几例都是回指现象，但不是照应现象：

（10）器乐音乐通常得模仿声乐，这是一种规律。（引自刘道英，2003）

（11）两年前因气喘病在泰国突然猝死的名歌星邓丽君，身后留下复杂的债务问题。邓丽君身前在香港赤柱买下一栋3层豪宅正在求售……（同上）

（12）刘四爷打外，虎妞打内，父女把人和车厂治理得铁筒一般。（老舍《骆驼祥子》）

有些回指虽然两个名词性成分都有独立的语义指称，但其中照应语可能含零形指示成分，这是照应现象，当然也是回指现象。例如：

（13）街上的柳树，像病了似的，（　　）叶子挂着层灰土在枝头上打着卷；……（引自刘道英，2003）

（13）中的"叶子"前有一个零形指示成分"它的"，所以这句也是照应现象。

话语回指的类型可以从不同的角度考察：

A. 从所指对象的形式入手

话语回指可以分为话语实体回指和话语指称回指。

a. 话语实体回指

话语实体回指是指回指成分所指向的是话语实体（话语单位），先行成分在句法上通常表现为句子或句群的形式。如：

（14）郭全海听到这儿，从人堆里挤到杜老婆子跟前，问道："你说：'有她不翻那天的，'是啥意思？"

杜老婆子张眼一瞅，黑鸦鸦的，满屋子人，团团围住她。人

多势众，她心怯了，死不承认说过这句话。（周立波《暴风骤雨》）

（15）英芝决定去县城买一两条专门穿了唱歌的裙子。他看过电视。那里面唱歌的女歌星都穿得很露。所以……肯定会有更多的人欢迎。英芝把她的想法告诉三伙。（方方《奔跑的火光》）

（14）、（15）中加点的是回指成分，画线部分是先行语，也是回指成分的所指对象。

话语实体可以是动态言语单位，如以上两例，也可以是静态的语言单位。如：

（16）"我警告你别碰到它！"与"他警告你别碰到它。"这两个句子结构相同但是语用功能完全不同。

例（16）中先行成分是这两个画线的句子，这两个句子是静态的语言单位，不是言语交际中的句子，是抽象的语言单位。加点的词语是回指成分。

b. 话语指称回指

话语指称回指是指回指成分所指向的是一个话语指称词语，句法上通常表现为一个名词性成分。例如：

（17）但我十分意外地获得了另一个优美的故事。这个故事是真实的，也是由一个男人和一个女人担任主角。更有趣的是，这个故事与当年王崇汉参谋长接受的那批日本军舰有关。（潘军《桃花流水》）

（17）中回指成分的先行词是一个话语指称词语"一个优美的故事"。

有时回指成分的所指既有话语实体又有话语指称词语。话语实体以定语的形式出现在话语指称词前。如上面的例（6）和例（9）。

B. 从回指形式（回指所用的语言形式）入手

话语回指可以分为：名词回指、代词回指、零形回指和谓词性回指。

167

a. 名词回指：

名词回指的先行成分可能是话语实体，如：

（18）但是，就是这样一份布什极为关注的情报改革方案却在众议院"搁浅"了。众议院议长事后吐露，由于国会三军委员会主席亨特的极力反对，他只能以宣布休会的方式暂缓投票。消息传出后，身在智利的布什大为恼怒，表示回国后第一件事就是游说国会尽快通过该法案。（《环球时报》2004 年 11 月）

这里回指成分"消息"的先行成分是话语实体，即画线部分，不是话语指称词语。

名词回指的先行成分也可能是话语指称词语。先行成分是名词性成分的名词回指的类型多样，根据先行词与回指成分的特点，我们分为以下几类：

一是先行成分与回指成分同形

（19）《白色沙龙》写毕于一九八六年十月，首投《人民文学》。结果……我将这个中篇转到了同在京城的《北京文学》，于翌年十月号刊出。有些朋友认为《白色沙龙》是我创作的转折点……（潘军《自序》）

同形的名词之间如果不发生语义上的联系就不可能形成回指。如：

（20）韩国《朝鲜日报》曾发表社论说。日本……11 月 23 日日本《朝日新闻》的社论说，国神社内供奉有甲级战犯。……（《环球时报》2004 年 11 月）

二是中心词相同，修饰成分不同。这里又有几种情况：

先行词是有定的，回指成分是无定的。如：

（21）皮特的报告说：举办此次大赛。旨在……

　　　报告又说：……

　　　报告提出：……

　　　马丁市长连夜审阅了这份报告。（潘军《白底黑斑蝴蝶》）

此例中"皮特的报告"是先行词，是有定的，后面连续出现了两个回指名词，从形式上看，是无定的。最后一个回指成分"这份报告"是有定的。

先行词是无定的，回指成分是有定的。如：

（22）众人都赞成。不过张惠如又说应该写一篇文章把这个布告痛驳一番。这个意见众人也同意了。大家便推黄存仁写这篇文章，黄存仁却又推到觉慧的身上。（巴金《家》）

先行词是有定的，回指成分也是有定的。如：

（23）尽管《法国足球》方面仍然未宣布官方消息，但据在意大利有重大影响的《米兰体育报》内幕消息称，由于舍瓦此次金球奖最主要的竞争对手德科与小罗纳尔多二人所获得的选票远远低于舍瓦，因此，舍瓦获得今年欧洲足球先生之事已是板上钉钉。万事俱备，现在唯一缺少就是法国方面的确认。

这个消息一经传开，身为今年金球奖最大热门的舍瓦当然收到无数的祝贺……（上海《新闻晚报》2004 年 11 月）

三是先行成分与回指成分形式不同，但所指完全相同。

（24）7 月 25 日下午四时，朱华拟出批评稿，交给实习指导记者关春芳香修改，为了慎重起见，他们又在电话中与防疫站卫生监督员逐字逐句审核了此稿，对方认为确凿无误，并告知已于三时将罚款决定通知了厂家，才将稿件发给部主任。

《北京晚报》7 月 26 日刊出这篇批评报道，7 月 28 日某饮料厂即向法院起诉。（《法庭辩论精选》）

这里"批评稿"与"这篇批评报道"所指相同。

四是先行词与同指成分形式不同，所指实休相同，只是视点不同：

（25）许广平有一段回忆鲁迅的文字：他不高兴时，会半夜喝许多酒……也一声不响地并排躺下……

这样的场景是令人无法忘怀的。（《余杰文集》）

"一段回忆的文字"指称的话语实体是画线部分，它是以话语单位的整体形式指称的，"这样的场景"指称的也是画线部分，只是它是从意义的角度指称该话语。它们对话语单位关注的角度不同，但是所指的话语实体是相同的。因此"一段回忆鲁迅的文字"与"这样的场景"密切相关，也应该有回指关系。这类回指在外指状态的回指中一般不会出现。

五是先行词与回指成分（回指名词）之间具有整体与部分或总分关系。

（26）本案涉及三个问题，第一个问题是……本案涉及的第二个问题是……

整体与部分中还有一类是一价话语名词"章、节、段落、自然段、导语、结尾、开头、题目、内容、开头、结尾"中的名核与名元形成的照应。例如：

（27）本文是讨论话语指的特点与功能的，第一章分析了话语指称的类型与功能。

"本文"是名元，"第一章"是名核。

b. 代词回指：

代词回指主要是"这、此、那、这些、那些、它、它们"等作为回指成分或照应成分。

"这、那、这些、那些"单独作为回指成分时，通常以判断句的形式出现，判断宾语表明它们的话语性质，即通常是话语名词。如：

（28）"劳歌一曲解行舟，红叶青山水急流。日暮酒醒人已远，满天风雨下西楼。"这是胡河清最喜欢的一首唐诗。（《余杰文集》）

或者以"这+话语名词"的形式出现，如：

（29）但是实际上他已经没有什么好谈。昨天晚上我在河边的体念让我作出这一结论。（潘军《蓝堡》）

代词回指的先行成分可以是话语实体，如（28）、（29），也可以是话语指称语。如：

（30）目前日本各界对小泉参拜国神社的看法越来越一致了，那就是它对日本与周边国家的关系有百害而无一益。（《环球时报》2004 年 11 月）

（31）先是拿来莫洛托夫、季米特洛夫等人的一些文章，要我把它们翻译成中文发表；接着又要我到马列学院教授俄文。（《人民日报》1993 年 8 月）

这两例中的先行成分"对小泉参拜靖国神社的看法"、"莫洛托夫、季米特洛夫等人的一些文章"都是话语指称。

这里附带说一下，"那"与"它"都可以作为话语回指成分，但是两者在用法上有差异：

"它"作为话语回指成分，先行词一般不能是话语实体，只能是话语指称词语。"这"的先行成分常常是话语实体，一般不是话语指称词语。比较：

（32）a. 古希腊著名的戴尔波伊神托所的入口处，有一块石头刻着一句话："认识你自己"。古希腊哲学家苏格拉底最爱引用这句话，并把它作为哲学的使命。（引自《语文月刊》2013 年第 5 期）

　　　b. 古希腊著名的戴尔波伊神托所的入口处，有一块石头刻着"认识你自己"这句话，古希腊哲学家苏格拉底把它作为哲学的使命。

　　　c. ? 古希腊著名的戴尔波伊神托所的入口处，有一块石头刻着"认识你自己"。古希腊哲学家苏格拉底把它作为哲学的使命。

　　　d. 古希腊著名的戴尔波伊神托所的入口处，有一块石头刻着"认识你自己"。古希腊哲学家苏格拉底把这（句话）作为哲学的使命。

（33）我哭，求偶不止一次地痛哭，仿佛遭到了这凄凉的爱情的是我自己。这要不是大悲剧就是大笑话。

（34）胡曼容：（假笑）嘻嘻，你不懂，让我告诉你吧：一个做军人的，第一，应该懂得打仗，第二，应该懂怎样去伺候女人，这，你应该可以懂了。

（32）中共有四个句，用"它"的时候前面一定出现了与"它"同指的话语指称词，第三句中前面没有同指的话语指称词，所以这一句是不大成立的，第四句中前面是一个陈述，所以可以用"这"。（33）、（34）中的"这"都回指陈述，这里是不能换成"它"的。

可见，"这"一般是回指事件或事态的，在句法上先行成分通常表现为句子的形式。"它"是指称独立的实体的，在句法上先行成分通常表现为指称的形式，即一般是名词性词语。

一个篇章中在什么样的情况下可以使用"它"，从逻辑上推理，应当是前文中出现某个话语成分，后面重提就可以使用"它"来指称，但是我们发现话语回指时，"它"的使用很受限制，例如：

（35）《卫报》以《我们为什么要做这组报道》为题发表署名文章解释了报道的目的。文章指出，《卫报》的愿望是通过这些报道向英国读者展现蓬勃发展的中国。可见……（《环球时报》2004年11月）

这里的回指成分下带点的"文章"是不能用"它"替换成"它指出"。这是因为"它"的理解必须从前找回它所指的先行词，作者/说话人要保证他所提供的前文能使读者/听话人准确找出先行词，也就是说，前文应能在读者/听者头脑中建立一种认知状态，在这种状态中，读者/听话人能很自然地在先行词和"它"之间建立一种联系。因此"它"要求先行词语具有独立性质，在前文中不应该有跟先行词语竞争的指称事物的名词，否则就会造成理解困难，或句子不大成立。比较：

（36）a. 他提出了另一个看法，<u>语言哲学是基于普通语言理论的对概念性知识的研究</u>，在这里，<u>普通语言理论是指"描述性语言学的理论"</u>……尽管我对后一种看法多了一些同情，但是我仍然认为它太狭隘了……

　　　　b. <u>语言哲学是基于普通语言理论的对概念性知识的研究</u>，在这里，<u>普通语言理论是指"描述性语言学的理论"</u>，但是我仍然认为它太狭隘了……

（36）a 中，如果没有先行词"看法"，"它"是很难直接指向画线的这个话语成分的。b 里的"它"就很难理解为指向画线的这个句子了，至少会形成歧义。因为这里的"它"可能指称"语言哲学"，也可能是"普通语言理论"，只有"它"的指称对象在前文中是独立的，即没有与之竞争的名词性成分，用"它"就较为自由。例如：

（37）《水浒》描写的人物众多，但<u>评论</u>善于抉择，精选慎用事例。它选择的事例内容精当。（高中语文教案）

（38）<u>鲁迅先生《答托洛茨基的信》</u>，在我们今天反托派分子王实味的斗争中，把它翻出来看，还富有它的现实意义。（周文《鲁迅先生的党性》）

c. 零形回指：

回指成分采用零形式的回指现象。话语零形回指有两类：一类是单纯的零形回指，即回指成分完全是零形式。如：

（39）<u>本文</u>运用话语分析的理论和方法对现代汉语篇章回指现象进行了深入细致的分析和研究，（　）为建立研究汉语篇章回指的分析框架奠定了基础。（徐赳赳《现代汉语篇章回指研究》）

（40）在比较中，<u>评论</u>侧重有关事例的相异点着手进行分析，（　）突出了不同事物独特的个性，（　）具有很强的说服力。（《谈水浒的人物和结构》教案）

（41）邓小平在真理标准问题讨讨论中的重大作用，已为世人公认。但在具体评价中却有一种意见，（　）认为邓小平只是这场讨论的"支持者"。（《文摘报》2004 年 11 月）

还有一类是部分零形话语回指，即回指成分的修饰成分采用零形式。这样的零形式通常可以用"这、那或它"等指示成分来代替。例如：

（42）《人民日报》发表了评论员文章，文章说……

这里作为回指成分的后一个"文章"前有一个零形态的指示成分"这（篇）"。

话语零形回指的先行成分是话语指称词语，才能采用完全零形回指；如果是话语单位，只能采用部分零形回指。如"话一出口就……"中的"话"就是部分零形回指。

d. 谓词性回指：

先行成分是一个话语实体，在句法上通常表现为句子的形式，回指成分用指示代词修饰表达类动词的回指形式。例如：

（43）对路灯的忽明忽暗，他不认为是电压不稳造成的，而觉得似乎是一种民心的象征。是呀，民心。他总这样感叹着。（潘军《白底黑斑蝴蝶》）

（44）陈文雄说："小鸽子，你要知道，爱情的极致就是自我的消失。从来懂得爱情的人都能够为爱自己的人牺牲自己的幸福。这就叫做伟大。"周泉轻轻摇着头，说："按那么说，我应该……"（欧阳山《三家巷》）

（45）"这有什么希奇！"觉慧抢着说，"又不要她多花一文钱。而且她看见别人的姑娘都读了书，自己的女儿不多认识几个字，又怎么好骄傲人呢？五爸向来不管这种事情，爷爷只怕你丢他的脸，在家里读书他是不会反对的。况且所读的又是'圣贤之书'！……"说到圣贤之书几个字，他自己觉得一阵肉麻，也忍不住笑起来。经他这一说，事情简直是明如白日，用不着解释了。

（巴金《家》）

在实际的篇章中，一个先行成分往往可以使用多种形式变换回指。例如：

（46）小说《空心》写于几年前的一个春季，由于众所周知的原因至今没有公开发表。但在南方，《空心》以手抄本的形式广为流传。这篇不足八千字的小说以其"隐喻式的忧伤"让人刮目相看。（潘军《感情生活的短暂真空时期》）

这里先行成分是"小说《空心》"，回指成分是"《空心》"、"这篇不足八千字的小说"两种形式。

②话语回指与一般回指的差异

A. 话语回指中先行成分可以是回指成分的所指对象。这是话语回指与一般回指相区别的一个显著特点。外指状态的回指，先行成分不可能是回指成分的所指对象。比较：

（47）办好了预定的手续，他说："再见！"

　　　林杏花说的却是："明天见。"

　　　他认为她的告别语中有另外的意味，我听不出来。

（马原《死亡的诗意》）

（48）1 月 26 日早上，（家住北京东城棉花胡同的）岳老太太，一出院门，（　）就发现自家院门外的南墙上写着一个大"拆"字，"拆"字还被圆圈圈着。她立即顺着胡同转了一圈儿，（　）发现附近墙上还有十多个一模一样的"拆"字。岳老太太以为自己的房屋真的要被拆了，（急坏了的）她立即感到交道口办事处、规划局等部门咨询真假，当（　）得到这些房子现在都不拆的答复后，岳老太太终于放下了心。（引自徐赳赳，2003）

（47）回指成分"她的告别语"的先行语是"明天见"，也就是回指成分的所指对象。（48）中第一次出现的"岳老太太"是先行词，后边的两个"她"，括号中的两个零形成分就是回指成分，这段里面出现的两个"她"以及两个零形成分与第一小句中的

175

"（家住北京东城棉花胡同的）岳老太太"照应，也就是说两个"她"以及零形成分的回指对象就是第一小句中的"（家住北京东城棉花胡同的）岳老太太"。但是它们的所指对象是现实世界中的某个人，在这里指的就是活生生的家住北京东城棉花胡同的岳老太太。但是这个现实生活中的"岳老太太"不会出现在篇章中。因此可以这样说，在我们一般所说的回指中先行词与所指对象是分离的，但是话语回指的先行词却可以与它的所指对象同一。由于话语的稍纵即逝，话语回指成分的所指对象不可能在现实世界中以实体的形式呈现在交际双方的面前，但是如果是在篇章中，它可以用语言的形式固定起来，实示在篇章中。

当然，话语回指中如果先行语是话语指称词，而这个话语指称词的所指对象没有在篇章中出现，那么这种回指形式就和一般的外指状态的回指照应是一样的。例如：

（49）还有一种单纯的议论，这样的议论更多是忘情之见，在宽宏大量的读者那儿结果也是可爱的。但本书的议论属于前者而不属于后者。（张炜《〈暗示〉阅读笔记》）

这里"单纯的议论"是先行成分，"这样的议论"是照应成分，它们的所指都没有在篇章中出现。这种形式与例（49）是一样的。

B. 话语回指时，先行成分如果是话语指称词，话语指称词的所指对象可以在篇章中出现，但是一般回指就不同，它的所指对象无论怎样也不可能在篇章中出现。如：

（50）在1997年3月27日的《文艺报》上看到这么一则消息：云南省作协召开"三大件"文学创作选题论证会。据报道说，云南作协向全省作家征询未来一到五年的创作规划。各地的作家都报来了自己不同门类的创作计划，省作协在既突出主旋律，又要保证各种风格、题材的文学作品百花齐放的前提下，结合老、中、青三代作家的比例和民族作家的分布情况，确定了首批参与选题论证的 10 位作家。

这则报道比《聊斋志异》的故事要精彩许多。(《余杰文集》)

这里"这么一则消息"相对于回指成分"这则报道"是先行成分，但是"这么一则消息"的所指还是"实示"在篇章中了，即（50）中画线的部分。

C. 有些话语回指中的所指对象非出现在篇章中不可，它不可能在篇章外存在。例如方所性话语指示，由于它们是以篇章正进行到的地方为参照点的，所以回指成分的所指对象也必须在篇章中出现，如"以上、以下、上面、上一节、下一段"等等的所指对象必须在篇章中出现。

D. 外指状态的回指（特别是名词性回指），先行成分一般也是名词性成分，话语回指的先行成分除了是名词性成分外，还经常以句子或句群的形式出现。例如：

（51）"可我其他检查一切正常"，这声音像是发自另一个人。(引自刘道英，2003)

E. 一般回指中单纯的零形回指比较常见，而话语回指中单纯的零形回指不多见，使用频率不高。

5.1.2.2　话语下指

①话语下指的形式

话语下指指的是指代成分的所指在指代成分之后出现，下指又可以称作后指、反指、预指。下指中也涉及四个概念：后行成分，下指成分、下指形式与下指对象。

后行成分是指在下文中出现的词语或句子（即话语），相对于上文中出现的与之同指或语义上密切相关的指称性成分而言，它是后续的。

下指成分是指指向后行成分的成分。

后指对象是下指成分所谈及的话语实体。

下指形式是指下指成分所使用的语言形式

汉语中回指的频率比下指高得多，刘宓庆（1985）认为，代词预指（下指）用法在汉语中是不符合汉语习惯的，汉语一般采用复指式，即回指用法。王宗炎（1994）也认为"汉语人称代词只有回指作用，没有预指作用。"

郑庆君（2003）认为汉语里的下指主要是零形下指，她考察了《骆驼祥子》的照应系统，认为下面两个句子就是零形下指。

（52）（ ）看见人马的忙乱，（ ）听见了复杂刺耳的声音，（ ）闻见干臭的味道，（ ）踏上细软污浊的灰土，祥子想趴下去吻那个灰臭的地，可爱的地，生长洋钱的地！

（53）（ ）出来一身汗，（ ）口中觉得渴，（ ）想喝水，他这才觉出已经到了后门。

汉语外指状态的名词性成分到底有没有典型的下指现象，至今没有明确的结论，但可以肯定的是，在汉语中，外指状态的指称成分实现下指的情况是不多见的，而话语指中，下指现象是比较普遍的。

刘道英（2003）考察了汉语"这"、"那"的指示现象。她所分析的下指都是话语指或假性话语指形成的下指，如：

（54）至于汽车，我倒是听到过这种说法：英国男人跟马说话，德国男人跟狗说话，意大利男人跟跑车说话，只有法国男人跟女人说话。（引自刘道英，2003）

（55）"是这样的，杨同志。我觉得美萍说得没错，但还没说到点子上。……就走。"（同上）

从下指成分的语言形式看，有指示性下指和指称性下指两类：

A. 指示性下指是指下指成分中含有指示性词语。如：

（56）我现在随手翻开桌上的史料就见到这样一条记载：明宣德八年，一次有一百七十名犯人流放到东北，但死在路上就有三分之二，到达东北只剩下五十人。（引自刘道英，2003）

"指示代词＋表达动词"也可以用于下指，如：

（57）女士们……如果不便无礼，这么说吧，<u>比男士们稍好一点。</u>看得出来走上这条道也是别无选择。公正地讲，不承认先天不足后天多少能有所弥补，那不是科学的态度。（王朔《一点正经没有》）

B. 指称下指是指下指成分是由话语指称词语构成的下指，如：

（58）但是昨天晚上我在河边的体念让我作出一个结论，<u>实际上他已经没有什么好谈。</u>（潘军《结束的地方》）

以上分析表明，话语下指的后行成分一般都是话语实体，在句法上表现为句子。一般说来，话语指称词语不能作下指的后行成分。

从下指形式上看，有名词下指例（58）、代词下指例（55）和谓词性下指例（57）。话语下指没有零形下指形式。

回指与下指有时是密切联系的，下指与回指常常配合使用，使得句子连接更加紧凑。如：

（59）史公用心可谓良苦，非要借我之口来为我的死寻一个合适的托词，说我感叹是天要灭我，说我之所以不渡江是无言见江东父老。这似乎很具有戏剧性，是个巧合。可我作为当事人不同意这种牵强附会的解释。（潘军《重瞳》）

（60）古希腊著名的戴尔波伊神托所的入口处，有一块石头刻着一句话：<u>"认识你自己"</u>。古希腊哲学家苏格拉底最爱引用这句话，并把它作为哲学的使命。（引自《语文月刊》2004年第1、2期合刊）

（59）"一个合适的托辞"是下指成分，后行成分是画线部分，"这种牵强附会的解释"是回指成分，画线部分是它的先行成分，"一个合适的托词"，也是它的先行成分，这时，"这种牵强附会的解释"还与"一个合适的托词"具有有照应关系。（60）这里"一句话"是下指成分，"认识你自己"是下行成分，"这句话"是回指成分，它的先行成分可以说是下指成分"一句话"，也可以是"认识你自己","它"的回指成分应该是"一句话"或"这句话",话语实体不能充当"它"的先行成分。

②话语下指与一般下指的差异

其差异表现在以下几点:

A. 话语下指中下指成分的所指对象就在篇章中,所指对象与下指成分是同一的。而一般下指照应中下指成分的所指对象不可能在篇章中出现,只能在篇章外寻找。

B. 如果说一般的下指主要是零形下指的话,那么,话语下指则没有零形下指现象。

C. 话语下指中下行成分往往与回指中回指成分的所指对象同一。例如:

(61) 不知道谁从小飞蛾的娘家东主庄带来了一件消息来,说小飞蛾在娘家有个相好的叫保安。这消息传到张家庄……(引自刘道英,2003)

这里下指成分"一件消息"的后行成分就是回指成分"这消息"的所指对象,即句中画线部分。

5.1.3 不同性质的话语指的篇章衔接功能

不是所有的话语指都具有篇章衔接功能。具体表现在:

①单纯的话语指示(外指照应)没有篇章衔接功能。

无论是话语的外指照应还是内指照应,其所指向的对象必须是可以识别的。就外指向照应而论,受话者需要从非语言语境中识别指代成分与所指对象(所指话语)之间的照应关系。从这个意义上讲,外指照应通过建立语篇与情景语境(非现时的语篇语境)之间的联系参与语篇的建构,但是外指照应由于不在篇章内进行,因此外指照应本身不能建立语篇与上下文之间的衔接关系。

②话语指用于自指时没有篇章衔接功能。

话语指的自指包括指称自指和指示自指。由于自指指称或自指指示谈及的是它本身或它所在的句子、段落或整个篇章自身，因此话语自指也不具有篇章衔接能力。

常用的自指话语指有"这里、本文、本章、本节、本段、本句、本消息、这篇文章、这篇小说、这个故事"或实示自指等等。但是有些话语指有可能是自指的，也可能是他指的，自指时没有篇章衔接功能，如果是他指的话，就具有篇章衔接功能。例如：

（62）这悲怆的声音永远留在了我脑海里，当今天我写到这儿的时候，它还在我耳畔轰轰作响。（刘琦《去意徊徨》）

（63）我决心在这个故事里不出现我。（马原《涂满古怪图案的墙壁》）

（62）中的"这里"就是指向它自身，即"这里"这个词或包含"这里"这个句子；（63）中的"这个故事"也是自指的就是指《涂满古怪图案的墙壁》这篇小说。因此这两个话语指示语在这里都没有篇章衔接功能。但是下面一例就有些不同：

（64）60年前，一篇《甲申三百年祭》，因为对明末农民起义痛失政权的深刻反思，引起毛泽东的强烈共鸣。他把这篇文章列为全党的整风文件，要求全党干部阅读，引以为戒。（新华社2004年新闻稿）

这里"这篇文章"是他指的，不是指新华社2004年发的这篇新闻稿，它与"一篇《甲申三百年祭》"形成照应关系，起到了篇章衔接的作用。

值得说明的是，由于话语篇内照应既可以发生在句了内部，也可以发生在句子与句子之间。在句内对语篇的衔接意义不大，只有体现在超句结构之间的照应才在篇章衔接中发挥巨大作用。

③话语照应时，话语指具有篇章衔接功能。

篇内照应时，无论话语指的所指是否在篇章内出现，都有篇章衔接功能。

一个名词性成分如果它的意义不能从词语本身获得，需要通过语篇内其他词语找到它的所指对象，这样就形成了照应，照应其实是说话人的语言表达手段。从篇章的角度说，就是组织篇章话语的手段。照应的客观结果就造成了篇章的衔接。这是因为，"在语篇的层面上照应成分（指称成分）预设了照应对象的存在，而照应成分本身的具体意义只有以照应对象为参照才能得到解释，所以照应成分的出现必然会使受话者从语篇上下文中寻找并识别其照应对象。这种识别照应对象的过程贯穿于语篇的生成和理解之中，从而使语篇前后承接。"① 例如：

（65）我要说的话，都在小说中。如果对自己的某篇小说，有补充不完的"阐述"，就知道这篇小说失败了。（衣向东《生活宜粗不宜细》）

（66）法院判决指出，阿格里科拉在球员并不知情的前提下给他们使用了违禁药物，存在违背《意大利体育竞技法》的欺诈行为。但阿格里科拉对这一判决表示强烈不满……（《新闻午报》2004 年 11 月）

（67）三天后，这份由市长签署的"蓝堡市首届撒谎表演艺术大赛"的公告张贴在市政府大厅庄严的门口。同时，晚报和电台、电视台都发布了这一消息。（潘军《蓝堡市的撒谎艺术表演》）

（68）她读的是警察厅禁止女子剪发的布告。这个布告他已经见过了，听说是由一个前清秀才起稿的。（巴金《家》）

（65）中"这篇小说"所指的话语单位并没有在篇章中出现，（66）"这一判决"的所指在篇章中出现了，（67）、（68）中"这一消息"和"这个布告"所指的话语单位没有直接在篇章中出现，但是所指话语实体的语义内容在篇章中出现了。无论是哪种情况，

---

① 朱永生、郑立信、苗兴伟：《英汉语篇衔接手段对比研究》，上海外语教育出版社 2001 年版，第 18 页。

因为这几个句子都是话语照应现象，所以都具有篇章衔接功能。

④单纯的话语回指（没有照应）和下指时，无论所指话语单位是否在篇章中出现，都有篇章衔接功能。

例如：

（69）总之，对于国际局势，概括起来就是三句话：第一句话，冷静观察；第二句话，稳住阵脚；第三句话，沉着应付。不要急，也急不得。要冷静、冷静、再冷静，埋头实干，做好一件事，我们自己的事。（《邓小平文选》）

（70）我们不能同意这样的观点，以为完全用长官的严厉统制办法，就可以达到上述目的。（《邓小平文选》）

（71）本书阐述了当代语用学的最新理论和研究成果……的姊妹篇。本书用中文撰写，便于广大读者准确地把握语用学理论的精髓。

（69）中三句话与后面三个加点的词语有回指关系，它们之间产生了衔接关系；（70）"这样的观点"下指后面的分句，产生衔接功能；（71）两个"本书"同形回指产生衔接功能。

5.1.4 话语指衔接功能的语言表现形式

①由于话语指（话语指称语和话语指示语）有语义管界作用，被某一话语指衔接的单位可以是词、短语、句子、语段，其中以句子或语段形式较为常见。而一般的外指状态的衔接通常发生在两个词语之间。例如：

（72）我在20年代初的《新青年》杂志中读到一篇题目为《一个贞烈的女孩子》的文章。文章描写一个14岁的望门寡，被她父亲关在屋里强迫自杀，惨状触目惊心。（《余杰文集》）

外指状态衔接接大多是（72）这种形式的。但是话语指更为常见的是与句子或语段之间的衔接。例如：

（73）好消息果然来了。波音公司打电话来通知张文华再去西

雅图面谈。(方方《那方方的博士帽》)

(74) 人会问：这四种革命力量哪种更重要，哪种是中心环节呢？我以为这同样是机械的提法。(《邓小平文选》)

(75) 以下是司徒建明的陈述——

当我怀疑白章同我妻子有那种关系时，我决定杀死他。我……

那天我约白章……

白章的话语与神情让我……

杀手你们已经无法找到……是我杀了白章。

(潘军《白底黑蝴蝶》)

(73) 是话语指与句子的衔接；(74) 是话语指与复句的衔接。(75) 是话语指与四个自然段之间的衔接。

②由于话语指可以回指，话语指的衔接可以向前衔接；也可以下指，话语指的衔接可以向后衔接。而一般的外指状态的衔接通常是向前衔接。

(76) 爱等于被爱，它的意思是说，人类只有在被爱的时候才会爱……(葛红兵《心灵的课堂》)

(77) "诸位！报告大家一个不幸的消息。出了大事故了。张文华出了车祸，人被送到了医院，一直昏迷不醒。"田方从门外走进来说。(白帆《那方方的博士帽》)

(76) 是向前衔接，(77) 是向后衔接。

话语指可以向前衔接，又可以向后衔接，因此话语指的衔接中常常出现先向后衔接，然后再向前衔接的形式，两种形式复合在一起形成一种"回环"衔接的模式。例如：

(78) 小学的时候，老师在我的通知书上的评语中往往有这么一句话："该同学个性太强……"而我浑然不觉。老师得出这样一个结论，无非是当同学们都蹲在教室外的花坛边看地上的一群蚂蚁时，我却一人趴在窗口看他们。(余杰《心灵独白》)

（79）美籍华人学者余英时先生在 1988 年香港中文大学 25 周年纪念讲座所作题为《中国近现代史上的激进与保守》的演讲中，对激进与保守的关系有一段阐述，他说：

相对于任何文化传统而言，在比较正常的状态下，"保守"与"激进"都是在紧张之中保持一种动态平衡。例如……窒息了文化的创造生机。

这种辩证的观点肯定了文化激进主义和文化保守主义各自的文化价值。（《文艺理论研究》2004 年第 6 期）

（80）他提出了另一个看法，语言哲学是基于普通语言理论的对概念性知识的研究，在这里，普通语言理论是指"描述性语言学的理论"……尽管我对后一种看法多了一些同情，但是我仍然认为它太狭隘了……（陈嘉映译《哲学中的语言学》）

如果下指成分与回指成分词形相同，这种"回环"形式就更明显，例如：

（81）不知道谁从小飞蛾的娘家东主庄带来了一件消息来，说小飞蛾在娘家有个相好的叫保安。这消息传到张家庄……（引自刘道英，2003）

（82）我记得以前在《聊斋志异》中读到一则故事。投水自尽者的灵魂为了来世投胎，必须隐藏在水边，诱惑下一名想自尽的人。这位聪明的院长一定读过这个故事。（《余杰文集》）

③由于话语指可以指向篇章中任何一个话语单位，衔接因而可以是无跨度的（即发生在相邻的句子之间），也可以是任意跨度的（即话语指与被衔接的话语单位被其他的句子隔开）。而一般的外指状态的衔接以相邻衔接为常态。例如：

（83）但是我十分意外地获得另一个优美清丽的故事。这个故事是真实的，也是由一个男人和一个女人担主角。更有趣的是，这个故事与当年王崇汉参谋长接受那批日本舰船有关。

故事的叙述者是小蜓的爷爷王申老人……

三

1953 年春天的渔安镇是充满生机的。连日的晴朗的天气……
……

四

作画的姑娘叫陶侃。袁铿对这个名字也一样有好感……
……

五

1988 年春天我在渔安结识了小蜓的爷爷王申老人……

(潘军《桃花流水》)

"一个优美清丽的故事"与"这个故事"两者之间是跨句衔
接，这里话语指"故事"与小说中的第三、四两大节的所有段落
（这个故事的具体内容）产生衔接关系。这个故事的所指并没有直
接紧邻着话语指出现，中间出现了几乎一段的作者叙述语言。可
见话语指与被衔接的话语单位之间是任意跨度的。这在一般的外
指状态的衔接中是少见的。又如：

(84) 我们在文章开头讨论了话语指研究的理论背景。

这里"文章的开头"就与本篇文章的开头部分衔接，中间跨
度相当大。

5.1.5 不同性质的话语指的衔接力

根据话语指篇章功能研究的原则 2，话语指的所指如果出现在
篇章之内，只要不是被自指，话语指就可以直接实现篇章衔接功
能；如果所指不在篇章中出现可以通过照应实现篇章衔接功能。
这说明不是所有的话语指都具有篇章衔接功能。

通过上面的分析可知，话语指在照应时具有篇章衔接能力。
但是充当照应语的话语指类型多样，不同性质的话语指的语篇衔
接能力并不相同。话语指的篇章衔接能力是与照应能力密切相关
的。越是强照应，衔接得就越紧。一个指称性成分越是不能从自

186

身获得明确的解释，越是需要从篇章的上下文中找寻它的解释（照应对象），它的衔接能力就越强。反之，衔接能力就越弱小。

为此我们有必要了解话语指的照应度。照应的实质是两个指同成分之间的相互解释关系，照应语类型不同，照应的强弱程度不同，照应的强弱程度就是话语照应度。

照应度是与可及性密切相关的概念。可及性（accessibility）是从心理学中借用的心理语言学的术语，通常指一个人说话时，从大脑记忆系统中提取一个语言或记忆单位的便捷或难易程度，因而又可以称为便取度①。Ariel 将语言中的指称词语包括专有名词、有定描述、指示词语、代词和零形代词都视为可及性标示语，她进一步将可及性标示语分为三大类：专有名词与有定描述（低可及性标示语）；指示词语（中可及性标示语）；代词及其零形式（高可及性标示语）。我们知道，这些标示语又都可以作为照应语（照应成分）使用，一般说来，高可及性标示语充当照应语的照应度强，低可及性标示语充当照应语的照应度就弱。

我们认为，话语指称词语的可及性与照应度的等级还与指称词语的意义特征有关。我们试图从指称词语的意义特征的角度分析话语指的照应度的强弱。由于照应其实就是两个指同成分之间的解释关系，一个照应语成分，如果对它的意义理解愈是需要依靠被照应成分，它的照应度就愈强，反之就弱。

话语照应中能够充当照应指称的词语主要有：零形代词、代词、指示语（单用）、指示成分＋话语名词、无定描述、有定描述、专有名词。

下面我们逐一分析这些照应成分意义的特征。

零形式是在特定的语境中才能具有指称意义的，这个形式在语言系统中是不存在的，它不具备词的资格，没有任何的概念意

① 许余龙：《篇章回指的功能语用探索》，上海外语教育出版社 2004 年版，第81 页。

义，更没有独立的指称意义。它是转瞬即逝的，它只有在特定的语境中获得临时的指称意义。离开特定的语境，它的指称意义就不存在，因此零形指称的意义获得对篇章语境依赖性是最强的。也就是说，零形指称的理解对它的被照应对象的依赖最强。因此零形代词照应度也最强。

代词，作为话语指称的代词主要有"它、它们、这、那、这些"等。代词没有概念意义（理性意义），也没有独立的指称意义，没有称名性。代词的意义是由两个层级构成的，一层是词汇意义，一层是具体的指称意义。代词的词汇意义是固定不变，这个词汇意义不是概念意义，而是对指称对象与言语行为主体之间的关系的概括。由于代词具有词汇意义，这个词汇意义是判定代词指称对象的"指南"。但是人们真正想从代词中摄取的信息，乃是它的指称意义（语用意义）。这个指称意义是随语境变化而变化的，因此代词的意义理解对语境的依赖性也极强，但是由于它毕竟具有一定的词汇意义，这个意义为代词的意义提供了"指南"，因此，代词单独作为照应语的照应度仅次于零形式。方所名词借用为话语指示语时与代词一样，它们也没有独立的指称，对语境的依赖性强，同样这些词语有词汇意义，这些意义为确定它们的指称意义提供了"指南"，因此这类词语的照应度与单用的代词是相同的。

无定描述与有定描述中的中心词一般是概念词，即通常所说的名词，就话语指称来说，就是话语名词。一般的概念词的词义是从同类事物或现象中抽象概括出来的本质属性。反映在词的语义内容中，便是该词的概念意义。它可以类指和泛指，它与作为指示语的词义不同，指示语的词义也是一种抽象和概括，但是指示语的词义内容并不是对一类事物本质属性所进行的抽象和概括，而是对所指与说话者的关系的抽象和概括。指示语的抽象概括已超越了类的界限，是对万事万物在时空范畴内与说话人这一"宇宙中心"的关系的抽象概括。一般的概念词也可能具有高度抽象性质，但概念词的词义内容是以客观描述为基础的。词义内容与说话主体无关，它具有超然于说话者之外的客观性。而指示语的词义内容是时刻以说话人或隐形的说话者为参照中心的。指示语的词汇意义所含内容高度"浓缩"（对概念词来说就是内涵极小），因而潜在可能所指范围极大（对概念词来说即外延极大），对于概念词来说，外延等于一类事物的所有成员。由于无定描述和有定描述的中心语都具有概念意义，因此具有独立的指称性。有概念意义就有称名性。对于概念词来说，指称的基础是它的概念意义，指称由它的概念意义决定。概念词的词义向人们提供的了对象的属性或特征，人们可通过对属性特征和言语中上下文的把握去识别指称对象。在无定描述或有定描述的指称意义理解中，词语本身的意义为它的理解提供了更多的信息，它对语境的依赖性相对较小。因此，无定描述与有定描述作为话语照应语的照应度较弱。

专有名词（以下简称"专名"）的意义特征至今没有一个统一的结论。何英玉（2002）讨论了专名指称特性，认为专名具有直接性，专名不依赖概念确定指称，专名与对象之间的关系是直接的。专名具有"透明性"，透过专名似乎可直接看得见它所指的对象。专名具有固定性，专名的指称对象是独一无二的，固定的。专名固定在自己特定的对象上，该对象独具该专名亦是该对象有别于其他客体的特性。它的这种固定在某个确定对象上的特点保证了专名在语言和言语中指称的唯一性和确定性。它即使在语言体系中孤立存在，也总是与确定的具体对象相联系。专名的指称不依赖于使用者，也不依赖语境，专名与对象之间的指称关系是典型的二元指称关系。专名以"超常的称名性"和符号功能的弱化而与普通名词相对。可见专名对语境的依赖性最弱，专名作为话语照应语时，它的理解并不依赖被照应的对象。因此专名作为话语照应语，照应度最弱。

根据以上分析，我们可以将指称词语特征列表如下：

指称形式	指示性	称名性	语境依赖	概念意义	词汇意义	指称意义
零形代词	有	无	强	无	无	强
指示代词	有	弱	较强	无	有	较强
话语名词	无	强	弱	有	有	弱
专有名词	无	最强	最弱	有	有	最弱

（这里的话语名词是指无定描述或有定描述话语指称）

另外，作为话语照应语时，往往有两种类型的指称语组合使用的现象，主要有两类，一是"指示成分 + 话语名词"，这样的照应语的照应度应该在"指示代词"和话语名词（有定或无定的描述）之间。一类是"指示成分 + 话语名词"中指示成分省略的现象，后一类照应语的照应度应该比"指示成分 + 话语名词"充当照应语的照应都要强，因为零形式比非零式照应度强。

至此，我们可以列出话语照应的照应度等级：

零形式 > 代词指示语（方所指示语）> 零形指示语 + 话语名词 > 指示语 + 话语名词 > 无定描述或有定描述 > 专有名词

由于话语指的篇章衔接力与话语照应度正相关，所以上面的话语指的照应度等级也就是话语指的篇章衔接力的等级。即：越是靠近左边的话语指充当照应语时，篇章衔接力就越强。

其实上面这个话语照应的等级，同样适用于单纯的话语回指和话语下指。也就是说话语回指和下指的篇章衔接力也与回指成分和下指成分词语的意义有关，话语指称语或话语指示语充当回指成分或下指成分时，也是越是靠近左边的话语指，篇章衔接力就越强。

5.2　话语指的文本嵌入功能

5.2.1　视域与文本

文本的嵌入也就是篇章的嵌入。要研究话语指的文本嵌入功能可以借助视域这一概念。视域（perspective，也译为视角、视点）最初是修辞学和文学评论领域中的一个概念，指观察事物的物理或心理的角度，也指作者叙述故事的方式或观点。近年来，篇章语言学引入"视点"理论来作语篇分析。

虽然对视域的理解不尽相同，但是有一点是共同的，人们通过视域这个概念试图阐明，世界"永远不可能'靠自身'，而总是通过某种角度，凭借某种观点呈现在我们面前"①。因而，任何篇章——无论是口语的还是书面语的，无论是文学性的还是应用性的、科学性的篇章，其实都受着视域的控制。

视域是一种心理存在，只能被视域的感受主体拥有和感受而无法与第二者共享。视域与他者分享，唯有借助一次言说而将它转化为一段话语。这次言说本身自然会形成一个文本。因此我们可以说一个视域的语言表现就是一个文本，也可以说是个小的篇章。

如果一个篇章只是叙述者个人视域的语言表现，这样形式的文本就是独白式文本。

独白式文本在小说中是少见的，因为只要有人物的对话，就会出现视域的转换。即由叙述者的视域转为小说中人物的视域。在论证性篇章中，论证者往往会引用他人的观点来论证自己的观点或将自己的观点与他人的观点进行分析比较。或将他人的观点

---

① 刘大为：《意向动词、言说动词与篇章视域》，《修辞学习》2004 年第 6 期，第 1 页。

与他人的观点进行比较，于是在论证性篇章中也就发生了视域转换。即由论证者视域转换为他人视域。

任何篇章视域结构，都是在一个主视域的控制下，以引述或转述的方式引入其他视域构成的。由于任何视域都表现为一个文本（或篇章），我们可以把叙述者视域形成的文本称为目标语篇，因此可以说任何篇章的形成都是在叙述者的目标语篇中嵌入他视域的文本构成的。

5.2.2　话语指为什么具有文本嵌入功能

①根据话语指篇章功能研究的原则 4：话语指的所指可以不在篇章中出现，但是话语指必定指向篇外一个话语单位，在阅读中，话语指就将该文本隐性地纳入目标语篇。可见，话语指的所指与一般指示或指称不同，它的所指通常表现为一个文本（句子或语段、甚至另一个完整的篇章），如果它的所指不在篇章内出现，话语指就与它的所指形成一个超级链接结构，超级链接其实就是文本的隐性嵌入。例如：

（85）早在建国前，他（朱光潜）的《文艺心理学》、《谈美》和《诗论》等著作，在广大青年中很受欢迎，产生过巨大影响。（李醒尘《语重心长的美学诤言》）

这里的《文艺心理学》、《谈美》和《诗论》的所指就是三个文本，但是这些文本没有在篇章中出现。看到这些词语会引起读者对它们所指内容的联想，这些文本只能在读者的头脑中重现，在话语理解过程中发挥作用，近似于电子文本的超级链接结构，所不同的是，电子文本的超级链接结构中，这个文本是以另一界面出现的，而话语指的超级链接文本只能在读者记忆里呈现，如果读者对此话语指的所指内容没有记忆或一无所知，文本嵌入的思维过程就不会运作。

文本的隐性嵌入还有一种形式是虚拟的。例如：

（86）我想写一篇文章来批驳他的观点。

话语指称语"一篇文章"也是一个文本，但是这个文本是虚拟的。"他的观点"也可以表现为一个文本，如果（86）这句话出现在一个篇章的话，"他的观点"所指称的文本一般会在篇章中出现。

②话语指的衔接功能还表现在它常常能够将它的所指（文本）实示地或语义地嵌入目标语篇，成为语篇的一个组成部分。这种嵌入是文本的显性嵌入。这种显性嵌入的形式我们在下面 5.2.3 中讨论。

5.2.3　文本嵌入的枢纽

话语指篇章功能研究的原则 3 表明：话语指必定谈及一个话语单位（文本），通过话语指的衔接功能能够将这些话语单位嵌入目标语篇，或直接通过"实示"将话语单位嵌入目标语篇。从这一原则可以看出，篇章的嵌入需要三个条件：一个是他人视域的文本，一个是叙述者的目标语篇，另一个就是将他人视域的文本嵌入目标语篇的枢纽。

要将他视域的文本嵌入叙述者主视域的目标语篇需要通过话语指来实现。话语指是文本嵌入的枢纽。主要有四种嵌入手段：

5.2.3.1　话语指称嵌入

（87）剧本的结尾是这样写的——
大雪纷扬，这是人们期盼已久的雪。
戒毒所的大门"咣"地打开，女人出来了……

（潘军《故事》）

这里，作者利用话语指称语"剧本的结尾"将一篇叫做《大陆人》剧本的结尾（画线部分就是他视域文本，下同）嵌入到作者的目标文本——小说《故事》当中。

小说中要将一个人视域文本转入另一人视域的文本也常常要

用到话语指称，如：

（88）然而他也没有时间来悲悼她，因为在外面又发生了一件事情。

先前在《黎明周报》第六期出版以后，外面就流传着官厅要封禁周报的谣言。这个消息自然使觉慧一般人激动……（巴金《家》）

这里假性话语指称语"一件事"，将作者视域转入另一视域。

5.2.3.2 话语指示嵌入

（89）艺术典型作为共性与个性的统一体所涉及的首要问题是在创造过程中究竟从哪一方面出发，是从共性还是从个性？这也就是从公式、概念出发还是从具体现实人物事迹出发？首先提出这个问题的是德国诗人歌德。他在一八二四年的《关于艺术的格言和感想》中有这样一段著名的语录：

诗人究竟为一般而找特殊，还是在特殊中显出一般，这中间有很大的分别。由前一种程序产生出寓意诗，其中特殊只作为一个例证才有价值。后一种……才意识到。

（朱光潜《典型环境中的典型人物》）

作者在论证时，利用话语指示语"这样一段著名的语录"将作者视域转换到歌德的视域。从而将另一篇章《关于艺术的格言和感想》的部分文本嵌入到目标语篇，成为目标语篇的一部分。

5.2.3.3 话语实示嵌入

（90）于是《西厢记》、《牡丹亭》这类传奇故事启发了他们，那林黛玉竟然会把一部《西厢记》一口气读完，"只管出神，内心还默默记颂"，他只觉得"词句警人，余香满口"。（王昆仑《红楼梦人物论》）

这里作者将曹雪芹在《红楼梦》中描写黛玉的话语实示在自己的文本中，用引号标明。

同样叙事语体中也有大量的利用话语实示将他人视域的文本

嵌入作者的目标语篇的现象。例如：

(91) 我心里大吃一惊。这个女人也很神秘也很耐人寻味。

<u>我在写《南方的情绪》。</u>

<u>这是个诗的题目。组诗。</u>

<u>我不是诗人。我也不会把这个题目捐给诗。</u>

<u>你是个谨小慎微的男人。不大方。</u>

现在她离开了，到外面的廊道上去欣赏窗外的精制。从我的位置只能看到她的背面。(潘军《南方的情绪》)

这里作家潘军将虚拟的叙事者"我"与一个神秘的女人的对话（下划线部分）直接实示在潘军的小说《南方的情绪》中，并用另一字体标示出来。

有时叙述者既没有明确指明视域文本的来源，也没有形式标记标明话语是被实示的，这就要读者自己根据语境作出判断。例如：

(92) 女人刚刚立住，一个声音便迫了过来，是个男声。

<u>我在这。我知道你会迟来十分钟。</u>

<u>有话快说，我还有事。</u>

<u>别给我来这个。我问你，那人行吗？</u>

<u>行不行不关你的事。</u>

<u>怎么不关？我就是为这个来的。那人越看越像你爹。</u>

<u>爹就爹，我喜欢。</u>

(潘军《半岛四日》)

作者将女人和男人的对话实示在篇章中，没有用引号或另一字体标明它是实示的文本。

5.2.3.4 意向动词和言说动词嵌入

篇章中用到直接引语或间接引语的地方，其实常常是将他人视域的文本嵌入到目标语篇中。意向动词或言说动词就是嵌入的语言标记。例如小说中人物的对话、论证语体中作者要引述或转述别人的观点等常常会用到"说"、"认为"这些动词。意向动词和言说动词具有递归功能，因此作者可以将他人视域的文本嵌入自己的目标语篇，利用递归功能又能将另外一人视域的文本嵌入他人的文本，如此循环往复，只要有可能，递归就不可能停止。

在实际的篇章中，话语指示、话语指称、话语实示、言说或意向动词常常配合使用，将他人视域的文本纳入叙述者的目标语篇，例如：

（93）凡是中国的批评文字，我总是越看越糊涂，如果当真，就要无路可走。印度人是早知道的，有一个很普通的比喻。他们说：一个老翁和一个孩子用一匹驴子驮着货物出去卖，货卖去了，孩子骑驴回来，老翁跟着走。但是路人责备他了，说是不晓事，叫老人徒步；他们便还了一个地位，而旁人又说老人忍心；老人又忙将孩子抱到鞍鞯上，后来看见的人都说他们残酷，于是都下来走，走了不久，可又有人笑他们了，说他们是呆子，空着现成的驴子不骑。于是老人对孩子叹惜道，我们只剩下一个办法了，是我们两人抬着驴子走。无论读，无论做，倘若旁证博访，结果是往往会弄到抬驴子走的。（鲁迅《读书杂谈》）

用了一个话语指称语"一个普通的比喻"和言说引导句"他们说"，将作者的视域转换为印度人的视域，又运用言说动词将路人与老人的视域纳入印度人的视域。正是这种层层套叠，通过话语指实现了视域的转换，也实现了将他人的不同层次的文本最终纳入作者的目标篇章。

有的篇章只涉及一个视域，这种情况一般不需要话语指嵌入，但是实际的篇章往往是许多视域的交叉进行——其中有的视域只与个别的段落、句子发生关系，有的视域却影响到了整个篇章的结构。一旦话语指所指称、指示或实示的视域文本是一个大的篇章，话语指就控制了整个篇章结构。因此话语指的篇章组织功能又与篇章的结构功能是密切相关的。

5.2.4　不同性质的话语指文本嵌入功能的差异

不同性质、不同类型的话语指的文本（篇章）嵌入功能有差异，表现在：

①专有话语指称通常会形成文本的隐性嵌入，如此节的例（1）。

②无定式话语指称才可能形成虚拟性文本的隐性嵌入。如此节的例（2）。

③没有独立语义指称的话语指如"这里、它、这些"以及自指的话语指也不能将他人视域的文本嵌入叙述者目标语篇。

④只有话语指称或有独立指称的话语指示语才能将他人视域的文本嵌入目标语篇。

⑤单纯话语实示多出现在叙述语体中，如小说中。在论证语体中，单纯的实示嵌入一般需要加附注标记。而话语指称与话语指示语、意向动词或言说动词将他人视域的文本嵌入目标文本可以出现在各种语体中。

第六章　话语指的篇章结构功能

　　篇章结构功能是自上而下的，如果有一些语言手段能够显示一个篇章整体上有哪些部分，按照什么样的关系组成，这些语言手段就有了篇章结构功能。例如一定条件下的时间标记、空间标记、叙述者的转换标记等都具有篇章结构功能。话语指的篇章结构功能主要是通过话语指的管界作用来实现的，因此我们首先要讨论的是话语指的管界现象。

6.1　话语指的篇章管界

6.1.1　管界与话语管界

　　管界是篇章语言学的一个术语，廖秋忠将其定义为"某个管领词语如动词、各种修饰语等所支配、修饰或统领的范围"，而"当管界跨越句子边界时"，就是篇章管界①。廖秋忠将带篇章管界的管领词分为句中的和篇章的两大类。前者是句子中的某个成分。它的管界包括它所在的句子的一部分延伸到其后的句子里。大多数情况下，它们的管界只是句子本身的一部分，只有当管界用一句话表达不了时，才构成篇章管界。后者是篇章的组成部分，它与它的管界不在同一个句子里，它的管界经常超越一个句子的

---

　　①　廖秋忠：《篇章中的管界问题》，刘坚等编：《廖秋忠文集》，北京语言学院出版社 1992 年版，第 112 页。

长度。

在廖秋忠所讨论的篇章管界词中，表述动词、感知动词也涉及引语的管辖范围问题。但是在他的管界研究中忽视了很重要的一类词语，那就是话语指中的话语指示语和话语指称语。

由于话语指示语和话语指称语的所指往往在篇章中出现，这样话语指称语和话语指示语就对它们的所指对象发生了语义上的联系，话语指称语和话语指示语就对它们的所指对象实现了话语管界功能。

由于话语指称语和话语指示语管界的成分常常跨越其所在的句子，因此，话语指称语和话语指示语除了用作句中管领词外，还经常用作篇章管领词。为了讨论的方便，我们可以把在篇章中管领分句、句子、句群或一个语篇的话语指称语和话语指示语称作话语管领词。

6.1.2　话语管领词的管界确定

话语指称语和话语指示语在篇章中经常用作篇章管领词语。不同的类型管领词确定篇章管界的手段有差异。

6.1.2.1　单纯话语指示语的管界

单纯的话语指示语主要是表方所的话语管领词，如"上面、前面、以上、下面、后面、以下、如下、这里"等。

"上面"、"前面"所管领的是包含这两个指示语在内的段落之前的话语。被管领的话语分布的起点与终点没有明确的界限，要确定其管界范围，常常需要依靠它所修饰的成份来确定。例如：

（1）学校怎么办？我想对学校提出三个要求。第一，训练干部，选拔干部，推荐干部。用形象化的语言说，就是各级学校的本身要起到集体政治部的作用，或者说起到集体干部部的作用。第二……

学校有各级的：高级，中级，初级。……

办学校要达到<u>上面</u>讲的三个要求。（《邓小平文选》）

（2）当前，钢铁工业重点要解决四个问题。

第一，必须建立一个坚强的领导班子。

……

第四，必须建立必要的规章制度。

<u>上面</u>几件事情认真做好以后，紧接着就要发动群众把必要的规章制度建立、健全起来。（《邓小平文选》）

例（1）、（2）中的"上面"分别管领它所在句子之前的"三个要求"、"四个问题"。

当"上面"充当言说动词的主语时，话语指示语"上面"与"前面"可以换用。如：

（3）一、战争问题。<u>上面</u>已经说过，在党中央和毛主席的精心领导下，二十一个月的自卫战争打得很好，我们的军事力量继续在发展，再过一段时间数量上就可以同国民党军队平衡，现在质量上已经高过他们。（《邓小平文选》）

（4）<u>上面</u>说的这些问题，都是报纸要实现领导的任务。（《邓小平文选》）

（5）<u>上面</u>说的八十年代的三件大事和四个前提，任务都是很繁重的。（《邓小平文选》）

这三例中的"上面"修饰言说动词，都可以用"前面"换用。下面两例中的"前面"同样也可以换成"上面"。

（6）前面说过，我们各种政治制度和经济制度的改革，要坚定地、有步骤地继续进行。（《邓小平文选》）

（7）军队干部一定要服从命令听指挥，首先要从老干部开始，带头遵守纪律。前面讲了，一个是一切行动听指挥，一个是自觉遵守纪律。要加强这方面的教育。（《邓小平文选》）

修饰言说类所字结构时也可以互换。如下面两例中的"上面所讲的"、"上面所说"可以说成"前面所讲的"、"前面所说"：

（8）上面所讲的，是对我们党的一个总的估计。（《邓小平文选》）

（9）很显然的，上面所说这些国家和党的状况的巨大变化，对于我们党的要求是更高而不是更低了，对于共产党员的要求也是更高而不是更低了。（《邓小平文选》）

但是，如果"上面"直接修饰名词性成分，用"前面"替换时表义有差别。比较：

（10）a. 上面讲的这些意见，请大家回去后，向香港各行各业五百万人做点解释工作。（《邓小平文选》）

　　　 b. 前面讲的这些意见，请大家回去后，向香港各行各业五百万人做点解释工作。

（11）a. 上面的这些意见，请大家回去后，向香港各行各业五百万人做点解释工作。

　　　 b. 前面的这些意见，请大家回去后，向香港各行各业五百万人做点解释工作。

例（10）中"上面"可以换成"前面"，两句的意思相同。（11）"上面的这些意见"能换成"前面的这些意见"，但两句的意思是不同的。

充当话语指示语的"前面"可以与介词组合，"上面"一般不能。例如：

（12）什么是我国今天最重要的新情况，最重要的新问题呢？当然就是实现四个现代化，或者像我在前面说的，实现中国式的现代化。（《邓小平文选》）

（13）这个问题，我在前面讲无产阶级专政的时候已经说到一些。（《邓小平文选》）

这两例中的"前面"与介词"在"组合，不能换成"上面"，如果没有介词就可以换用。

另外，"前面"谈及并列几项中位于前面的部分时，是不能用

"上面"替换的。如：

（14）我想，有四个方面的事情，四个方面的工作和斗争，要伴随着我们整个社会主义现代化建设的进程走。这四个方面的工作，或者叫坚持社会主义道路的四项必要保证，即：第一，体制改革；第二，建设社会主义精神文明；第三，打击经济犯罪活动；第四，整顿党的作风和党的组织，包括坚持党的领导，改善党的领导。前面三件事已经放到日程上了，后面一件事还没有放到日程上。但是，前面三件事也联系到党风问题。（《邓小平文选》）

这里的"前面"指的是四个方面的工作中前三个方面的工作，即"第一，体制改革；第二，建设社会主义精神文明；第三，打击经济犯罪活动"。"上面"没有这种用法。

"以上"与"上面"用法上比较接近，用"上面"的地方通常能与"以上"互换，但是"以上"更强调所指示的内容与该句子之间的无距性，如：

（15）以上这些，都说明合法斗争与非法斗争、公开工作与秘密工作，是密切联系着、配合着、互相帮助着的。（同上）

"前面"所指向的内容与包含该指示语的句子的距离比"上面、以上"距离更远，所指向的内容与包含该指示语的句子之间通常被另一语义层面的语句隔开。如果两者之间没有间距，用"前面"就不大合适。例如：

（16）第一……

第三，平息暴乱抓到底。这是个好机会，一下子就把全国的非法组织取缔了，这实在是好事情。处理得好，就会取得一个很大的胜利。对于罪大恶极的不能手软。当然还是要分别是非轻重，要以事实为根据，以法律为准绳，还是要讲坦白从宽抗拒从严的政策。手段还要是多种的，以体现我们的政策。

以上我说的三点，现在要集中做好。还有一点，常委会的同志要聚精会神地抓党的建设，这个党该抓了，不抓不行了。（《邓

小平文选》）

这里"三点"的实际所指与"以上我说的三点"之间没有被其他的话语隔断，用"前面"就不很恰当。

篇章中，"下面、后面、以下、下列、如下"指向的是包含这些话语指示语的句子之后的话语。例如：

（17）以上三项是谈革命两面政策的性质问题，下面谈它的运用问题。（同上）

"前面"、"后面"不是以正进行到的话语部分为参照，而是以整个篇章作为参照。例如。

（18）关于这个问题，他在文章的后面进行了分析。

这里的"后面"是以整篇"文章"为参照。

"以下"、"下列"修饰名词性成分时，它所指向的话语就在这句话后面，一般用冒号或逗号隔开，也是为了强调正在进行的话语与前面话语之间的无距性。如：

（19）今后，宣传队在政治机关的宣传教育部门领导下要完成以下任务：（一）组织部队的文化娱乐工作，帮助政治机关检查连队政治工作，帮助宣传教育部门检查连队宣教工作。要面向连队，深入连队，了解连队，加强实际工作的锻炼。（《邓小平文选》）

（20）一再分析，大概不出下列三点：一、她对这个组织很有信心：设法说服我加入，或认为我对他们不利，劝我退出。（朱邦复《巴西狂欢节》）

"如下"作为话语指示语可以单独使用，也可以修饰名词性成分。例如：

（21）我的假设如下：

1. 大家都在搂搂抱抱，这样才是正常的。你不这样，你就是不正常，不正常的人是无耻的。

……

7. ……（陈染《私人生活》）

（22）现在关于徐蒂东渡的一些资料我仅仅重视如下几个方面：一是典籍记载，如中国的《史记》、《三国志》、《后汉书》、《齐乘》，日本的《神皇正统记》、《异称日本传》、《续风土记》等；二是考古……（张炜《柏慧》）

（23）现就我从事财会工作以来的情况作如下总结：

一、业务能力方面

二、……（人教版中学《语文》）

（21）"如下"独立使用。（22）、（23）"如下"分别修饰"几个方面"和"总结"。

自指的话语指示语"这里"管界的就是包含"这里"的这个句子。如：

（24）他没听家里的，执意与她结了婚，这下激怒了母亲。母亲明确告诉他，她没有这个儿子，他永远不要看到他的妻子和孩子。

说到这里他苦笑了一下。"她说到做到。孩子也这么大了，从来没有见过奶奶，我们带孩子回去过一次，老太太把门关死。……"（马原《骠骑兵上尉》）

（25）我和少女斯的故事到这里就该完了。这个故事很糟糕我没有办法，因为故事本来就是这个样子。（潘军《纪念少女斯》）

单用的代词指示语如"这"、"那"通常管界它前面或后面的句子或语段。而话语指示语"它"不具篇章管界功能，因为在篇章中"它"通常是回指一个独立的客体，这个客体在句法上通常表现为一个名词性成分。

6.1.2.2　指称性话语指示语与话语指称的管界

如果指称性话语指示语和话语指称语的所指在篇章中出现，这些词语便对所指的话语具有管界功能。话语管界的一个具体问题就是话语管界范围的确定。讨论篇章管界的确定，一方面可以依靠表示篇章局部连贯的语义和形式手段来确定某个管领词语可以延伸到某一点，另一方面可以依靠表达篇章连贯局部中断的语义和形式手段来确定某个管领词语不可能越过某一点。这两个手段相互配合就可能确定话语管领词管领的话语的起点与终点。不过，有许多的管界往往只有终点标记或只有起点标记。有的管界现象，起点与终点都不明确。下面我们着重分析这类话语指确定管界的手段。

①管界的语义是否和谐。语义和谐与否主要是指可能的管界是否符合语境，包括它的管领词语和这个管领词语前面的邻近的语段对它的语义要求。另外，语义的和谐与否还指可管界内部的语义是否连贯。语义和谐的话语，管界就得以延伸，语义不和谐管界便中止。语义和谐是判定各种类型的管领词语管界的一条基本原则。例如：

（26）据美国、日本报刊的报道，[1985 年世界科学技术取得了重大进展。

在航天方面，美国航天飞机的次数超过以前任何一年，美第四架航天飞机"大西洋"号（"阿特兰斯号"）与 10 月份开始首航，完成了美国关于建造第四架航天飞机的计划。苏联……也开始研制一种可重复使用的载人航天飞机。

在发射方面，美航天飞机宇航员 8 月间通过太空行走修好了失灵的同步卫星——Ⅲ3 号]。（引自廖秋忠，1992）

本节用方括号标记话语管界的范围，方括号"["代表管界的起点，"]"代表管界的终点。这里，话语指称语"报道"就是话语单位管界的起点，但是终点在哪里呢？它管辖的不仅仅是"1985 年世界科学技术取得了重大进展。"这 个句子，因为下面的内容是对这个内容的具体阐述，即在航天方面、在发射方面的进展，也就是说，下面两段都是话语指称语"报道"管辖的范围。

②表达动词（包括口头表达动词和书面表达动词）往是管界起点的标记。例如：

（27）陆高想起一个传说，说［是一个健将级运动员想做第一个征服拉萨河的人，没游到一半就给急流冲下去了。人或为鱼鳖］。（马原《康巴人营地》）

（28）根据诸如此类的理由，哲学家门得出结论说，［学习及类似动词表示动作和过程，知道及类似动词表示状态和情态］。（陈嘉映译《哲学中的语言学》）

（29）关于机关达宁有过精辟的描述。他说，［是驴粪蛋］。起初我对这一描述视为荒唐，……（潘军《白色沙龙》）

（27）—（29）中指称词语的管界，都以言说动词"说"为起点，但都没有明确的管界的终点标记。

表达动词常常与话语指示语配合使用，这时言语动词就是管界的起点，话语指示语或话语指示语所在的句子或分句的开头便是管界的终点。如：

（30）有人说［郭文景的作品在国外音乐界得到承认是因为他的作品中有"中国风格"，］他坚决否定了这种说法："如果要'中国风格'的话，他们完全可以在美国当地随便找一个华人就可以了，没有必要绕过半个地球来找我。我想他们需要的是'郭文景风格'"。（《郭文景：为自己创作"英雄叫响曲"》，载《东方早报》2004年11月）

（31）桑切斯指出：［"哥斯达累加的堡垒，使得它不可被战胜的、比一千支军队更为强大的，是自由的力量，是它的原则，是我们文明的伟大理想。当一个人忠实于自己的理想而活着，当一个人不畏惧自由，这个人面对积极极权主义的打击就是无懈可击的。"］我读到如此铿锵有力的话语时，不禁心潮澎湃。这难道不正是人类共同的理想吗？（《环球时报》）

（32）我们在上一小节指出：［"照应问题比我们想象的要复杂。它不仅涉及指称、视角，还可能涉及风格等方面"。］鲍杰林的论述使我们更加坚定了我们的看法。（姜望琪《当代语用学》）

（30）以言说动词"说"作为管界的起点，"他坚决否定了这种说法"这个句的开头部分就是管界的终点；（31）以表达动词"指出"作为话语管界的起点，带有话语指示语"如此铿锵有力的话语"句子的开头就是管界的终点。（32）表达动词"指出"标志话语的起点，话语指称语"鲍杰林的论述"作为话语终点的标记。

有时候话语指示语或话语指称语的中心词刚好与作为话语管界起点的表达动词词形相同。这样的中心词大多是名动兼类词。如：

（33）《街道》杂志报道，[1996 年 8 月 15 日，在上海商业超市供配货有限公司副总经理办公室内，翰维广告公司的沈双为一生首次下跪，成为上海第一个向客户下跪的广告人。

6 月 17 日夜起，沈双为连着干了三个通宵，及时将广告策划书交到对方进出口部经理手中，开价1.2 万元。但对方却以种种理由推托，迟迟未能付款。当沈第 11 次蹓进该公司时，仍吃白板。此时沈突然下跪，达 5 分钟之久。……]

读着这则报道，我的心里总觉得不是滋味。（《余杰文集》）

（33）中表达动词"报道"标志话语起点，"这则报道"标志话语终点。前一"报道"是动词，后一"报道"是名词。

有时标志话语单位起点动词与标志终点的名词不同形，但所指相同，只是视点不同。例如；

（34）《纽约时报》评论称，[气急败坏的拉姆斯非尔德正是为了抱住五角大楼的实权，不惜公然和总统作对，鼓动他的密友、极端保守派议员亨特拼命阻拦，让该议案"胎死腹中"。]

毫无疑问，这则报道在美国引起轩然大波。（《环球时报》2004 年 11 月）

这里标志话语起点的是"评论称"，标志终点的是"这则报道"所在的句子的开头。"评论称"本是一个言语行为，这个言语行为的言语作品就是"一则报道"。

③意向动词通常是管界的起点标记。例如：

（35）有一天他坐着做了许多梦，梦见的［好像是在那个幽深的石头房子里的谈话片断，梦一直持续到天亮，期间断断续续的］。（马原《康巴人营地》）

这里意向名词"梦"是假性话语指称词，意向动词"梦见"是管领的起点。这种只出现管界起点的现象一般是无定式话语指称。如果是话语指示语或有定式的话语指称，意向动词常常与话语指示语或有定话语指称语呼应使用。这时，意向动词便成为话语起点的标志，话语指示语或指称语便成为话语延伸的终点。如：

（36）我原来指望［问他喜欢什么体育活动，问到这个结果也就不必再往下问了。］

他说："我不让他参加户外活动。我太忙了，不能再为他出去跟野孩子学坏这样的事操心。……"

我的想法被她看出来了。（马原《骠骑兵上尉》）

（36）意向动词"指望"标志话语管界的起点，指示语"我的想法"虽不是话语终点的标记，但是它可以表明话语的延伸是不可能超越它的。

④意向动词和表达动词对它搭配的宾语在语义上的要求，这也可以帮助确定话语的管界范围。比如"梦见"是一个意向动词，"梦见"要求它的宾语必须是虚拟的行为或者状态，所以（35）中出现了"好像"一词。再比如表达动词"问、询问"后边必须是一个问句，意向动词"希望、猜想"等后边应该是一个没有完成的事实，其中"希望"的这一行为或状态应该是好的，"称赞"后边应该是一个肯定性的评价，等等。"讽刺、谴责"的宾语应该是一个否定性的价值判断。

⑤同义或同形的话语指称词语或话语指示语前后呼应分别标志话语单位的起点和终点。例如：

（37）我记得以前在《聊斋志异》中读到一则故事。［投水自尽者的灵魂为了来世投胎，必须隐藏在水边，诱惑下一名想自尽的人。］这位聪明的院长一定读过这个故事。（《余杰文集》）

（37）中前面出现话语指称词语"一则故事"，它是管界起点标记。后面的话语指示语"这个故事"与之呼应使用，话语指示语所在句子的开头就是管界的终点。

有时表达动词与话语指称、话语指示配合使用，标明管界的起点。如：

（38）不知道谁从小飞蛾的娘家东主庄带来了一件消息来，说［小飞蛾在娘家有个相好的叫保安。］这消息传到张家庄……（引自刘道英，2003）

这里前面的话语指称语"一件消息"和言说动词"说"共同标明管界的起点。

⑥篇章结构标记也可以帮助确定管界范围。例如：

（39）译文1：如我们所说……

下面我以加撇的方式，把这四段译文分别翻译如下：

［译文1'……

译文2'……

译文3'……

译文4'……］

从这四段引文我们可以清楚地看出……（王路《读不懂的形而上学》）

这里四段译文标明管界的是段落，不是句子，也不是整个篇章，四段中第一段的开头就是管界的起点。第四段的末尾，也就是下一段的提行就是管界的终点。

⑦通过指称词语的语义确定管界范围。指称词语意义对于确定篇章的管界也有重要作用，比如话语指称词"论断、判断"一般不可能是疑问句，应该是个陈述句。而指称词语"疑问、问题"

就表明话语本身具有疑问性。例如：

（40）简凡又一次强攻道："我有一个疑问，想请范团长解释一下。［一团这次冒进，有点特别，恰恰在你们团突然冒进的时候，C师的战场微波监视系统也调试成功了。这是不是太巧了］?" （柳建伟《突出重围》）

（41）［我是否也有贼心］，这个问题我不敢证实，事实是这次机会光临的是他而不是我。（马原《骠骑兵上尉》）

（42）"吕主任，你看过《第三次浪潮》没有？有时间的话，翻一翻还是蛮有意思的。托夫勒说：［不惜一切代价，不顾破坏生态和社会的危险，一味增加国民生产总值，成为第二次浪潮各国政府盲目追求的目标］。他这个论断，还是很精辟的。我们有些地方不就是这么干的?"（谌容《梦中的河》）

此外，不同的指称词语在读者或听话人的大脑里形成不同的意向图式。在确定话语管界时，这些图式会在管界确定中有着预期作用，比如"标题、句子、诗歌、小说"等，读者会根据不同语篇的图式来确定管界的范围。

⑧主语或话题的改变可以帮助确定话语单位的管界。例如：

（43）我们第二天一早就回拉萨了。

［这一天中午，连一点招呼也没打，骠骑兵的妻子携小儿突然飞抵拉萨。］

我们知道这消息是在三天以后，我们在结婚仪式上认识了骠骑兵大嫂。（马原《骠骑兵上尉》）

"这个消息"前面有两个句子，到底哪个句是"这个消息"的管辖范围呢？第一句和第三句的主语相同，而第二句的主语与其他两个句子的主语不同，第一句对于"我们"来说是已经知事实，不可能成为消息。所以这里人称的变换有帮助确定管界的作用。

⑨数量成分也可以作为确定话语单位管界的形式标记。例如：

（44）共同犯罪是指两人以上共同犯罪。它有三个基本特征：

第一，在共同犯罪中有两个或两个以上具有刑事责任能力的犯罪人；第二，各个共同犯罪人具有共同的犯罪行为，在实施同一犯罪时，他们的分工与参与程度可能各不相同，但其行为都指向一个共同的犯罪目标；第三，各个共同犯罪人有共同的故意。(《中国儿童百科全书》)

(45) 目前，对于《预算法》，存在两种倾向：一是认为在社会主义市场经济条件下，法制建设是一个长期的过程，因此，对完善预算法制建设缺乏信心，既没有压力，也没有紧迫感。二是对预算管理领域中的种种违法现象的危害性估计不足，对颁布和实施《预算法》的重要作用认识不够。这两种看法，都不利于《预算法》的贯彻执行。(《人民日报》1995 年 1 月)

(44)、(45) 中数量成分"三个"、"两种"都有标明话语指称管界范围的作用。

⑩通过话语名词的限定成分，如人称代词、指人名词等也能帮助确定管界范围。例如：

(46) 用李克自己的话说，[纯粹是缘分把林杏花拉到他的生活当中。]

(47) 有一次到镇上，施桂芳特地去了一趟医院，镇上的医生倒是同意她的说法，那位带着眼镜的医生把话说得很科学，一般人听不出来的，好在施桂芳是个聪明的女人，听出意思来了。简单地说，[男胎的确要娇气些，不容易挂得住，就是挂住了多少也要见点红。]施桂芳听完医生的话，叹了口气，心里想，男孩子的金贵打肚子里头就这样了。(毕飞宇《玉米》)

(46) 中通过"话"前的定语"李克自己"就可以确定后面的话是李克说的。(47) 中"简单地说，男胎的确要娇气些，不容易挂得住，就是挂住了多少也要见点红。"是一个引语，引语的起点就是以"简单地说"中言说动词"说"为标记，引语的终点是以"施桂芳听完医生的话"为标记，"医生的话"表明这个引语引

211

述的是"医生"的话语。

话语指示和话语指称的类型不同，确定管界的手段也有些差异。比如自指的话语指示语"本文"、"本句"、"本段"等的管界就是包含这个话语指示语的文章、句子、段落。与其他话语指示语和话语指称语的管界相比，无定式话语指称的管界规律相对来说比较规整，处于宾语位置的无定形式的话语指称的管界一般遵循就近下指原则。就近下指是指管界的起点通常在话语指称词语后边，即，话语指称词所在小句后的冒号、逗号、引号或破折号就是话语管界的起点。如：

（48）王军霞的致谢辞只用了30秒钟说了<u>三句话</u>。她说：［我的名誉归于我的祖国。感谢国际业余田径会授予我的这个荣誉。我一定发扬欧文精神，争取更好的成绩］。（引自徐赳赳，1996）

（49）我还是坚持我的<u>观点</u>，［这家伙想离婚，够呛］。（潘军《抛弃》）

有时带有话语指称的分句就是段落的结尾，这时话语指称的实际所指就在下一段的开头。如：

（50）一九九六年一月五日，作家在写作一篇关于往事的小说时，意外发现了一则不起眼的<u>消息</u>：
［隐匿近半个世纪之久的恶霸黄庆最近在云南××县伏法。黄庆祖籍……，……终于难逃法网］。（潘军《结束的地方》）

（51）然后她向我叙述关于<u>父亲的故事</u>——
［我至今不知道我真正的父亲是谁。在我五岁也许是六岁的一个夜晚……］（潘军《流动的沙丘》）

就近下指的话语指称的管界有时候被阻断，阻断的类型主要有：

第一，被"主语+言说动词（或意向动词）"阻断。如：

（52）在这之后我突然有个<u>想法</u>，我提议［和他扳手腕，比比力气］。（马原《叠纸鹤的三种方法》）

（53）因此，苏童也赢得了很高的 赞誉和评价 。 文学史家洪 子诚认为 ：["苏童的小说，既注重现代叙事技巧的试验，同时也不放弃'古典'的故事性，在故事讲述的流畅、可读与叙事技巧的实验中寻求和谐。"] 王德威说 ，[苏童天生是个说故事的好手。过去十年来他的创作力丰沛，中、长及短篇形式无不擅长，苏童营造阴森瑰丽的世界，叙说颓靡感伤的传奇，笔锋尽处，开拓了当代文学想象的视野。也就是说……] 我认为 ，[以上的评价基本上中肯地概括了苏童九十年代中前期小说写作的风貌。]（张学昕《"唯美"的叙述》）

第二，被话语指称的解释性成分阻断。如：

（54）正方一开始就对艾滋病下了完整的定义和解释：是后天免疫，对人的身体头死亡的影响，这个完整的定义把它带到 一个 结论。 那就是 ：[艾滋病是医学问题，不是一个社会问题。这是一个很好的开端。]

（55）昂纳克还有段妙论， 解释他并不喜欢坐巨型轿车 。["许多人对我们坐轿车感到气愤，但没有看到我们外出总有陪同人员跟着，经常要进行安检，从而不再有私人生活等等。……这不是私人生活。我们希望有人在这方面能同我们换一下。"]（《余杰文集》）

第三，由于结构的倒装，造成阻断。如：

（56）["一个戴眼镜的女孩子让男人动心真不容易。"] 时至今日，我都佩服柏先生当初发生的 这种感叹 。（潘军《半岛四日》）

值得说明的是，由于叙述者/说话人有时没有提供足够的确定话语篇章管界的手段，或是表达者/说话人与读者/听话人之间背景知识的不同，同时由于篇章提供的话语管界手段的有效性不是绝对的，在有些情况下，话语的管界是不容易确定的。我们这里

213

得出的结论（包括下面的引语管界问题）都只是一种倾向性的
结论。

6.1.3 引语的管界问题

引语的管界问题，其实就是引述或转述语的分布范围。它涉
及的是表达动词、意向动词和话语指称词或话语指示的管界范围。

由于引语与话语指示语、话语指称语有着密切的联系，一个
引语常常是由话语指称语或话语指示语引导的。如：

（57）老哑巴用极不连贯的手势向警方做了这样的解释：

我只看见 A 的手落在 B 的肩膀上，但我弄不清楚 A 是拉还是
在推。（潘军《对门对面》）

这既是一个话语指示现象，又是一个直接引语。所以引语的
管界有时候就是指称语或指示语的管界。

6.1.3.1 与话语指称或话语指示相同的管界手段

确定引语的分布范围与确定话语指示语和话语指称的管界手
段有些是相同的。

①引语的管界也必须遵循语义和谐原则。如：

（58）维克瑞认为，[与欧美纪录片相比，中国的纪录片大多
是从新闻事件中衍生出来的，所以特别强调拍摄前的文案工作，
往往是先有"剧本"，然后再用画面进行补充，而不是以画面来主
导纪录片的拍摄，不强调画面本身的张力和冲击力，更不用说采
用故事片的拍摄技巧。事实上，中国纪录片所存在的问题，是整
个亚洲纪录片制作普遍存在的问题。]（引自刘大为，2004）

此例由意向动词"认为"引导的一个间接引语，后边整个句
群都是意向动词管辖的范围。因为这个句群讨论的都是一个关于
纪录片的话题。前一个句子谈论的是中国纪录片操作的方法，后
边是结论。

下面的"认为"同样是意向动词，但是管辖的却是句群的前

半部分：

（59）科学家认为，[这种基因（指劳氏致癌基因）的一部分若发生变化，就会引起癌症]。所以，这种致癌基因自五年前发现以来，便成为癌遗传学的焦点。（引自《廖秋忠文集》）

这里"所以"前面的部分是意向动词"认为"的管辖的范围，是科学家的观点，"所以"后是作者的客观叙述。因此，"认为"的管界在"所以"前就中止了。又如：

（60）报载：[安徽省泾县优点局陈村支局局长李大炎，利用工作之便，贪污公款一万四千多元。虽费尽心机接力掩饰，然而，十六年以后，还是锒铛入狱，受到了法律的制裁]。

这件事首先说明，在我们社会主义国家，只要对人民犯了罪，无论怎样伪装掩盖，难逃法网。（引自《廖秋忠文集》）

（61）那会儿我也放松了一点，对她谈了我的恋爱经过，我说我们结婚十年从未红过脸，可以说是相敬如宾。她按灭香烟，说：[这太奇怪了。]我弄不明白，这奇怪吗？（潘军《寻找子谦先生》）

（60）"载"的管界到这一段结束为止，上一段是报道，后面是作者的主观评论，两者语义上不和谐，可见下一段不属于表达动词"载"的管界范围。（61）中"她"说的话语不可能延伸到这个话语片段的结尾。因为"这太奇怪了"与"我弄不明白，这奇怪吗？"前后一个肯定一个否定，语义冲突。

②意向动词和表达动词也是引语分布的起点。如：

（62）我对姐姐说，[你在家里吧，我去找妈]。姐姐知道[我想出去跟孩子们玩耍]姐姐就生气地说，[你走吧，你走了我告诉妈妈，就说你不在家里看守爸，看妈不收拾你]。（衣向东《过滤的阳光》）

一个引语的分布范围通常是以一个言说动词或意向动词的出现开始，到下一个意向动词或言说名词出现就结束。（62）中第一个引语以"说"开始，到"姐姐知道"前结束，"知道"又标志下一个引语的开始，到下一个"姐姐就生气地说"出现就结束，另一个引语就又开始了。

意向名词、表达名词等同样有标明引语起点的作用。如：

（63）老王拍拍他（吴越），说你的出发点是好的，人也聪明，我看你今后专门搞摄影吧。老王说摄影是死东西，只要人勤快，肯吃苦，把有新闻价值的画面一框，再动一根手指，就成了。那时吴越的<u>感觉</u>，[科长的话就像黑夜里拨亮了一盏灯]。（潘军《九十年代的获奖作品》）

意向名词"感觉"，就是后面引述语的起点。

③主语的重现、更迭与省略帮助确定引语的分布范围。如：

（64）他（布什）对胡锦涛说，[我肯定要去中国访问，具体时间可以再商量。我特别希望 2008 年能到北京观看奥运会。那时的北京和中国肯定又大不一样了]。胡锦涛当即对他发出了邀请。（《环球时报》2004 年 11 月）

（65）她告诉我，这些苹果是她家花园里的苹果树上结的。在西欧，即使是大城市住楼房公寓的居民，在城边上一般也有一块地，花草、树木、蔬菜，什么都能种。（　）看看这些大小、长相、品质都不算上乘，折成人民币绝对不超过两元钱的苹果，我真不知道说什么好。（《环球时报》2004 年 11 月）

（64）中主语"我"重现了，说明两个"我"所在的分句都是引语的范围，最后一句主语是"胡锦涛"与第一句的"他"不同指，因此一定不是引语延伸的范围。（65）中最后一句中主语（括号中的部分）"他"省略了，因此后续句不是"她告诉我"引述的范围。

④话语指示语用作引语分布的终点。如：

（66）那位老干部模样的人下车前分别同何光和余佩握手，<u>说</u>，[祝你们永远恩爱、相敬如宾]。余佩听<u>了</u>这话语不禁笑了。

（潘军《抛弃》）

（67）有庆家的吐出嘴里的药片，心里想，[我还用吃它？这辈子没那个福分了]。<u>这个突发的念头</u>让有庆家的特别地辛酸。（毕飞宇《玉米》）

（68）但图片的下方的<u>一行字</u>是：["俨如饱经风霜，到处是洞眼、裂纹，给人以一种历史的凝重感。"]看了<u>这段文字</u>后。我再也不喜欢这种"石竹风格"了。（霍寿喜《读不懂的装饰语言》，《中华读书报》2004 年 11 月）

（69）何光冷笑道，[我们这些人，也就剩下这么点东西了]。<u>话</u>一出口，连自己也觉得莫名其妙。（潘军《抛弃》）

这里四例画线部分是话语指示语，（69）中"话"可看成省略了"这"。它所在的句子的开头就是引述语结束的标记。

此外，篇章界限、话题的转变等也是引语管界的标记。

（70）据<u>介绍</u>，[刘翔一直有记日记的习惯，所以书中不少文字都来源于他的日记，为加快出版的速度，刘的两位好友帮助整理，所以全书 10 万字从着手准备到整理完毕只用了一个月的时间。]

<u>对于</u>刘翔在图书宣传方面的安排，戴总表说：……（《新闻午报》2004 年 11 月）

这里"对于"作为话题标记语，表明话题转变，"介绍"的引语部分的分布范围不可能越过这个话题句的句首。

6.1.3.2 引语特有的管界手段

引语管界的确定手段也有自身的一些特点。表现在：

①对言说行为或意向行为自身的重述可以帮助确定引语的终点。例如：

（71）门一打开，半大孩子们就<u>乱乱嚷嚷地喊</u>，[伯伯好大妈好，叔叔好婶婶好，哥哥好臊子好……]父亲和母亲分不清谁喊叫他们了，嘴里一个劲地答应着好好好，手里忙着倒酒分糖。（衣

向东《过滤的阳光》)

（72）母亲转身朝屋子外走，说［你让我死我就死给你看，我死了你去找你那个梅吧。］母亲说的那个梅，就是追求父亲的女同学。（衣向东《过滤的阳光》）

（73）"怎么办？"魏强脑子连转了几个弯，［"帮助推去？枪在车兜里，手里扣着子弹；不帮着推，看样子他是不会放。唉，演戏，说好话地哄吧，也许能混过去。"］想到这里，就摆出一副可怜的面孔，点头哈腰地哀求："队长，不怕您笑话，我是个残废人。"（冯志《敌后武工队》）

（71）"分不清谁喊叫他们"这句是对前面"乱乱嚷嚷地喊"这一言语行为重新进行描述，这标志着前面的引语在这一句开头便结束了。（72）中"母亲说的那个梅"中的"说"明显指向言语行为本身。前面引语的终点就在"母亲说的那个梅"的前面。（73）"想到这里"是对"魏强脑子连转了几个弯"的重述，引语的终点就在"想到这里"前。

对言语行为或者意向行为的重述可以是正在进行的行为的重述，如：

（74）这时他突然问道：［你能喝酒吗？你晚上要是没有别的安排，喝一点？我买单。］说着他就拍拍手里的一支大盒子：我去买裤子，却摸奖得了一个微波炉。（潘军《寻找子谦先生》）

（75）小野一屁股坐在椅子上，像是走了气的皮球。［他后悔自己不该马上杀死吴胖子，暗暗敬佩郑敬之，看来这次又莽撞了。］想着想着，中村的吼声又在他耳边响起……（李小明《平原枪声》）

这里的"说着"、"想着想着"表示言语行为或意向行为正在进行。引语终点就在它们的前面。

也可以是对言语行为（或意向行为）完结的描述。例如：

（76）"我这个人也很可耻。"他说，［"心里想抛弃她却还

要让他说我抛弃得对。"］他这么一说，我就懒得说了。（潘军《抛弃》）

（77）虎姑娘过来，把钱抓在手中，往他的衣袋里塞：["这两天连车带人都白送了！你这小子有点运气！别忘恩负义就得了！"］说完，她一转身把门倒锁上。（老舍《骆驼祥子》）

"这么一说"、"说完"表示前面的言说行为结束了。这也就是前面引语的终点。

有时候言语行为完结的描述是隐含的。例如：

（78）布什闻此颇显诧异，耸耸肩不解地说叹道，［荒唐！这相当于蚊子想攻击大象呀！］听上去，连布什也觉得陈水扁的战争狂想走得太远、大不着边际……（《环球时报》2004年11月）

这里没有明显表示话语完结的词语，但是"听上去"隐含着前面的言说行为结束了。

②言说时伴随行为的描述可以帮助确定引语分布的终点。如：

（79）她用力拖父亲一把，让他快走，说［你不要在外面丢人现眼的，回了家怎么折腾都行！］母亲拽父亲的力气太大了，一家伙把父亲拽倒了，父亲就躺在地上不肯起来。（衣向东《过滤的阳光》）

这里"用力拖父亲一把"是"母亲"言说时伴随的体态，下文画线部分是对这一伴随行为的重述，它就成为引语分布的终点。

③叙述者的评论常常不是引语的分布范围。例如：

（80）什么是女人？有一回她（少女斯）这么问我，［是不是同男人"在一起"了就是？］这就是少女斯的做派……（潘军《纪念少女斯》）

（81）很多比利时商人认为，［上海正在努力营造全球最有活力的投环境，正在向着顶级国际大都市快速前进，上海将是全国乃至全亚洲进行贸易活动最好的城市之一。］而上海的道路、桥梁、交通设施及城市规划在不断变化的建筑轮廓一起印证了上海

的发展，这些都像磁铁一样吸引了比利时商人。（《环球时报》2004 年 11 月）

以上两例画线部分是作者的评论，它们不是前面引语引述的内容。

有时候篇章中会出现表示作者主观评价的插入语，"看来、就此看来"等，这也是确定引语管界的标记。例如：

（82）彭爵士说［他还要建立旗舰店，大力推进动漫产品，并使之成为连锁趋势……］看来，这小子"野心"不小。（《中华读书报》2004 年 9 月）

（83）他说，［在其即将到来的第二任期中，他与中国领导人在双边关系方面谈得最多的恐怕是台湾问题。］由此西餐厅经理看出，布什深知台湾问题在中美关系问题中的高度敏感性和不可回避性……（《环球时报》2004 年 11 月）

这里两个插说成分是引语终点的标记。

④话题转换可以作为引语终点的标记。例如：

（84）母亲就逼着我说，［丰儿，快叫他一声，你不叫他能掐死你。］我倔强地怒视父亲，死也不吭一声。（衣向东《过滤的阳光》）

（85）她下午四点下班，她说［她已经跟西餐厅经理打过招呼，可以在收费上打一点折扣。］西餐厅经理跟她关系不错，这是个广东人，在香港和新加坡都干过。（马原《死亡的诗意》）

上一例中，话题是"母亲"，后面的话题是"我"。"我"就是引语终点标记。下一例话题由"她"转到"西餐厅经理"，因此"西餐厅经理"就是前面引语结束的标记。

⑤文体差异及句式也可帮助确定引语的分布范围。如果引语引述的是外语、方言、古文等，同一语体的话语往往都是引语管界的范围。口头语体与书面语体等也常常是区分引语的一个重要标志。如：

（86）古人常常通过游戏，讲故事、诵读诗歌等儿童喜爱的形式来达到教育的目的。王守仁说：[大抵儿童之情，乐嬉游而惮拘检，如草木之始萌芽，舒畅之则条达，摧扰之则衰萎，今教童子，必使其趋向鼓舞，心中喜悦，则其进自不能已。] 这话很有点要追随儿童天性，激发其内部动力而因势利导的意味。（引自《廖秋忠文集》）

（87）试想，[今日谋攻而不读马列之书，将持何以率众？以其昏昏，又如何能使人昭昭？] 当然，工作忙，时间紧，年龄大。文化低，都是实情……（同上）

例（86）中王守仁与作者的语言风格差异很大。这里文言部分就是引语的分布范围。（87）中只有意向动词"试想"标记引语的起点，引语的终点主要靠语体来确定。

⑥表达动词前有前提触发语时，触发语前后的话语通常属于同一引语。常见的触发语有"接着"、"继续"、"同时"、"又"、"再次"等。例如：

（88）[你那五十万要是在我手里，叶胖子咳了几咳]，继续说，[嘴巴张到暗红色的牙龈都看得见，不出半年就变成一百万，晓得啵？]（何力伟《天堂之歌》）

（89）[子谦这个人生命力很旺盛。] 余佩接着说，[兴许正是这一点，让我看重了。]（潘军《寻找子谦先生》）

这里"继续说"、"接着说"后面的话语都是引述语。

⑦人物对话中，没有明显的引语标记时，话对是判定引语分布的手段。例如：

（90）年轻人危难的样子，搔搔头发乌亮的后脑壳，说，[她不会做咧。]

不会做不要来，就是陪我讲讲话也要得来。嗳？

[她真的不……]

你一句话，行还是不行？（潘军《对门·对面》）

221

除了第一句有引语标记"说"外，其他的话语就要依据话对原则，确定引语的管界。下一句是另一个人的话轮，再下一句又是这个年轻人的话轮。"她不会做咧"与"她真的不……"是这个"年轻人"的话语轮，其他的对话是另外一人的话轮。同一人的话轮属同一引语。

6.1.3.3　引语的类型与管界特点

①直接引语的管界

直接引语在书面语中都是有标记的，直接引语的管界分为完全标记管界和部分标记管界两类。所谓完全标记管界是指有引号、字体或篇章标记来标明引语的起点和终点。例如：

（91）从纽约回到约翰内斯堡，卡特的精神已濒临崩溃的边缘。他在笔记中写道：["心情恶劣，没有电话，没有付房租的钱……钱!!!……"]（潘军《九十年代获奖作品》）

（92）当此之时，便有这样一些时间交待频繁出现了：
[一个月以后我又去看她，但是她还没有回来。（98页）
空两行之后：
于是又隔了两个月，但是它还没有回来。（98页）]
　　　　（王璞《漂移在虚实之间的魔术》，载《当代作家评论》）

（91）这里表达动词以及引号就是直接引语开始和延伸的范围。（92）用提行和另一字体标示的是来自于另一语篇的直接引语的范围。

直接引语中，管界标记大多只是标记引述语的起点。如：

（93）姐姐说：[你要是喜欢上他就好了，他真可爱。这个时候我突然发现姐姐变了，]……（笛安《姐姐的丛林》）

这里言说动词"说"只是引语管界的起点，终点则需要读者去推断。

②自由直接引语的管界

自由直接引语由于没有引导句，它的分布范围主要靠区分转

222

述人（叙述者）的话语与人物的话语来确定。没有叙述者语言为参照的自由直接引语通常以话对形式出现，话对就是确定话语管界的手段，即在言说语境中，一个话对应该是在两个或两个发话人之间一个话轮一个话轮依次展开的。如：

（94）**女人刚立住，一个声音便迫了过来，是个男声。**

［我在这。我知道你会迟来十分钟。］

有话快说，我还有事。

［别给我来这个。我问你，那人行吗？］

行不行不关你的事。（潘军《半岛四日》）

这里我们用方括号标明的两行是男人的话语，是直接引语。没有标记的两行是女人的话语。这是个自由直接引语。这个引语的管界是依据话轮转换规则确定的。

有的作者在运用自由直接引语时，话轮没有分行排列。这就要求读者根据话语之间的联系来确定一个一个的话轮的界限。如：

（95）［啊，你跳得不错。］你跳得也不错。［刚才这个曲子很好听。］是的，很好听。［什么时候拜读你的诗。］行啊，欢迎光临。［留个地址吧。］留个地址。［时间真是不早了。］是啊，是散场的时候了。［那么再见。］再见。［再见啦。］再见。（陈洁《难以诉说》）

这里我们用方括号标注的是一个人的七个话轮，属于同一引语。没有用符号标注的部分也是七个话轮，属于另一引语。

有时候与自由直接引语相呼应的话轮是另一个有引导句标记的引语，如：

（96）［你不想喝醉，怎么醉得像癞皮狗？！］

父亲很认真地说，到了谁家都让喝一杯，一杯一杯就多了。（衣向东《过滤的阳光》）

这里方括号部分是个自由直接引语。后续话语是有引导分句的，是一个直接引语。

有时自由直接引语后续成分是对该话轮言后行为的描述，这种描述性话语就是引语管界的终点。例如：

(97)［你愿意跟她一起去么？］他摇摇头，没有作声。

由于自由直接引语与作者的叙述语相混淆，所以关键是区分叙述语言与人物语言。叙述语言不但可以在直接引语的前面和后面出现，也可能插在引语中间。如：

(98)你怎么今天想起上班了？［我想不出除了上班还可以干什么，她站起来，看看表，我得去趟药房。］（吴滨《城市独白：不安的视线》）

此例中前面画线的是一个直接引语。在这话轮后边又出现一个自由直接引语，但是这个引语被作者的叙述语"她站起来，看看表"隔断了。

③间接引语的管界

间接引语的管界一般是以表达动词和意向动词或话语指称语作为引语的起点，终点则要依靠其他手段来确定。

④自由间接引语的管界

自由间接引语有的有引导分句，有的没有引导分句。以意向动词为引述分句的意向动词就是引语起点的标记，如：

(99)……明知杨欣最受不了这些，还是忍不住要把话说出来，结果每次都不愉快。马文觉得［自己出这么多钱不合理，水费、电费、煤气费，都要掏一半来实在是太吃亏，他从不在家洗澡，从来不用电吹风，从来不用电熨斗，而且房间里还没有空调。］杨欣对这些话烦透了，只当没听见。（叶兆言《马文的战争》）

没有意向动词为引导句的自由间接引语，主要依靠区分作者的叙述以及第三人称心理活动和内心独白来确定引语分布的起点或终点。

6.2　话语指的篇章结构标记功能

6.2.1　话语指为什么具有篇章结构标记功能

话语指可以指向任何话语单位，话语单位可以是句子、句群或一个语段（一个小的篇章），根据话语指功能研究原则 5 可知，充任话语指的词语（话语指示语、话语指称语）就有了两种作用：

①该词语对于它所指的话语单位具有管界作用，通过管界范围显示一个语篇中的结构成分。

②该词语成为所指话语单位的形式标记。

如果话语单位是一个语段，而该语段正好是篇章结构单位，且篇章中其他结构单位也有相应的话语指（主要是话语指示语和话语指称语）起管界和标记作用，这些话语指就共同实现了篇章的结构功能，话语指就成为整个篇章结构的标记——篇章宏观结构标记。

如果话语单位是一个句子、句群或语段。而这些话语单位不是篇章中的结构单位，话语指就常常成为篇章微观或局部结构的标记。

6.2.2　话语指的篇章宏观结构标记功能

6.2.2.1　话语指实现篇章宏观结构标记功能的语言条件

话语指必须以自指的方式出现，才能实现对篇章宏观结构的标记。所谓自指包括指称性自指和指示性自指，即话语指示语或话语指称语必须处在它们所标记的语段之中，不能出现在其他语段之中。例如廖秋忠的《〈语言的共性与类型〉述评》就是利用话语指显示整个篇章的结构的。

（100）

<u>第一章语言共性</u>

……（内容介绍）

……（作者评论）

<u>第二章语言类型</u>

……（内容介绍）

……（作者评论）

<u>第三章理论务虚</u>

……

……

这里的专有话语指"第一章语言共性"所指的话语单位就是包含这个话语指称语的篇章结构单位。其他的话语指称也是这样。全文主要依靠十一个专有话语指称词形成篇章的宏观结构。

如果话语指不在标记的语段内，即指称篇章结构的话语指称语或话语指示语不在所指的话语单位内，则是对篇章结构的描述，不是对篇章结构的显示或标记。例如：

（101）本书（《语言的共性与类型》）第一章是语言共性，第二章是语言类型，第三章是理论务虚，第四章是词序，第五章是主语，第六章是格标记，第七章是关系子句，第八章是使成结构，第九章是生命度，第十章是类型学与历史语言学，第十一章是结论与前景，下面就按照章次，先介绍每章的主要内容，然后加上评语、补充或注释。（廖秋忠《〈语言的共性与类型〉述评》）

又如：

（102）本文由三小节构成，第一节讨论……第二节讨论……

不单单是指称篇章结构的话语指能显示篇章的结构，一般的话语指称语或话语指示语，也能显示篇章的宏观结构。我们以《文学作品的解析》一文为例加以说明：

解析，就是评论者对作品的内容、形式、表现方法等所作的解释，分析和评价。

　　一篇作品问世以后，作家很注意读者的反响，很愿意听听读者如何解释、分析他的作品的。评论者真正说到"点子"上也不是一件容易的事。……的地方。这种解析无论对谁都会起到良师益友的作用。

　　解析作品时，重要抓住三点：一是解析作家作品中究竟说了些什么；二是作品有哪些长处和短处，这作品究竟是成功了，还是失败了；三是作家究竟采用了哪些手法来表现内容。

　　解析作品的思想内容

　　文学评论衡量一篇作品的好或坏、真或假、美或丑、高或低，首先要看内容，看作家写了什么，用什么样的观点和感情写的。……下面以晓江的文学评论文章《一座漂亮的文学"建筑"》为例，看看作者是怎样解析《花园街五号》这篇小说的。这篇文章有这样几段文字：

　　您的《五号》以敏锐的生活触觉，反映了现实生活中的新矛盾，新的斗争，以强烈的政治热情，表现了人民的愿望与社会发展趋势……

　　您展现的精神世界……

　　您在刘钊身上关注的不仅仅是……

　　第一段是从作品的整体出发……

　　第二段是从主人公的精神世界……

　　第三段是解析作者在人物形象上浸透的崇高情感。

　　这些解析内容的文字，都较准确、深刻，符合作品的实际。……否则无法展开。

　　解析人物形象

　　……

　　解析艺术技巧

　　……

以上着重论述了解析的三方面的内容。具体评论时，可以有
所侧重，或以思想内容为主或者以人物形象为主，或以艺术技巧
为主。……这一点一定要注意。

（《全日制普通高级中学语文读本》第 4 册）

这里"三点"就是一个话语指称语，由这个话语指称语控制
着整个文章的结构。这篇文章的宏观结构就是依赖"解析作品时，
重要抓住三点"这一含有话语指称语的句子。这句之前的部分是
文章第一部分，文章后面出现的"三方面内容"与前面的"三点"
回指照应。"以上着重论述了解析的三方面的内容"就是文章第三
部分（结尾）的开头。中间的部分就是文章的第二部分，也是这
篇文章的核心部分。作者对文章核心部分进行阐述时分别借助专
有话语指称语"解析作品的思想内容"、"解析人物形象"、"解析
艺术技巧"逐一展开。这篇文章的重点部分是由一个一总三分的
总分式结构构成。在该总分结构中，每一分结构同样借助了话语
指称语。例如在分析"解析作品的思想内容"时，运用话语指
"这样几段文字"将晓江的文学评论文章《一座漂亮的文学"建
筑"》中的内容嵌入到作者的文章中，然后运用"第一段"、"第
二段"和"第三段"这几个篇章结构指称语进行分别论述。最后
用话语指称语"这些解析内容的文字"进行评价。因此，我们只
要抓住这些话语指称词语就能分析出整个篇章的结构层次或结构
模式。

6.2.2.2　话语指实现篇章宏观结构标记功能的手段

①采用专有话语指称，即标题的方式。专名可以对语段内容
保持理据性，形成词语性标题；也可以对篇章结构单位的顺序保
持理据性，形成编码式标题；也可以两种方式一起使用。

标题和编码其实是一种变形的自指。但数字编码只能显示篇
章的结构，不能从语义上显示篇章结构。编码可以用数字式如
"1、2、3……"等，也可用词语形式"首先、其次、再次"，"第

一、第二……"等。

一般说来，如果一个篇章中第一层次上出现了标题或编码式话语指，整个篇章就会采用这种结构方式，篇章的宏观结构就极为清楚。例如一个篇章中如果用了"一"来表示篇章的结构，整个篇章都要采用这种方式。

②话语指称加陈述的方式通过自指也能显示篇章的结构。如"本小节讨论……"、"这一段介绍……"、"这里谈谈…"等。这种类型的篇章结构标记形式，不一定在篇章每一结构单位中都采用，可能有的结构单位会采取零形话语指的形式，有时可能会用"这里"等来显示。通过这些话语指标记也可以确定整个篇章的结构。

③一般的话语指称，也可以显示篇章的宏观结构。

④采用意向动词和言说动词。不仅话语指示语和话语指称语能显示篇章结构，意向动词或言说动词也能显示篇章的宏观结构。由于意向动词和言说动词具有递归结构，有时一个篇章就是复杂的递归结构，此时，意向动词或言说动词就是篇章结构的标记。我们以一则消息为例加以说明：

（103）据诸暨大酒店员工反映，（郦伟信等40多人到酒店后，110民警随后到达，民警发现（（人手不够就联系城东派出所，））就在此时，这伙人动手将酒店前门玻璃全部砸光，遍地碎片。随后又将吧台保鲜柜砸破，拿走一些食品。在酒店员工拍照取证被发现后，）〕郦伟信又宣称，（（（再拍就再砸，不说出是谁在拍就再砸。）））酒店办公室主任余娃那称，（（（她亲耳听到，（（（（郦伟信还宣称（（（（〔今天保安周位春不下跪就砸光酒店。〕））））））））））））随后这批人在大堂吧坐下，叫来夜宵吃完又提出要住在酒店。郦伟信交了7000元押金，开了13个房间，一部分人住下，一部分离去。今天该酒店原定好的喜宴也被迫取消，）〕〕（据酒店员工反映，郦伟信的岳父是诸暨市人大常委会副主任林朝松。桂花园小区和公安派出所相邻，诸暨大酒店和市政府、市公安局大楼仅一河之隔。）

这篇报道就是一个复杂的递归结构，要分析这个报道的结构，我们只要抓住它所使用的意向动词或言说动词就可以了。这个篇章结构我们可以简单地图示为：

大酒店员工<u>反映</u>（郦伟信又<u>宣称</u>（（酒店办公室主任余娃那<u>称</u>（（（她亲耳听到（（（（郦伟信还<u>宣称</u>（（（（〔……

只有篇章中每个结构语段都用到话语指时，篇章的宏观结构才能完整地显示出来。在实际的语篇中，利用话语指显示篇章结构的例子并不多见。但不可否认的是，话语指具有显示篇章结构的功能。

篇章是个极其复杂的现象，许多不同类型的因素交叉其中，共同将篇章结构起来。对篇章进行结构分析，最起码的方法就是将同一类型的因素分离出来，观察这些因素是如何相互作用而从一个方面支撑其篇章来，形成丰富多彩的结构模式和结构类型①。篇章的结构不仅仅是段落结构，也可能是叙事结构，也可能是宏观的语义结构。因此分析篇章的结构可以从不同的角度切入，话语指只是分析篇章结构的手段之一。

6.2.2.3 篇章宏观结构标记功能的文体差异

①标题形式的话语指适应所有的语体，一般说来，学术论文、教材等论证语体一般都要运用这种形式的话语指结构全篇。依靠这种手段，整个文章的结构层次就能清楚的显示出来。

不光是学术论文、评介性文章，文艺性文体也常常利用专有话语指来显示篇章结构，文学作品也会用到这种形式，特别是在长篇的小说或戏剧中表现得十分明显。越是结构复杂的篇章越是需要这种形式的话语指。古代章回小说是利用话语指显示篇章结

---

① 刘大为：《意向动词、言说动词与篇章视域》，《修辞学习》2004 年第 6 期，第 6 页。

构的典型代表。这种方法在现代的中、长篇小说里也常常使用。

②采用语义自指方式的话语指则一般用于论证语体中，如"本节讨论……"、"第一段介绍……"、"这里谈谈……"、"本文描写……"等。特别是在评介性论证语体中经常使用指称篇章结构单位的话语指。如中学教学参考书上对课文的分析，诗词欣赏等。指称篇章结构单位的话语指在小说这种语体中较少使用，除非是自元小说，即小说的内容是作家自己谈论这篇小说的写作过程的这类小说，就常常要用到自指的话语指。例如潘军的《桃花流水》是一篇元叙事小说。这篇小说中经常出现表示这篇小说写作过程的话语指，如"小说写到这里，我有必要加一段说明。""我的故事到这里实际上可以结束了。""让我们再回到故事的开头"。如果没有话语指，有关小说自身的叙述是不可能进入到小说中的。可以说话语指是自元小说赖以存在的先决条件。正是因为有了话语指，才形成了一种新的叙事模式的小说——元叙事小说；如果小说中要谈论另一篇小说的写作过程也要用到话语指，否则另一篇小说不可能进入到作家正在创作的这篇小说中来。例如潘军的小说《感情生活的真空时间》这篇小说的主要内容就是叙述另一篇小说《空心》的写作过程及相关人物的情况的，所以这篇小说中用到了许多指称篇章结构单位的话语指。如"这在小说《空心》的第一小节便可以看出：……""关于那把箫，在伊达的文章中有两处提及。第二节是这样写的：……""编辑部收到的'尾部'大约不下十个"等。

③意向动词和言说动词的递归结构在论证语体和叙述语体中都广泛使用。例如小说中的故事套故事，一定要言说动词的套叠使用，一个故事需要借助一个言说动词镶嵌进另一个故事，而另一个故事要镶嵌进又一个故事，就又必须借助一个言说动词，形成一种线性递归结构，如《一千零一夜》的结构方式就是如此。

6.2.3 话语指的篇章局部结构标记功能

如果说，利用话语指显示整个篇章结构仅仅是在部分篇章中出现的话，利用话语指显示局部篇章结构则在篇章中广泛使用。很少见到不利用话语指显示篇章局部结构的现象。因此在篇章中更常见的是话语指对篇章的局部结构的标记作用。话语指示语、话语指称语以及言说动词和意向动词具有篇章管界功能，而"篇章管界有助于确定局部的篇章结构"。① 所以话语指具有篇章局部结构的标记功能。

利用话语指可以确定的篇章局部结构的模式或类型。至于利用话语指能够显示哪些类型的篇章结构，我们没有进行全面的考察。较为常见结构类型或篇章模式有以下四种。

6.2.3.1 并列式结构

（104）二道河子离他们居住的村庄有二十里路。那里没有人家，有的是一条曲曲弯弯的河、开阔的原野和田地。当然，山也是有的，不过它在河的对岸，看上去影影绰绰的，不太容易走近。马曾经想，那山一定是座很大很大的房屋，只是他猜不透里面都住着些什么动物，也许是黑熊、狼或者是兔子？马见过这些动物，它觉得它们比它命好，不用听人吆喝，也不用被套上绳索埋头拉车，直到拉得老眼昏花、吃不下草料为止。（迟子建《一匹马两个人》）

这一段由五个句子组成，通过意向动词我们可以确定这一段篇章结构关系是：

$$[S_1 + S_2 + S_3]\ [S_4 + S_5]$$

前三句是作者的叙述，后两句是对马的叙述。

6.2.3.2 总分式结构

本单元的一组文章从不同的侧面探讨了"文明的进步和人类

---

① 廖秋忠：《篇章中的管界问题》，《廖秋忠文集》，北京语言学院出版社 1992 年版，第 112 页。

的未来"。人类文明的发展推动着社会的进步，同时文明发展过程
中所出现的各种问题又引起人们对未来的深思。恩格斯在《劳动
从猿到人的转变中的作用》一文中，用自然辩证法的理论阐述了
人类婴儿时期是如何迈出文明的第一步；达尔文的《〈物种起源〉
导言》运用生物在进化变异中的实证材料，否定了"上帝造物"
的唯心神学观；《相信未来》中，诗人在用困境里用燃烧着激情的
笔写下了对光明未来的坚定信心；《地球的镜像》用科幻的形式回
顾了中国文明史上的辉煌与愚昧，进而作出了相应的反思；说明
文《走向21世纪的机器人》让我们看到机器人正走进人们的生活。
（上海版高级中学语文课本语文练习）

　　这一段由三个句子组成，第三个句子由五个分句构成。通过
话语指称语"本单元的一组文章"和五个专有话语指称词语，我
们可以得出这个局部语篇的篇章结构关系：

$$[S_1]\ [S_2]\ [S_3\ (s_1 + s_2 + s_3 + s_4 + s_5)]$$

　　总分总式：

　　（105）问到他们拒绝这种发音的理由是，受调查者提供了<u>五
种答复</u>：

　　——这不是西班牙的发音，这是地区性发音。

　　——这是典型的农村发音，是农民的发音。

　　——这种发音具有社会文化水准不高的特点，是粗俗的发音。

　　——它是生理缺陷造成的，舌头下面长膜。

　　——它很难听。

　　可见，在这些回答中什么内容都有，它们完全体现人们中遇
到的各种语言态度的特点。（路易·让《社会语言学》）

　　我们通过话语指称语"五种回答"和回指的话语指示语"这
些回答"确定这是一个"总—分—总"的微观篇章结构。这个微
观篇章的结构关系是：

$$[S_1]\ [S_2\ (s_1 + s_2 + s_3 + s_4 + s_5)]\ [S_3]$$

下面一个例子则是分总式结构：

（106）彩票既然是国家发行，为什么还会出现杨永明这样的个体承包商？一个有做假前科的人，为什么还能继续承包彩票？这中间到底存在什么样的利益关系？带着<u>这些疑问</u>，我们的记者在西安继续进行了调查。（网易新闻）

6.2.3.3　递归式结构

（107）娘曾经告诉我，她打第一眼看见八爷，身上就像长了芒刺一样产生了不安感。她觉得八爷面熟，像南山里跟她定亲的养牛汉。她跟她小时候隔着木栏见过一面。当时她就觉得那个下巴在木栏上蹭来蹭去的黑小黑眉眼不善，长大后不会是省油的灯。可是我娘就是不敢相信八爷会找到她和老五的踪迹，一直追到远离南山的马刀峡来。（苏童《青石与河流》）

分析这个语段，只要抓住"觉得$_1$"、"觉得$_2$"、"相信"这三个意向动词对于言说动词"告诉"的递归关系，语段中的篇章结构就清楚了。

6.2.3.4　嵌入结构

（108）布什对记者们说，他同胡锦涛主席进行了坦诚交流，期待着在今年以后的四年时间同胡锦涛一起努力，维护朝鲜半岛、亚太地区乃至世界的和平；期待着……

分析人士指出，布什的<u>此番讲话</u>表明他对中国的认识有了新的高度，对中美关系的认识已超越一些具体问题本身。（《环球时报》2004 年 11 月）

这里话语指示语"此番讲话"，将上面一个语段嵌入到下面一段之中。

附 录

话语标记 "别说"

——兼论话语标记与话语指的关系

0 引 言

作为话语标记语的"别说",既可以是词汇化的形式,也可以是包含"别说"在内的短语结构,如"你别说"、"你还别说"、"你也别说","你倒别说"、"可也别说"、"还真别说"、"倒也别说"等。刘永华、高建平(2007)、尹海良(2009)着重分析了话语标记"别说"的语用功能。侯瑞芬(2009)分析过话语标记"别说"的形成过程和语用意义。该文关于话语标记"别说"的形成过程的观点可以概括为:

动词短语"别说"+p(小句宾语)→别说(短语),S→别说(肯定性话语标记),S→单纯的话语标记"别说"。并进一步强调说"别说"后面不能出现负面的评价。韩蕾、刘焱(2007)则明确地将"别说"的语用意义归结为"意外"。

值得思考的是,话语标记"别说"是否具有肯定对方看法的功能?"别说"的形成是否遵循上述发生学系列?"别说"的语用意义是不是"意外"?"别说"句与"意外"之间有着怎样的联系?"别说"后否能出现消极评价?此外,话语标记与话语指有什么关系呢?要解决这些问题首先得要弄清"别说"的形成过程。

1 话语标记"别说"的形成过程

1.1 否定已有观点的话语标记"别说"

话语标记语"别说"是从动词短语"别说"发展而来的。"（你）别说"后面可以带上言说内容，即小句宾语。例如：

（1）"哦，你们镜州还真有这么廉洁的好干部呀？"

出租汽车司机是个很好的小伙子，眉目清秀，像个女孩子，也像女孩子一样多话：

"那是！同志，你可别说现在没有好干部，我看我们镜州的干部大多数还就不错哩！"（引自侯瑞芬，2009）

对方提出的疑问表明他认为镜州现在没有好干部，出租车司机用"你可别说现在没有好干部"进行阻拦，这是一种已然阻止，其实质是一种否定。这里的"你可别说现在没有好干部"可以有两种理解：一是，说话人阻止对方不要说这话，即对言语行为的阻止，此时的"说"是言说动词；二是，说话人否定对方的观点。此时的"说"是非自主性的认知动词，相当于"认为"、"以为"，即，"你别认为现在没有好干部"。其会话结构是：

A：p　　B：别说 p，—p（或 q）　　　（—p 代表 p 的否定）

正是在这样的语境下发展出话语标记的用法。例如：

（2）小郭：你倒是想去，人家搭理你吗？

大嘴：你还真别说，人家赛掌柜今天还真偷偷找我了，你知道他给我开的啥价吗？（引自侯瑞芬，2009）

例（2）"别说"后面隐含一个小句宾语，如可以说成"你还真别说人家不会搭理我"。"你还真别说"用来否认对方的看法，继而提出与对方相反的观点。从而形成了否定对方观点的会话结构：

A：p　　　　B：别说，—p（或q）

"别说p"具有阻止和否认双重功能，发展成话语标记后，"别说"的主要功能可能不是阻止对方言说，而是否认对方的观点。当对方说出某一观点，如果说话人要阻止对方再言说，一般用"别说了!"。可见，固化后话语标记的"别说"主要残留了"别说p"的否认功能。

侯瑞芬（2009）认为（2）中的"别说"还不是话语标记，理由是"别说"并没有完全失去其组成成分的词语意义。我们持相反的观点。因为（2）中的"别说"已经固化。把例（2）与例（3）作一比较就可以看得更清楚：

（3）小郭：你倒是想去，人家搭理你吗？

大嘴：你别说人家不会搭理我，人家赛掌柜今天还真偷偷找我了，你知道他给我开的啥价吗？

（2）中的"你还真别说"已带有说话人的主观性和强烈的情绪性，口气坚定。固化的"别说"常常能够与"也"、"还"、"倒"、"真"等强主观性的词语配合使用。（3）中"你别说人家不会搭理我"则是一般的否定或阻止。这种"别说"祈使句中"别"可以受一些非主观性的词语修饰，如"你快别说人家不会搭理我"、"你现在别说人家不会搭理我"等，而（2）中的"别说"就很受限制。固化的"别说"前的主语通常是你（您），而动词短语的"别说"前不限于第二人称。很显然，作为话语标记的"（你）别说"相对于表否定祈使的"别说"而言语义上也更加虚化。

具有否定功能的话语标记"别说"不仅可以否定对方的观点，也可否定说话人之前的观点，形成自我否定。例如：

（4）方珍珠　那时候，我唱的是大鼓，又不是大鼓；……我抱着花，向大家敬礼。……

破风筝　作梦呢，作梦呢！可也别说，过几年，她的梦

也许就变成事实。你看，解放才几个月，咱们
已经由唱玩艺的变成民间艺术家；谁知道，再
过三年五载，我们的地位得又高起多少去呢！
（老舍《方珍珠》）

例（4）中破风筝先前认为方珍珠是在做梦，联想到现实，觉得方珍珠说的很有可能实现，就用"可也别说"来否认自己先前的观点。很明显，这种自我否定的用法是来自于"别说"的否定用法的。可认为"别说"后隐含了小句宾语"她做梦"。即：

（5）破风筝作梦呢，作梦呢！别说<u>她做梦</u>，<u>过几年</u>，<u>她的梦</u><u>也许就变成事实</u>。

就算是"别说"前出现了主语"你"，也可以认为是自我否定。因为汉语人称代词"你"可以活用，在这里"你"可以认为是活用为第一人称代词的"我"，即说话人自己。这样就形成了对说话人之前的观点进行否定的会话结构：

p，别说，—p（或q）　　　　　　（—p代表与p相反的观点）

值得说明的是，作为话语标记的"你别说"中的"你"到底指谁？有时不容易判断，也变得不再重要，在言语交际中也常常省略。"（你）别说"的"你"用于角色指称，可指称听话人、说话人或交际的第三方，属语用范畴（pragmatical category），"你"近似于一个傀儡主语，已经泛化。它脱落后就形成了一个词汇化的话语标记"别说"。

1.2 否定说话人预设的观点的话语标记"别说"

侯瑞芬（2009）认为，下面具有肯定功能的话语标记"别说"是在例（2）这样的语言环境中发展出来的。例如：

（6）冯瑞龙："反对刘川的，主要是说他架子大，不理人，不关心集体的事，平时好人好事做得不多。虽然没干什么扣分的事，但加分的事干得也不多。"

老钟沉吟了一下，说："唔，你别说，犯人们看问题还是挺准的。"

（7）"哥，你可别想不开，干违法的事儿啊。抢不着钱再让人家给崩了……"管军点点头，眯着眼睛看妮可了："还别说，妮可，这么长时间，你就说了这么一句人话。"

文章中指出：（6）、（7）里的"别说"已经没有否定的意味，相反，它是在肯定对方的看法。"别说"已完全失去其组成成分的词语意义。这里的"别说"才是真正的话语标记。并进一步指出："作为动词短语所具有的否定功能是怎样发表出话语标记的肯定功能的呢？这里有一个从否定对方到否定自我的过程。"

我们认为，这里的"别说"不是从否定对方观点发展出来的，"别说"自身也不具备肯定功能，这里的所谓肯定对方的看法其实都是对说话人预设（假定）的对方的观点的否定。例（6）中冯瑞龙并没有明确表明自己的看法，他只是向老钟陈述犯人们的观点，那老钟怎么可能赞同他提出的观点。即使是赞同，老钟赞同的也是第三方（犯人们）的观点。（7）中管军说"妮可，这么长时间，你就说了这么一句人话。"并不是为了赞同妮可的观点，对例（7）稍加改动可以看得更清楚：

（8）"哥，你可别想不开，干违法的事儿啊。抢不着钱再让人家给崩了……"管军点点头，眯着眼睛看妮可了："还别说，妮可，这么长时间，你就说了这么一句人话。"妮可气愤地说，"你说我跟你说的哪一句话不是人话？"

既然管军是赞同妮可的观点，那妮可怎么还会感到气愤呢？的确，管军的话表明他是赞同妮可的观点的，但是这种所谓的肯定功能不是由"别说"带来的，而是由"别说，S"中的 S 决定的。

否定说话人预设的对方的观点也是由动词短语"别说"直接发展而来的。短语"别说"既可用于已然阻止，也可以用于未然阻止。当说话人主观上认为他人可能会否认说话人的观点，但还没有进行否认时，就用"别说"阻止他人的否定，这是一种未然阻止。例如：

（9）说一只狗会说话，谁会相信呢？你还别说我在这故弄玄虚，今个儿这事真真切切，你不信都不行。（谢佳卉《会说话的狗》）

例（9）中说话人猜测听话（这里就是指听话人或读者）可能会不相信他的陈述"狗会说话"，就用"你还别说"阻止他人否认他的陈述。这里的"你还别说我在这故弄玄虚"同样可以作两种理解：一是，说话人阻止他人说出与说话人不一致的观点。此时的"说"应理解为言说动词，意思是"你不要说我在故弄玄虚"，这是对言说行为的阻止。二是，说话人否定自己预设的对方的观点。此时的"说"应理解为一个认知动词，相当于"认为"、"以为"，即"你别认为我在这故弄玄虚"。很明显，这里说话人推测有人会否认他的观点。

由于言说动词"说"的小句宾语常常可以不出现，这样就形成了否定说话人预设的对方观点的话语标记"别说"：

（10）说一只狗会说话，谁会相信呢？你还别说，今个儿这事真真切切，你不信都不行。

如果拟定一个会话结构来表示，那就是：

A：别说（—p），p（或q）　　　　B：（—p）

这种虚拟的否定也可以用于说话人的自我否定。例如：

（11）嘉　宾：这一轮几个选手表演的都是外国的舞蹈。

　　　　毕福剑：你别说，真是这么回事。（中央电视台星光大道节目）

（12）安　娜：王老师，济南太让我吃惊了，跟五年前比简直像换了个地方。

　　　　王老师：别说，济南这几年的发展确实很快。（《初级汉

语听力》第一册）

　　例（11）中，节目主持人毕福剑赞同嘉宾的判断，这时他用"别说"对自己进行虚拟性否定。即：你别说（认为）嘉宾说得不对，真是这么回事。汉语中"你"可以活用，用来指称说话人自己，从而形成自我否定。（12）"别说"如果补充完整，那就是，"（你）别认为安娜说的不对，济南这几年的发展确实很快。"同样，这里的"你"也是指称说话人自己。

　　正是通过说话人的自我虚拟否定，形成了确认对方观点的会话结构，即：

　　A：p　　B：（你）别说，P　　（p/P 表示两句不能完全相同）

　　可见，话语标记"别说"既可否定已有的观点，也可否定说话人预设（假定）的观点。这是因为"别说"既能用于已然阻止，也能用于未然阻止；"说"既是一个言说动词，也是一个认知动词。邵敬敏、罗晓英（2004）将"别"字句的主要语法意义分为两大类：否定性阻拦和否定性意愿。我们发现，"别说 P"中，当"说"作言说动词理解时，"别"就是否定性阻拦（主要是阻止）；当"说"作意向动词理解时，"别"就是否定性意愿。作为话语标记的"别说"也应该是一种意愿性否定。否定已有观点和否定说话人预设的观点这两种用法之间并不存在历时的发展关系，它们都来自动词短语"别说"的意愿性否定。

　　由于"别说"具有对说话人预设的观点进行否定的功能，因此"别说"句不一定要在对方提出某一观点或看法之后出现，也可以在一个话对中的上一话轮（包括对话的开头）或在独白语体中出现。如：

　　（13）甲：你别说，你还挺讨女孩子的喜欢的。

　　　　　乙：别乱说！

　　（14）晚上，我也凑到一堆"盲流"的跟前聊天。你别说，出门人都有义侠心肠，在外面的盲流尽管自己已经了三灾八难，对

别人的事都挺热心。(引自侯瑞芬,2009)

侯瑞芬(2009)说:"这是'别说'进一步发展的结果。'别说'自我否定的意味逐渐消失,单纯地成为一个提醒对方注意后面将要出现的重要信息或评价的话语标记。"显然,"别说"出现在这样的语篇中,是因为"别说"具有虚拟否定的功能。这种虚拟否定可能是否定听话人(对方),也可能是对说话人自己的虚拟否定。例(13)、(14)中可以认为是对听话人可能持有的观点的虚拟否定,也可能是对说话人之前持有的观点的自我否定。

查询北京大学中国语言学研究中心语料库发现,作为话语标记的"别说"始见于民国。从这些较早的语料中,难以证实"别说"的形成过程遵循侯瑞芳所总结的演变规律,也无法从历时的语料分析出"别说"的形成过程,因此我们只能从共时的角度进行推论。

2 话语标记"别说"的语用意义

2.1 "别说"标记说话人的知情状态

知情状态是指言谈参与者对某种具体情况的了解和理解。交际时,听说双方各自处于某种知情状态中。说话人的知情状态是其所言之本。说话人的知情状态包括说话人对情况的已知或未知状态,还包括说话人对听话人在交际时的各种情况的假设(强星娜,2008)。我们在这里不采用预设的概念,主要是考虑到:其一,"预设"本身不是一个单纯的概念,预设有语义预设和语用预设之分。其二,建立在"语用预设"上的概念,强调听说双方的共知性,而"别说,S"中"S"不一定是交际双方共知的。其三,有可能与前面用到的预设混淆。此外,知情状态这个概念能更好地解释"别说"的作用,因为"别说"既标明说话人对话语信息的认识状态，也标明说话人预测听话人对于话语信息的认识状态。

我们认为，话语标记语"别说"具有标明说话人知情状态的作用。即：说话人发现或假定有人（包括说话人自己）不认同某一观点或陈述（至少说话人不确信交际各方都认同某一观点或陈述）。主要有四种情况：

其一，当对方提出某一观点时，说话人发现对方的观点与自己的观点不一致。例如：

（15）管军也一口下去："你放心，你放心！"

"还别说，小玲交给你，我还真有点不放心。"（引自侯瑞芬，2009）

（15）中说话人用"还别说"直接否定了管军的观点，并提出了与对方相反的观点。

其二，话说人假定对方可能持有与自己的不一致的观点。例如：

（16）"她还有一个特点，就是特会精打细算，人称'不合适'，不管别人买的什么东西，在她看来都不合适。你别说，他们夫妻俩还真是会买便宜东西。"（白帆《寂寞的太太们》）

（17）"哎，你刚才说他们总是一先一后来，你咋知道的呢？"一直没说话的一个老头儿问。

"我咋知道的？我啥不知道？！这院里的事儿我全知道。"

"你还别说，咱就是厉害。我儿子他们公安局来外宾参观，那外宾都是外国人。"另一个老太太插嘴说，"他们看看我儿子他们破案子的家什……"（皮皮《比如女人》）

（16）中说话人假定对方否认自己的观点，然后用"你别说"否定这一假设的观点。（17）中老头问："哎，你刚才说他们总是一先一后来，你咋知道的呢？"另一老太太据此推测老头很可能怀疑她们老太太知道一切情况的能力，她就用"你还别说"对其进行否认。

如果说话人此前就知道对方的观点与自己的观点是一致的，或者说话人相信没有人会反对某一观点，就不能用"（你）别说"，比较：

(18) A. 你别说，这小伙子长得挺帅的。

B. ? 你别说，你知道，这小伙子长得挺帅的。

C. ? 你别说，大家都知道，这小伙子长得帅。

(18) 中 B "你知道"表明说话人已经知道听话人认同此观点的，因而不能用"别说"。C "大家都知道"表明说话人相信没有人会否认这一观点，因此也不能用"别说"。

其三，说话人发现自己先前的观点与此时的观点不一致。例如：

(19) "什么病呢？"铁牛向门上的人打听。"没病，我们这儿的人都没病。"门上的人倒还和气。"没病干吗住院？""那咱们就不晓得了，也别说，他们多少有点病。"铁牛托那人送进长名片。（引自韩蕾，2007）

说话人先前说"我们这儿的人都没病"后来用"也别说"否认自己先前的观点，并提出新的观点"他们多少有点病。"

其四，当对方提出某一观点，而这一观点又是说话人认同的，这时说话人自己进行自我虚拟否定或是对第三方可能持有的观点的虚拟否定。如例（12）中安娜和王老师都认同"济南这几年的发展很快"这一观点。王老师用"别说"阻止自己否定对方的观点。这例中如果有交际的第三方存在，也可以认为这里的"（你）别说"是对第三方的虚拟否定。

2.2 "别说"的主要语用意义

话语标记语"别说"具有两种功能：一是否定对方观点；二是否定说话人预设的观点。当对方提出某一观点，说话人发现此观点与自己的观点不一致，就用"别说"进行否认；当说话人认为有人（包括说话人自己）不认同说话人的观点时，也用"别说"
预先否定与此不一致的观点。说话人用"别说"进行否定的主要
语用意图可以通过回溯推理获得。

回溯推理

事理：如果我认为我的观点是正确的，就可以否定与此不一
致的观点。

事实：我现在否定与我不一致的观点。

结论：我的观点是正确的。

可见，说话人否定对方的观点也好，否定说话人预设的观点
也好，都是为了强调说话人的陈述或观点是正确的、真实的。

有了"（你）别说"，句子就带有强调的意味，也能反映出强
烈的主观性。没有"（你）别说"，说话人只是在客观陈述或判断，
比较：

（20）甲：20 米高的淋浴，您洗过吗？

　　　乙：20 米？没有。您洗过？

　　　甲：还别说，我真洗过一回。／甲：我真洗过一回。

"别说，S"中 S 句常常带有"真"、"的确"、"确实"、"就
是"等，这也说明了"别说"具有强调的意味。

因此，"别说"的主要语用意义是，说话人通过否定，强调其
观点或陈述的正确性、真实性。需要说明的是，这种正确性是说
话人的主观认定。

2.3　"别说"与"意外"意义

不少的学者注意到，"别说"句常常含有意外的意义，如侯瑞
芳（2009）、董秀芳（2007）、韩蕾（2007）、刘焱（2007）。尹海
（2009）也把"标异"作为"别说"的一种语用功能。"别说"句
之所以常常含有意外的意义，这与"别说，S"中"S"的信息特
征有关。在话语信息传递的过程中，语言的信息地位并不相同。

从言谈参与者的预期角度看：话语中的语言成分所传递的信息可分为"预期信息"、"中信信息"与"反预期信息"（吴福祥2004）。反预期信息是与某个特定预期相反的话语信息。言谈中，当语境中的信息与说话人或受话人的预期相反或相背时，那么该话语信息是一个反预期信息。"别说，S"往往标记着有一个与某个观点不一致的观点存在，这也就是意味着存在一个反预期信息。要么反说话人的预期，要么反听话人的预期，要么说话人主观上认为会反听话人或他人的预期。也就是说这个反预期信息可以是现实的，也可以是虚拟的（即说话人主观上认定的）。

现实的反预期信息 S 是产生"意外"意义的基础。例如：

（21）甲：你别说，你这里挺凉快的！

乙：我这里当然凉快呀！

这里 S "这里挺凉快的"甲很可能感到意外，对乙来说就不感到意外。例（11）听话人的观点出乎说话人毕福剑的意外，因为"这一轮几个选手表演的都是外国的舞蹈"是说话人之前所没想注意到的。例（15）中 S "小玲交给你，我还真有点不放心。"出乎听话人管军的意外。

虚拟的反预期信息难以激活出"意外"的意义。例如：

（22）甲：这种车子你肯定坐过.

乙：你别说，我还真坐过。

这里"你别说，S"中的 S 对说话人乙和交际的对方甲来说都不会感到意外。这里用"你别说"是说话人乙假定他人（第三方）不相信他这一陈述，通过"别说"进行否认，从而强调他的陈述的强真实性。

有时，S 是否有"意外"的意义需要结合语境来判断。例如：

（23）笔者：就算我们学院创收减少了，一年一两万元奖金也是有的。

同事：你还真别说，生化学院一年的奖金也就一两万。

"生化学院一年的奖金也就一两万块"这一话语信息对同事或笔者来说都是此前早就知道的事情，因而"别说"后的信息不能让说话人和听话人感到意外。但是如果有特定的语境也可能激活出"意外"意义。如果笔者在后续话轮中说："不会吧？怎么这么少？"就能将这一反预期的信息激活出"意外"的意义来。

反过来说，说话人感到意外的话语信息也并不一定能用"别说"。比较：

(24) A. 清早醒来，我推开窗户一看，哇，下雪了。

B. ? 清早醒来，我推开窗户一看，你别说，下雪了。

C. 清早醒来，我推开窗户一看，你别说，真下雪了。

D. 天气预报说要今早要下雪。清早醒来，我推开窗户一看，别说，真下雪了。

(24) 中"下雪了"对于"我"来说肯定是意外的信息，但 B 用"别说"就不大成立。而 C、D 却可以，这里"真"预设了说话人曾不确信"今早下雪"这一判断或陈述。

董秀芳（2007）也注意到，在使用中，"别说"所隐含的出乎意料的意味可以淡化，而强调其后的陈述的真实性的功能则突显出来。例如：

(25) 常四爷一听到这脚步声儿，脸就吓了个煞白。像是梁三哥的！您还别说，怕什么来什么。一推门只觉得眼前咧的一亮，来人正是梁三哥。（引自董秀芳，2007）

这里"您还别说，怕什么来什么"也是说话人对听话人可能持有的相反观点的虚拟否定，因此，隐含的出乎意料的"意外"很淡。

可见，话语标记"别说"只是标记反预期的信息，这个反预期的信息可能是现实的，也可能是虚拟的。现实的反预期信息就很容易带来"意外"的意义，而虚拟的反预期信息，只有特定语境中才可能激活出"意外"意义。

2.4 "别说"与负面评价

侯瑞芬（2009）指出，作为话语标记的"别说"后面不能出现负面评价。例如：

（26）A. 别说，小伙子长得真帅。

　　　　B. ？别说，这小伙子长得真难看。

这里 A 是积极的、正面的评价，可以接受；B 是消极的、负面的评价，不大成立。

可是语言事实并不支持这一观点。下面四例中"别说"后都是负面评价。例如：

（27）钱总："我知道有人对我的做法有些意见……"

　　　　"钱总！你还别说，<u>我就看不惯你</u>！"（引自网络）

（28）志国：圆圆，感觉怎么样呀？

　　　　圆圆：哼哼爸，您别说，<u>这衣服真叫一难看</u>。那时候少年儿童就穿这个呀？（电视剧《我爱我家》）

（29）瑞丰对自己说："莫非这小子教人家抓去啦？也别说，<u>那小子长得贼眉鼠眼的，看着就像奸细</u>！"（老舍《四世同堂》）

（30）回答也得小心再小心，要是说错半句话，那头就是没完没了的"教育"或者是漫骂，真叫人受不了啊。还别说，<u>这些人的脸，简直比城墙还厚</u>。（引自网络）

（27）中说话人是赞同对方的观点；（28）说话人似乎是否认对方观点；（29）也可以认为是认同"这小子教人家抓去啦"这一推测；（30）无所谓赞同还是否认对方观点。但这里画线部分都是负面评价。

我们认为，"别说"句中，积极评价是无标记的，负面的评价是有标记的，通常需要语境的支持，比如负面评价若是反预期的信息，一般就能成立。比较：

（31）A. 我从工商城买回来一相机，你别说，效果不错。

B. 我从工商城买回来一便宜相机，你别说，效果不错。

C. 我从工商城买回来一数码相机，花了我上万块，你别说，效果不错。

D. ？我从工商城买回来一相机，你别说，效果还很差。

E. ？我从工商城买回来一便宜相机，你别说，效果还很差。

F. 我从工商城买回来一数码相机，花了我上万块，你别说，效果还很差。

（31）中 A－C 都是肯定的评价，无论有没有特定的语境都成立。而 D、E 是否定的评价不大成立，F 也是负面评价却能成立，说话人预期"上万块的相机效果应该不错"，结果出乎意料。可见负面评价一旦加上特定的语境就能成立。

以上分析表明，"别说"是从动词短语发展而来的，形成了否定对方观点和否定说话人预设的观点的话语标记。"别说"不仅能否定对方，也用于自我否定，也能进行虚拟否定（未然否定）。由于"别说"具有虚拟否定的功能，因此它不一定非在对方提出某一观点后才出现不可，可以出现在对话的开头，也可以出现在非对话语体当中。话语标记语"别说"的形成不仅与动词短语"别说"的功能有关，与动词"说"自身的语义性质也有密切的关系。

话语标记"别说"标记说话人的知情状态，即，说话人发现或假定有人不认同某一观点或陈述。说话人通过否定对方的观点、自己先前的观点或说话人预设的他人的观点，强调其观点或陈述的正确性、真实性。"别说，S"常标记一个反预期的信息，现实的反预期信息常常带"意外"的意义。但"意外"不是"别说"句必然具有的语用意义。"意外"也不是"别说"句的主要语用意义。它是"别说"句隐含的一种语用意义。对说话人来说，"意外"话语信息也不一定能用"别说"。"别说"后的"S"可以是正面评价，也可以是负面评价。一般说来，正面评价是无标记的，负面评价是有标记的，通常需要语境的支持。

3 话语标记与话语指

话语标记是当代语言研究的一个热门话题。汉语中有些话语记的形成与话语指有着密切的联系。

前面分析的话语标记"别说"的形成就是通过零形话语指形成的。例如：

（32）甲：这个小王，我看他一点也不求上进。

乙：你别说他不求上进，现在的年轻人有几个比他上进？

这里如果"说"后不出现引述成分"他不求上进"，这时就会形成一个零形话语指。即，你别说（　）。在这样的语境条件下，"别说"就逐渐词汇化为一个话语标记语。

在话语指基础上形成的话语标记语主要有以下几类。

①通过言说动词或意向动形成的话语标记语。如"有人说"、"坦白地说"，"我告诉你"、"（你）别说"、"你知道（的、吧、啊）"、"你看"、"你想"等。其中"你看"、"你想"等还经历了语法化的过程。

②在话语指示的基础上形成的话语标记语。如"就这样"、"这样吧"、"这么说（吧）"、"这下"、"这样一来"、"这么说来"等。它们都是通过回指或下指逐渐演变为话语标记的。拿"这么说"来说，它是具有回指或下指功能的，例如：

（33）梅局长黑着脸，一句话也不说，范骡子说："梅局长，实在是对不起。昨晚上，局里出了车祸，伤了好几个人……"一听他这么说，梅局长的脸色才慢慢缓过来了。（李佩甫《羊的门》）

（34）他将自己口袋一千来块钱往那对随车而来的男女面前一扔，很有分寸地说："其实你们心里根本就清楚是谁撞的人，你们扯上我，无非要我当个冤大头而已。"

中年妇女说："看看看，他竟还这么说，我们光要你这点钱？把身份证也留下来！钱花完了，我还得找你哩。"（方方《定数》）

这两例的"这么说"都回指前面的画线部分。"这么说"有一次实在的言语行为存在。"这么"和"说"在这里都有实在的词汇意义。

下面一例则不是典型的回指，但前面依旧有个言说行为存在。

（35）"好，那咱们就多言几句。首先，你告诉我，那女孩是你认识的吗？"起轩点了点头。"那你怎么不早讲呢？"万里继续抽丝剥茧。"这么说，她和她那个表哥，都是你邀来的？"（琼瑶《鬼丈夫》）

这里的"这么说"是否回指前面言语行为言说的内容呢？这其实是一种中间状态。既可认为"这么说"回指前面的话语，也可以认为是一个表推断关系的篇章连接词。

而下面例子中，"这么说"已经不依赖于一次言语行为，是典型的话语标记用法。"这么说"已完全演变为一个篇章连接成分，并带有说话人强烈的主观性：

（36）娘接过名单并不立刻就走，却像道静就要被抓走似的，她突然一下子拉住她的胳膊流着眼泪说："闺女，这么说，你真要？……宋郁彬这小子真要害你啊？……怨不得你说地主们都是狠毒的狼羔子……"（杨沫《青春之歌》）

（37）这时候，八哥已不再相信任何人了。她觉得王的话也未免太简单了。他说他要管，可他却没说他怎么管。这么说，她跑了一天，却只跑来了一个字。（李佩甫《羊的门》）

"这么说吧"则是在下指的基础上形成的话语标记。因为"这么说吧"经常用于下指。例如：

（38）"不！这是马列主义的社会科学已经肯定了的，不管愿意不愿意，共产主义一定要在全世界实现，好比这么说吧：她就

像早晨的太阳，一定要在东方升起来！"（刘流《烈火金刚》）

最后演变话语标记"这么说吧"。例如：

（39）对北方的牛，我多少懂一点。这么说吧：现在要是有谁想买牛，我担保能给他挑头好的。（史铁生《我的遥远的清平湾》）

③在话语指称的基础上形成的话语标记语。如"话又说回来"、"我插一句"、"换句话说"、"一句话"等。这些话语标记语都是在话语指称的基础上形成的。这里以"一句话"为例说明。

作为具有指称意义的"一句话"所指的话语实体，可以不在篇章中出现。例如：

（40）母亲和父亲只讲了一句话，争吵就开始了。（方方《桃花灿烂》）

这里"一句话"是有指的，但其所指实体并没有在篇章中出现，是有指中的泛指用法。

话语标记"一句话"不可能从这种泛指用法发展出来。因为"一句话"所指的话语实体没有在篇章中出现，但它为话语标记用法的衍生提供了足够的语境。只有"一句话"的所指话语实体在篇章中出现时，作为只有语义指称的"一句话"才具有语用指称，只有在语用指称的基础上才可能发展出话语标记用法。话语指称"一句话"可用于回指，例如：

（41）民信屯的贫雇农团长找着郭全海说道："听说你们屯子唐家大地主还没有斗垮。咱们屯子有他一块天鹅下蛋地。他也剥削过咱们。咱们是来扫堂子的。<u>早听说过，贵屯革命印象深，请不要包庇本屯的地主。</u>"末尾一句话，说得郭全海脸一沉，心里老大不乐意，好久说不出话来。（周立波《暴风骤雨》）

（42）我回电话，她说："<u>你请我喝茶吧。</u>"那天我是在开会，但是我设法拒绝她也根本不想拒绝。她只说这么一句话，说了两遍。（安顿《绝对隐私》）

这两例中的"一句话"都回指前面的话语实体（画线部分）。

"一句话"还可以用于下指。例如:

(43) 贝珍显然早有充分的准备,她勇敢而坚定地说:"我只告诉你一句话,如果你对他好一点,那我恭喜你。你若把他当作其他人一样的玩弄,等着看! 我会去找在沙尔瓦多市的那一位!"(朱邦复《东尼! 东尼!》)

这里"一句话"既指画线部分话语的形式,也指话语的意义。也就是说这种下指的"一句话"将句子的形式和意义一起整体被指称。正是这样的语境条件反复出现,画线部分话语的意义就被赋予到"一句话"身上,从而演变出具有总括意义的"一句话"。例如:

(44)"快装起来吧,叫小贾他们看见又该乱说啦!"汪霞催促魏强将袜子装进口袋,接着问:"要走罗,看有什么话说?"她闪动着明亮的大眼睛等待着魏强开口。

"没有什么说的! 一句话,多加小心,别再出黄庄的那样危险事啦!"(冯至《敌后武工队》)

这里"一句话"是中间状态,可以双解,既可以认为"我就说一句话,多加小心,别再出黄庄的那样危险事啦!",也可以认为是说话人对前面话语内容作出的概括,得出一个总体性认识,因而这里"一句话"带有较强的总括意义。甚至可以用"总之"等替换:

(45)"没有什么说的! 总之,多加小心,别再出黄庄的那样危险事啦!"

"一句话"这种总括用法常常与"总之"之类的词语连用,例如:

(46) 侯长腿又说:"一句话归总,我也不想要媳妇了。那天下晚,这娘们上我家来,撒赖不走,宁可睡地下。叫我咋办? 我想用鞭子抽她,又往回想,好男不跟妇女斗,伸手不打笑脸人,就由她了。"(周立波《暴风骤雨》)

253

（47）她是个心直口快的人，遇到这种情形，有她一套快刀斩乱麻的手法，是罗四姐所做不到的。"我不管你那颗玲珑七巧心，九弯十转在想点啥？总而言之，言而总之一句话，你搬家了。（高阳《红顶商人胡雪岩》）

（48）我叫韦青云，东王庄的。抗日救国的道理，刘先生比我知道的多。总起来，一句话，我们要打鬼子，枪不多；你家有枪，请拿出来，让我们用它抗日去。"（冯至《敌后武工队》）

最终"一句话"获得"总括"意义，例如：

（49）立刻有几个汉奸，抬着一个烧得红乎乎的炭火盆走进来，里边烧着烙铁。苏建才在一旁看着，双腿抖了起来。苏金荣那凶狠的面目露出来了，冲着建梅狞笑道："一句话，党员的名单交不交？"（李晓明、韩安庆《平原枪声》）

"一句话"的总括用法是指说话人对前述话语做出的概括，是一种主观总结，因而"一句话"在此基础上又演变出表评注性的话语标记用法，例如：

（50）杨政委把膝盖猛地拍了一下，说："一句话，你能把马克思列宁主义的道理和实际工作结合一点，你就进步一点；结合得多，你就进步得快；但是每一点结合都是不容易的。老陈——"陈旅长用手势打断杨政委的话，说："瞧，小伙子们打瞌睡咯！"（杜鹏程《保卫延安》）

这里的"一句话"不宜用"总之"替换，这是说话人的主观评价。

此外，汉语里的有些关联词语，如"总之"、"因此"、"否则"、"不然"等词的词汇化及话语标记用法也与话语指有关。"之"、"此"作为话语指示语，具有回指前面话语的作用。例如：

（51）出兵虽胜，犹有后忧，恐灾害之变因此以生。（《全汉文》北京大学 CCL 语料库）

这里"此"回指"犹有后忧"。表因果关系的"因此"正是

254

在"此"的回指用法的基础上，逐步虚化，实现了词汇化，最终演变为一个表句间或篇章关系的关联词语。

汉语中话语标记的来源类型多样，其中有相当一部分话语标记就是在话语指的基础上逐渐演变而来的。可见，话语指与话语标记的关系还是十分密切的。

参考文献

陈嘉映 2003 《语言哲学》，北京大学出版社。

陈　平 1987 《释汉语中与名词性成分相关的四组概念》，《中国语文》第 2 期。

陈　平 1987 《话语分析说略》，《语言教学与研究》第 3 期。

陈　平 1987 《汉语零形话语回指的话语分析》，《中国语文》第 5 期。

陈　平 1991 《现代语言学研究：理论方法与事实》，重庆出版社。

陈建生 1997 《关于语料语言学》，《国外语言学》第 1 期。

程琪龙 1994 《系统功能语法导论》，汕头大学出版社。

戴浩一、薛凤生 1994 《功能主义与汉语语法》，廖秋忠、沈家煊译，北京语言学院出版社。

董秀芳 1998 《古汉语中介宾位置上的零形回指及其演变》，《当代语言学》第 4 期。

董秀芳 2003 《“X 说”的词汇化》，《语言科学》第 1 期。

董秀芳 2007 《词汇化与话语标记的形成》，《世界汉语教学》第 1 期。

范开泰 1985 《语用分析说略》，《中国语文》第 6 期。

范开泰 1990 《省略、隐含、暗示》，《语言教学与研究》第 2 期。

范　晓 1996 《三个平面的语法观》，北京语言文化大学出版社。

冯　炜 1992《中国语用学研究概观》，《山东大学学报》第 1 期。

高彦梅 2002《指称的层次》，《外国语》第 3 期。

高　原 2003《从认知角度看英汉句内照应词使用的区别》，《外语教学与研究》第 5 期。

戴浩一、薛凤生主编 1994《功能主义与汉语语法》，廖秋忠等译，北京语言学院出版社。

苟志效 2000《意义与指称》，《学术研究》第 5 期。

桂诗春编著 2000《新编心理语言学》，上海外语教育出版社。

韩蕾、刘焱 2007《话语标记"别说"》，《宁夏大学学报》（社会科学版）第 4 期。

何英玉 2002《名词的指称特性》，《外语学刊》第 4 期。

何英玉 1999《指称理论的照应问题》，《外语学刊》第 2 期。

何兆熊 1989《语用学概要》，上海外语教育出版社。

何兆熊 2000《新编语用学概要》，上海外语教育出版社。

何自然 1988《语用学概论》，湖南教育出版社。

何自然 1994《我国近年来的语用学研究》，《现代外语》第 4 期。

何自然、冉永平 1999《话语联系语的语用制约性》，《外语教学与研究》第 3 期。

侯瑞芬 2009《"别说"与"别提"》，《中国语文》第 2 期。

胡范铸 2003《从"修辞技巧"到"言语行为"》，《修辞学习》第 1 期。

胡壮麟、朱永生、张德禄 1989《系统功能语法导论》，湖南教育出版社。

胡壮麟 1994《语篇的衔接与连贯》，上海外语教育出版。

黄国文 1988《语篇分析概要》，湖南教育出版社。

黄国文 2002《语篇分析的理论与实践——广告语篇研究》，上海外语教育出版社。

黄锦章 2004《专名不定指用法及其语用含义》，《修辞学习》第 3 期。

姜望琪 2003《当代语用学》，北京大学出版社。

贾中恒 2000《转述语及其语用功能初探》，《外国语》第 2 期。

李力、徐学平 1998《论指示和照应》，《西南师范大学》（哲学社会科学版）第 5 期。

李熙宗、霍四通 2001《语体范畴化的层次和基本层次》，《修辞学习》第 3 期。

李悦娥、范宏雅编著 2002《话语分析》，上海外语教育出版社。

李绍群 2003《试论总括性话语标记"一句话"》，《语言教学与研究》第 2 期。

林 芳 2003《名词词组的语段指称及其语篇结构组织功能》，《天津外国语学院学报》第 3 期。

廖秋忠 1984《现代汉语动词中动词的支配成分的省略》，《中国语文》第 4 期。

廖秋忠 1985《篇章中的框—棂关系与所指确定》，《语法研究和探索》第 3 集，商务印书馆。

廖秋忠 1986《现代汉语篇章中的指同表达》，《中国语文》第 2 期。

廖秋忠 1986《现代汉语篇章中的连接成分》，《中国语文》第 6 期。

廖秋忠 1987《现代汉语篇章中的管界问题》，《中国语文》第 2 期。

廖秋忠 1988《篇章中的论证结构》，《语言教学与研究》第

1 期。

廖秋忠 1992《廖秋忠文集》，刘坚等编，北京语言学院出版社。

刘辰诞 1999《教学篇章语言学》，上海外语教育出版社。

刘大为 1990《语言自指、语义悖论和语义循环》，《语言研究》第 2 期。

刘大为 2001《自元语言分析》，载于《语文论丛》（7），上海教育出版社。

刘大为 2002《句嵌式递归与动词的控制功能》，《语言研究》第 4 期。

刘大为 2003《虚构性言语行为的递归结构——小说、谎言和网上交谈》，《修辞学习》第 1 期。

刘大为 2004《意向动词、言说动词与篇章视域》，《修辞学习》第 6 期。

刘慧云 2001《自由间接引语语篇中的照应与衔接》，《广东职业技术师范学院学报》第 3 期。

刘宓庆 1985《文体与翻译》，中国对外翻译出版公司。

刘　顺 2003《现代汉语名词的多视角研究》，学林出版社。

刘永华、高建平 2007《汉语口语中的话语标记"别说"》，《语言与翻译》第 2 期。

刘宇红、梁晓波 2004《摹状词理论的认知语言学透视》，《外语学刊》第 1 期。

刘　哲 1994《论话语的连贯手段与话语的连贯及语义分层》，《解放军外国语学院学报》第 4 期。

卢英顺 2000《汉语定语位置上代词句内同指现象考察》，《杭州师范学院学报》第 1 期。

陆俭明、沈阳 2003《汉语和汉语研究十五讲》，北京大学出版社。

吕必松 1992《功能主义与汉语语法》，北京语言学院出版社。

吕叔湘 1979《汉语语法分析问题》，商务印书馆。

吕叔湘 1982《中国文法要略》，商务印书馆。

苗兴伟 2001《语篇照应的动态分析》，《外语教学》第 11 期。

缪小春 1994《代词的加工与理解》，《心理科学》第 3 期。

潘海华 1996《篇章表述理论概说》，《国外语言学》第 3 期。

潘文国 2002《英汉对比纲要》，北京语言文化大学出版社。

彭建武 2001《语言转述现象的认知语用分析》，《外语教学与研究》第 9 期。

彭宣维 2000《英汉语篇综合对比》，上海外语教育出版社。

齐沪扬、葛新 2003《汉语研究中信息分类的若干问题》，《修辞学习》第 1 期。

钱冠连 1997《汉语文化语用学》，清华大学出版社。

钱敏汝 1988《戴伊克的话语宏观结构论》，《国外语言学》第 2、3 期。

钱敏汝 2001《篇章语用学概论》，外语教学与研究出版社。

钱伟量 2003《语言与实践——实践唯物主义的语言哲学导论》，社会科学出版社。

强星娜 2008《知情状态与直陈语气词"嘛"》，《世界汉语教学》第 2 期。

秦洪武 2001《第三人称代词在深层回指中的应用分析》，《当代语言学》第 1 期。

秦建栋 2004《自由引语的视点阐释》，《苏州科技学院学报》第 3 期。

冉永平 2001《关联理论的又一新成果——语用照应与关联》，《外语教学与研究》第 6 期。

沈家煊 1999《不对称与标记论》，江西教育出版社。

沈家煊 1996《我国的语用学研究》，《外语教学与研究》第

1 期。

沈家煊译 1987《语用学论题之五：指示现象》，《国外语言学》第 2、3 期。

沈开木 1996《现代汉语话语语言学》，商务印书馆。

石毓智 2000《语法的认知语义基础》，江西教育出版社。

石毓智、李讷 2001《汉语语法化的历程——形态句法发展的动机和机制》，北京大学出版社。

申 丹 1991《小说中人物话语的不同表达方式》，《外语教学与研究》第 1 期。

申 丹 1991《对自由间接引语功能的重新评价》，《外语教学与研究》第 2 期。

申 丹 1999《有关小说中人物话语表达形式的几点思考》，《外语教学与研究》第 1 期。

申 丹 2004《叙述学与小说文体学研究》，北京大学出版社。

束定芳 2001《中国语用学研究论文精选》，上海外语教育出版社。

孙蕾、何英玉 2002《语言哲学中的难题——指示语》，《社会科学研究》第 2 期。

孙 蕾 2001《指示语的级》，《中国俄语教学》第 1 期。

孙 蕾 2002《西方指示语研究的历史与现状》，《四川大学学报》（哲学社会科学版）第 6 期。

孙 蕾 2003《专名的涵义研究》，《社会科学研究》第 3 期。

孙 蕾 2000《专名与指示语对比说略》，《外语学刊》第 1 期。

孙 蕾 2002《指示代词的语义特性》，《外语学刊》第 3 期。

索振羽 2000《语用学教程》，北京大学出版社。

唐青叶 2004《学术语篇中的转述现象》，《外语与外语教学》第 2 期。

唐善生 2004《指示性与话语性——话语指示的本质特征》,《修辞学习》第 6 期。

唐善生 2008《引语形成的意向性解释》,《宁夏大学学报》(哲学社会科学版)第 3 期。

唐善生、华丽亚 2011《"你别说"的演化脉络及修辞分析》,《当代修辞学》第 4 期。

王灿龙 2003《人称代词"他"的照应功能》,《中国语文》第 3 期。

王道英 2003《"这"、"那"的指示研究》,上海师范大学博士学位论文。

王福祥 1981《俄语话语结构分析》,外语教学与研究出版社。

王福祥 1994《话语语言学概论》,外语教学与研究出版社。

王红旗 2001《指称论》,南开大学博士学位论文。

王红旗 2004《功能语法指称分类之我见》,《世界汉语教学》第 2 期。

王 力 1985《中国现代语法》,商务印书馆。

王黎云、张文浩 1989《自由间接引语在小说中的运用》,《外语教学与研究》第 3 期。

王 湘 1985《复句·句群·篇章》,陕西人民出版社。

王 珏 2001《现代汉语名词研究》,华东师范大学出版社。

王苏仪 1995《汉语代词所指研究的新设想》,《浙江大学学报》第 3 期。

王苏仪 1996《汉语理解中代词所指的分析与确定》,《浙江社会科学》第 6 期。

王 阳 2003《自由间接引语的潜在主体代换》,《四川外语学院学报》第 3 期。

王 志 1998《篇章代词"它"的用法探析》,《世界汉语教学》第 3 期。

王　志 1998《汉语篇章代词"这"的语用分析》，载于张绍杰、扬忠主编《语用认知交际》，东北师范大学出版社。

王宗炎 1994《英语人称代词 he/she 能预指下文的名词吗?》，《外语教学与研究》第 4 期。

王希杰 2004《汉语修辞学》，商务印书馆。

王秀丽 2012《篇章分析中的概述回指》，《当代语言学》第 3 期。

王　艺 2004《言语行为和引语》，华东师范大学硕士论文。

吴福祥 2004《试说"X 不比 Y·Z"的语用功能》，《中国语文》第 3 期。

吴克明、徐玉臣 1998《从"注意焦点"分析英语指示代词的照应关系》，《外语研究》第 4 期。

熊学亮 1999《认知语用学概论》，复旦大学出版社。

熊学亮 1999《英汉前指现象对比》，复旦大学出版社。

熊学亮 2002《话语衔接的认知距离》，载《世纪之交论功能（第六届全国功能语言学研讨论文集)》，上海外语教育出版社。

许德宝等译 1997《简明语言学史》，中国社会科学出版社。

徐　锋 2004《汉语配价分析与实践——现代汉语三价动词探索》，学林出版社。

辛　斌 1998《新闻语篇转述引语的批评性分析》，《外语教学与研究》第 2 期。

徐赳赳 1996《篇章中的段落分析》，《中国语文第 2 期。

徐赳赳 1996《叙述文中的直接引语分析》，《语言教学与研究》第 3 期。

徐赳赳 2002《〈认知语言学中的话语研究〉述介》，《外语教学与研究》第 4 期。

徐赳赳 2003《现代汉语篇章回指研究》，中国社会出版社。

徐赳赳 2010《现代汉语篇章语言学》，商务印书馆。

徐晶凝 1998《"这么说"试析》,《汉语学习》第 4 期。

徐烈炯、刘丹青 1998《话题的结构和功能》,上海教育出版社。

徐盛桓 1993《新格赖斯会话含义理论和语用推理》,《外国语》第 1 期。

徐盛桓 1994《上指预测的语用因素——评列文森的上指推导模式》,《现代外语》第 1 期。

许余龙 2000《英汉指称词语表达的可及性》,《外语教学与研究》第 9 期。

许余龙 2004《篇章回指的功能语用探索——一项基于汉语民间故事和报刊语料的研究》,上海外语教育出版社。

夏 蓉 2003《从修辞结构理论看前指在篇章中的分布》,《外语与外语教学》第 10 期。

袁毓林 1994《一价名词的认知研究》,《中国语文》第 4 期。

杨玉成 2002《奥斯汀:语言现象学与哲学》,商务印书馆。

尹海良 2009《自然口语中的话语标记"别说"》,《宁夏大学学报》(社会科学版)第 6 期。

郑庆君 2003《汉语话语研究新探——〈骆驼祥子〉的句际关系和话语结构研究》,湖南教育出版社。

赵小品 1999《论英语自由直接引语和自由间接引语》,《湖州师专学报》第 2 期。

赵毅衡 1987《小说叙述中的引语》,《文艺研究》第 5 期。

赵元任 1968《汉语口语语法》(吕叔湘译,1979),商务印书馆。

中国社会科学院语言所编 1994《语用论集》,北京语言学院出版社。

周 平 2001《可及性理论与前指现象》,《外语教学》第 7 期。

张伯江、方梅 1996《汉语功能语法研究》，江西教育出版社。

张德禄 2002《衔接与文体》，《外语与外语教学》第 10 期。

张德禄 2000《论语篇连贯》，《外语教学与研究》第 2 期。

张家龙 2002《论名称和指示词》，《哲学研究》第 12 期。

张荣建 1998《管领词的引述功能与话语功能》，《外国语》第 1 期。

张荣建 2000《书面和会话中的引语分析》，《外国语》第 2 期。

张少燕 1982《论自由引语和自由思维引述》，《外国语》第 2 期。

张寿康 1983《文章学概论》，山东教育出版社。

张寿康 1985《文章学导论》，湖北教育出版社。

张谊生 2000《现代汉语虚词》华东师大出版社。

周小兵 1996《句法、语义、语篇》，广东教育出版社。

朱德熙 1999《朱德熙文集》（1—4 卷），商务印书馆。

朱永生、郑立信、苗兴伟 2001《英汉语篇衔接手段对比研究》，上海外语教育出版社。

朱永生、严世清 2002《系统功能语言学的多维思考》，上海外语教育出版社。

A. J. 格雷马斯著 2001《结构语义学》，蒋梓骅译，百花文艺出版社。

. 戴维克里斯特尔编 2000《现代语言学词典》，沈家煊译，商务印书馆。

冯·戴伊克 1993《语言 心理 社会》，施旭、冯冰编译，中华书局。

杰弗里 . N. 利奇 1989《语义学》，李瑞华等译，华夏出版社。

麦基编 1987《思想家》，周穗明、翁寒松译，三联书店。

约翰·塞尔 2001《心灵、语言和社会》，上海译文出版社。

约翰·塞尔 1991《心、脑与科学》，上海译文出版社。

耶夫维索尔伦 2003《语用学诠释》，钱冠连等译，清华大学出版社。

马蒂尼奇编 1998《语言哲学》，牟博中等译，商务印书馆。

Ariel，M. 1988 Referring and Accessibility. Journal of linguistics. 24.

Bar-Hillel，Y: 1954 Indexical Expression. Mind. 63. Reprinted in Bar-Hillel（1970）Aspects of language. Jerusalem：The Magnes Press.

Brown，G. & Yule，G 1983 Discuurse Anaalysis. Cambridge：Cambridge University Press.

Chomsky，N. 1981 Lecturrers on Govrnment and Binding. Dordrecht：Foris.

Halliday，M. A. K & Hasan，R. 1976 Cohesion in English. London：longman.

Halliday，M. A. K 1994 An Introduction to Functional Grammar. London：Edward Arnold.

Huang，Y 1994 The Syntax and Pragmatics of Anaphora：A Study with Special Reference to Chinese. Cambridge：Cambridge University Press.

Hopper，P. J. & Traugot，E，C. 1993 Grammaticalization，Cambridge University Press.

Jacob L. Mey 2001 Pragmatics：An Introduction. Beijing：Foreign Language Teaching and Research Press.

Langacker，R. W. 1996 Conceptual Grouping and Pronominal Anaphora. In Barbara Fox（ed.），Study on Anaphora. Philadelphia：John Benjiamins Publishing Company.

Leech，G. N. & Short，M. H. 1981 Style in Fiction. London：longman.

Levinson, S. C. 1983 Pragmatics. Cambridge: Cambridge University Press.

Li. C. I. 1985 Participant Anaphora in Mandarin Chinese, doctoral dissertation, University of Florida.

Lyons, J. 1977 Semantics. Cambridge: Cambridge University Press.

Reinhart, T. 1983 Anaphora and Semantic Intrepretaion, London: Croom Helm.

Schiffrin, D. 2007 Discourse Markers. Cambridge: Cambridge University Press.

Sperber, D. & Wilson, D 1986 Relevance: Communication and Cognition. Oxford: Blackwell.

Van Hoek, K. 1997 Anaphora and Conceptual Structure. Chicago: The University of Chicaco Press.

Van Dijk, T. A. 1981 Studies in the Prgatmatics of Discourse, The Hague: Mouton.

Winter, E. 1982 Towarods a Contextual Grammar of English. Tubingen: Max Nimeyer Verlag.

后　记

　　书稿是在博士学位论文《话语指及其篇章功能研究》的基础上修改而成的。现在回头翻检当年的文字，不禁感慨万千。

　　1996年，是我人生最重要的转折点。这一年，已过而立之年的我如愿考上了华中师范大学文学院语言学及应用语言学专业研究生，实现了我多年的梦想。华中师范大学文学院具有浓厚的语言研究学术氛围，在那里我得到了严格的、良好的专业训练。有幸聆听和得到过邢福义教授、萧国政教授、李宇明教授、李向农教授、汪国胜教授等的精彩授课和具体指导。感谢诸位师长教给我知识，教给我做人的道理。尤其要感谢我的硕士导师吴振国先生，是他耐心细致地引领我一步一步地走上语言研究的道路，将我培养成一名语言工作者。

　　硕士毕业后，我来到浙江师范大学中文系工作。在张先亮教授的鼓励下，我报考了华东师范大学邵敬敏教授的博士研究生。感谢邵老师给我一次难得的学习机会。

　　后因邵敬敏老师工作调动，我又成为刘大为教授的博士研究生。刘老师严谨的治学态度、深邃的语言学思想和与人为善的处世态度是值得我一辈子学习的。

　　读博期间，关于博士论文的选题，我跟刘老师有过多次讨论。我原先打算找个纯语法题目做，最终还是选择以话语指作为研究对象。这个题目对我来说具有一定的挑战性，也有一定的难度，因为我以前研究的兴趣集中在语法上，对语用研究不怎么关注。

但是我仍旧作出这样的决定，主要有两点考虑，一是可以拓宽自己的知识面，二是想检验一下自己三年来的学习成绩。

博士论文从选题到定稿，得到了刘大为先生的悉心指导。文章处处渗透着先生的心血，文中有些观点来自于先生的分析或点拨。没有导师的培养和指导，论文是难以完成的。由于学生愚钝，先生的许多建议和想法，学生理解得不够透彻，难以在文章一一呈现。我深知，这篇博士论文离先生的预期目标还有一段距离。

博士论文开题和答辩过程中，范晓教授、范开泰教授、齐沪扬教授、李熙宗教授、胡范畴教授、潘文国教授、王珏教授、徐默凡老师等提出了不少中肯的意见，在此一并致谢。

浙江师范大学语言学科是一个和谐的集体，师友们的支持与鼓励，让我倍感温暖。

书稿能够顺利出版，要感谢浙江师范大学汉语言文字学学科和浙江省社会科学联合会的资助，感谢安徽师范大学出版社尤其是责任编辑胡志恒先生的辛勤劳动。

本书部分章节曾以论文的形式在国内刊物上发表过，有些地方还作了一些修改。限于作者的学识和能力，书中肯定还有许多缺点和不足，本人真诚地希望专家和读者不吝赐教。

本书是浙江省社科联重点课题（批准号：2011Z70）的结项成果。

唐善生

2013 年 9 月于金华